研学旅行课程设计与实施

杨培禾　刘　立　编著

首都师范大学出版社
CAPITAL NORMAL UNIVERSITY PRESS

图书在版编目（CIP）数据

研学旅行课程设计与实施/杨培禾，刘立编著. —北京：首都师范大学出版社，2021.10（2023.6 重印）

ISBN 978-7-5656-6404-5

Ⅰ. ①研… Ⅱ. ①杨… ②刘… Ⅲ. ①教育旅游—课程设计—中小学 Ⅳ. ①G632.429

中国版本图书馆 CIP 数据核字（2021）第 195147 号

YANXUE LÜXING KECHENG SHEJI YU SHISHI

研学旅行课程设计与实施

杨培禾　刘　立　编著

责任编辑　孙　琳

首都师范大学出版社出版发行

地　址　北京西三环北路 105 号

邮　编　100048

电　话　68418523（总编室）　68982468（发行部）

网　址　http://cnupn.cnu.edu.cn

印　刷　北京印刷集团有限责任公司

经　销　全国新华书店

版　次　2021 年 10 月第 1 版

印　次　2023 年 6 月第 2 次印刷

开　本　710mm×1000mm　1/16

印　张　19

字　数　327 千

定　价　54.00 元

序　言

2020年10月，本书的两位作者来舍下做客时，谈到前不久在线上召开的综合实践活动课程年会上，老师们对研学旅行进入课程后遇到的各种困难，以及研学旅行从业者们对课程实施的一些要求。面对当时的情况，杨培禾老师提到想写一本关于研学旅行的书，希望成书时由笔者写一篇序言。那时，笔者以为，写本书不是一件容易的事，总得需要一定的时间吧！也就没有把事情完全放在心上。

短短三个月的时间刚过，2020年末，笔者惊讶地通过手机接到了作者发来的数十万字的文稿。在人们专注抗击新冠肺炎疫情的特殊日子里，作者仍然没有忘记自己的承诺，全力以赴，日以继夜地思考问题、写作。在随后的新年和春节期间，也没有懈怠，终于在2021年的春节假期，完成了书稿的写作和修改，其间他们经历的困难和压力是可想而知的，笔者衷心地为作者写作的初心和克服困难的勇气表示诚挚谢忱。

最初阅读文稿时，笔者特别欣赏书中提出的“综合实践活动课程视域下的研学旅行”这一概念，基于这一思路，就可以把一些容易混淆的问题清晰地区分开来，使问题比较容易得到解决。

所谓“研学旅行”，本是2016年11月教育部等十一部门下发的《关于推进中小学生研学旅行的意见》（以下简称《意见》）提出来的。《意见》指出：“中小学生研学旅行是由教育部门和学校有计划地组织安排，通过集体旅行、集中食宿方式开展的研究性学习和旅行体验相结合的校外教育活动。”同时，明确要求：“各中小学要结合当地实际，把研学旅行纳入学校教育教学计划，与综合实践活动课程统筹考虑，促进研学旅行和学校课程有机融合。”《意见》发布一年后，教育部《中小学综合实践活动课程指导纲要》（以下简称《指导纲要》）将其纳入综合实践活动课程的内容，与野外考察、社会调查等方式同等对待，成为“考察探究”活动的实施途径。

将“校外教育活动”性质的、需要“纳入学校教育教学计划，与综合实践活动课程统筹考虑”的研学旅行整体纳入综合实践活动课程。“小马拉大车”必然产生诸多不适。目前在综合实践课程框架下实施研学旅行出现的各种矛盾和问题，皆由此而生。

研学旅行的内容具有不同的层次。从“综合实践活动课程视域”的角度考察研学旅行问题，简单而有效的办法，即将现行《指导纲要》主张的，无须通过旅行和集体食宿办法实施的，以县域的内容为研究对象的所谓的研学旅行，依内容和性质不同，作为考察探究和社会调查留在《指导纲要》规定的综合实践活动课程实施；将那些必须“通过集体旅行、集中食宿方式开展的研究性学习”，统统交还给学校这个执行主体，“纳入学校教育教学计划，与综合实践活动课程统筹考虑”。为了提高活动开发和实施的质量和水平，有必要运用综合实践活动的课程理念和成功经验，从课程的视角对研学旅行予以充实和改造，使之更好地凸显实践性学习的特点和优势。

总览全书，研读各个章节的内容，不难发现：作者正是沿着上述思路对研学旅行活动的资源开发、活动设计、活动实施、过程管理、总结评价等各个环节目前实施的现状及其存在的问题做过翔实的研究；对各个环节的基本要求和具体内容进行了条分缕析的阐述。作为一部大学教材，无论对学校负责研学旅行组织工作的领导，还是对研学旅行指导教师，抑或对社会各类研学旅行者都会开卷有益。

综合实践活动课程和研学旅行作为性质相似的两种教育形式，同是学校教育教学的有机组成部分，在学校教育教学计划的基础上互相协调，统筹考虑，会获得相得益彰的效果。综合实践活动课程的教师，理应是上述两类活动的积极参与者，当学校需要组织学生研学旅行时，无论行前、行中还是行后阶段，都需要采取积极的态度主动配合，尤其是在研学内容和方式的选择上，更可以充分发挥自己的专业优势，促进研学旅行圆满成功。

陈树杰　于首都师范大学

2021年3月4日

前　言

2016 年 11 月，教育部等十一部门印发了《关于推进中小学生研学旅行的意见》，中小学研学旅行正式拉开了大幕。2017 年 9 月，教育部发布了《中小学综合实践活动课程指导纲要》（以下简称《指导纲要》），在《指导纲要》中确立了研学旅行在中小学课程中的位置，即研学旅行属于综合实践活动课程中考察探究的内容。自此，研学旅行在全国中小学广泛开展。研学旅行机构如雨后春笋般相继成立，各旅行社也把目光转向了学校开展研学旅行这个庞大的新兴市场。研学旅行教育服务机构从业人员虽然学历较高，但懂教育的少，从事过教育工作的更少。

2019 年，中国旅行社协会与高校毕业生就业协会联合发布《研学旅行指导师（中小学）专业标准》，旨在规范和引导研学旅行指导师队伍的健康发展，对研学旅行指导师专业素养提出基本要求，从情感态度、知识与能力等方面对研学旅行指导师专业发展制定了基本准则。因此，站在理论高度，从课程研究的角度指导研学旅行课程高质量实施的专业书籍（教材）是高等院校研学旅行专业和初等教育专业急需的课程资源，也是承担研学旅行课程设计与实施的研学旅行教育服务机构的从业人员与学校教师培训迫切需要的学习用书。

笔者从事科学教育研究与教学近四十年，近二十年来从事综合实践活动课程理论研究与高校综合实践活动课程论教学工作，编写的本科教材《小学综合实践活动课程与教学论》《综合实践活动课程论》被高等院校相关课程及教师进修广泛使用。在此基础上，近年来，笔者站在辩证唯物主义认识论的高度，以课程与教学论和学习论为基础，在综合实践活动课程视域下，对研学旅行做进一步理论研究与实践探讨。刘立从事基础教育教学及学校管理工作二十多年，在此基础上，开展了研学旅行课程设计与实施以及学校活动类课程研发工作，在积累了大量实践案例的同时，总结了很多研学旅行活动指导与实施的经验，并进一步从理论高度对研学旅行课程进行深度研究。在 2020 年新冠肺炎疫情期间，本书作者开展了“综合实践活动视域下的研学旅行”系列公益讲座，在业界引起极大反响，受到研学旅行从业者的一致好评。林峰博士一直致力于旅游项目的投融资理论研究及招商落地，在研学旅行营地建设方面有深入的研究。

鉴于目前研学旅行领域的发展现状与迫切需求，作者编著《研学旅行课程设计与实施》一书，力求填补目前从课程与教学论角度论述研学旅行课程设计与实施类书籍的空白。本书主要有以下特点：

第一，具有理论指导性。综合实践活动课程活动是近二十年基础教育阶段设立的新课程，研学旅行是刚列入该课程的内容，很多理论问题有待厘清。本书从认识论、课程与教学论以及学习论三方面为学习者深刻理解研学旅行，有效开展研学旅行提供了上位的理论支撑。

第二，内容具有前沿性。本书努力体现社会主义新时代对教育的更高要求和教育的新理念，从理论的高度对综合实践活动课程中的新内容——研学旅行进行论述，呈现了理论与实践层面的最新研究成果，将研学旅行教育的理论与实践的研究前沿有机结合，呈现在本书中，尽量做到理论清晰确凿、案例真实鲜活、表述通俗易懂。与此同时，本书首次界定了新冠肺炎疫情背景下出现的“云研学”概念，并探讨云研学的发展方向。

第三，思想与方法具有创新性。本书将研学旅行课程设计、实施、资源开发以及管理等研究中的创新思想与实施方法呈现出来，希望能为研学旅行课程的设计与高质量实施提供一个有力的依托，为培养相关专业学生提供高起点的学习平台。

第四，突出实践性。本书注重结合理论进行优秀实践案例的介绍与分析，通过大量案例帮助学习者理解理论，引领学习者一步步掌握课程资源开发、设计与实施的要点。本书在每章末尾设置“探究与实践”板块，引导学习者结合本章理论进一步思考、分析教学实践中的问题，强化对实践方法的掌握。

第五，关注系统整体性。本书站在立德树人的高度，在综合实践活动课程视域下编写十二章内容，即综合实践活动课程视域下的研学旅行课程、研学旅行课程理论基础、研学旅行课程资源开发、研学旅行线路设计、研学旅行课程设计、研学旅行学生学习指导手册设计、研学旅行课程实施与指导、研学旅行课程评价、研学旅行课程实施的保障机制、疫情时期的云研学课程、研学旅行课程案例与分析、研学旅行基地营地，对研学旅行课程进行了理论与实践两个层面的系统论述。本书中配有大量案例，力图帮助学习者从宏观到微观、从理论到实操了解研学旅行课程的整体脉络，系统理解与把握研学旅行课程的理论与实践。在栏目设计方面，本书关照了结构的整体性，每章包括“学习要点”“探究与实践”等板块。

第六，兼顾实用性。本书可以作为高校中师范、研学旅行等相关专业课程的教材，研学旅行指导教师（辅导员）的培训教材，此外，希望本书能够使广大研学旅行的从业人员、中小学综合实践活动课程教师得到理论及方法的指导，提升研学旅行课程设计与实施能力，这将对规范研学旅行市场，高质量地实施研学旅行课程，充分发挥研学旅行课程的教育价值起到积极的促进作用。

本书编著分工如下：第一章、第二章、第八章、第十章、第十一章杨培禾编著；第四章刘立编著；第三章、第五章、第六章、第七章杨培禾、刘立共同编著；第九章杨培禾、陈薇共同编著；第十二章林峰编著。

在此特别要感谢综合实践活动课程研究专家陈树杰教授。陈教授细致阅读了本书初稿，并提出一些指导性意见，使书稿得到进一步完善。

本书选用了一些研学旅行教育服务机构及一线教师和学生的案例，在此表示感谢！另外，金晓碗、于佼月、杨悦等老师对本书稿进行了细致的审读，在此一并表示感谢！

由于作者的水平与能力有限，编写时间较短，书中难免有疏漏和不妥之处，恳请同人与使用者不吝赐教。

杨培禾

2020 年 12 月

目 录

第一章　综合实践活动课程视域下的研学旅行课程

学习要点

1. 研学旅行课程的内涵。

2. 综合实践活动课程理念下的研学旅行。

3. 研学旅行课程的教育价值。

教育部于2001年颁布的《基础教育课程改革纲要(试行)》中规定“从小学至高中设置综合实践活动并作为必修课”，使我国的课程结构打破了必修课中学科课程“一统天下”的现状。国家层面的法定课程，由学科课程和综合实践活动课程两类课程共同构成，这是我国课程体系的进一步完善。经过十几年的理论与实践探索，教育部于2017年9月正式颁布了《中小学综合实践活动课程指导纲要》(以下简称《指导纲要》)，从课程性质与理念、课程目标、课程内容与活动方式、学校对综合实践活动课程的规划与实施以及课程管理与保障等几方面进行了阐述。《指导纲要》首次将研学旅行纳入综合实践活动课程的主要活动方式与要素中，由此，研学旅行在学校课程层面有了一定的地位，其实施也就有了理论的支撑。

“视域”这一概念通常指的是个人视力所能及的范围，因而它是与主体有关的能力。视域是有限的，没有遮挡物时，看得再远，也会触及地平线或海平线；但从某种意义上讲，视域有时是无限的，视域可以随主体的运动而延伸，主体无法找到视域的边界。当视域作为哲学概念时，其有限性与无限性就并存了。德国哲学家伽达默尔(H. G. Gadmer)在《真理与方法》一书中写道：“一个视域不是一个僵化的界限，而是一种随你一起流动，并且邀请你进一步进展的东西。”本书提出“综合实践活动视域下的研学旅行课程”这一概念，并不是认为综合实践活动课程是研学旅行活动的唯一载体。2016年11月教育部等十一部门发布的《关于推进中小学生研学旅行的意见》(以下简称《意见》)对研学旅行的定位首先是一项学校开展的校外教育活动，但要求以研究性学习的形式开展，《指导纲要》为研学旅行的有效实施提供了课程依托，从而保障研学旅行课程的高质量实施。由于所有的理解都是在理智视域的背景下获得的，没有任何理解是毫无偏差的，因此本章中笔者尽量紧扣综合实践活动课程理念、课程特点、课程目标及课程活动方式探讨研学旅行课程，即在综合实践活动视域下探讨研学旅行课程。

第一节　综合实践活动课程理念下的研学旅行课程

综合实践活动课程理念是课程的上位思想，是建立在辩证唯物主义哲学基础上的课程思想(将在第二章论述)，本节重点探讨综合实践课程理念及其理念视域下的研学旅行，使读者对研学旅行课程有一个理性认识。

一、综合实践活动课程

活动课程“是一种经过教育者设计，以学习者为主体，以问题主体等方式开展的具有教育性影响的活动，它的目的在于使学习者在参与和体验活动过程中获得直接经验及感性认识，并促进其情谊、认知和能力的发展”[①]。综合实践活动课程属于活动课程，是活动课程中的必修课，《指导纲要》中明确了综合实践活动课程的性质。

1. 综合实践活动课程是培养学生综合素质的跨学科实践性课程

《指导纲要》强调：“综合实践活动是从学生的真实生活和发展需要出发，从生活情境中发现问题，转化为活动主题，通过探究、服务、制作、体验等方式，培养学生综合素质的跨学科实践性课程。”

这段表述明确了综合实践活动课程是活动课程，是实践性课程，其实践性体现为课程学习方式的实践性，即通过探究、服务、制作、体验等方式进行学习。这种实践性学习是对学校教育中传统学科接受性学习方式的补充。实践性学习引导学生在实践中体验，在实践中探究，在实践中自主构建知识，在实践中感悟，最终实现在实践中成长。

实践不是目的，学生不是为了实践而实践，因此，学生的实践一定要从真实生活和发展需要出发，从生活情境中发现问题，进而形成研究主题，通过各种实践活动进行自主学习。

学生生活的世界是复杂的，综合实践活动使学生回归到生活世界中去学习、去解决问题时，不可能仅用某一学科的知识或单一的方法，他们会调动自己已有的经验即各学科学习的知识与技能和以往的生活经验去解决新问题。在解决问题的过程中，学生会获得各种真实体验，这些体验会形成感悟，进

① 靳玉乐：《课程论》，北京：人民教育出版社，2015 年，第 248 页。

而促进情感与价值观的发展与形成，最终使学生的综合素质得到发展。

2. 综合实践活动课程是国家义务教育和普通高中课程方案规定的必修课程

《指导纲要》指出："综合实践活动是国家义务教育和普通高中课程方案规定的必修课程，与学科课程并列设置，是基础教育课程体系的重要组成部分。该课程由地方统筹管理和指导，具体内容以学校开发为主，自小学一年级至高中三年级全面实施。"这就将综合实践活动课程定位为国家规定的必修课程，是义务教育及普通高中必须要实施于各学段的课程，它与学科课程是并列关系(如图 1-1 所示)。

《指导纲要》规定综合实践活动课程由地方管理与指导，具体内容以学校开发为主，这就给课程的开发与实施注入了活力，为学生的实践性学习提供了一个广阔的空间，为学生回归生活世界的学习提供了保障。

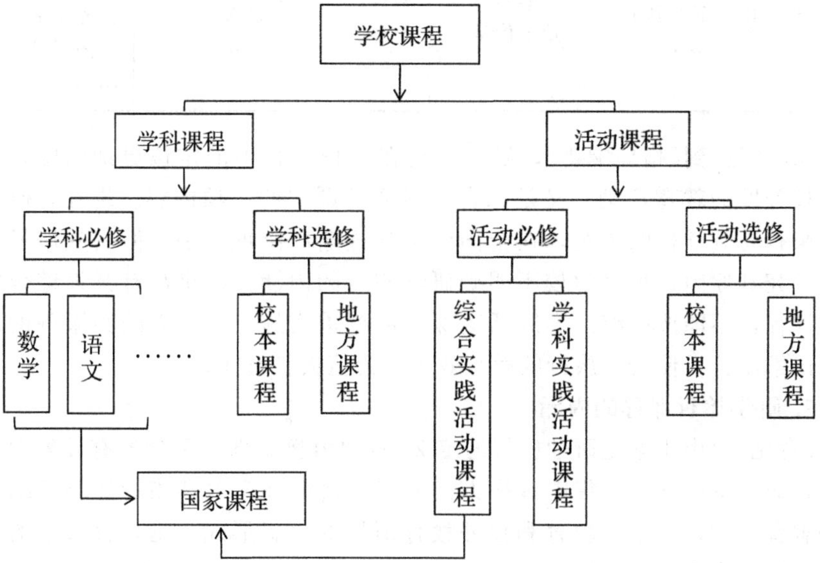

图 1-1　学校课程体系

二、研学旅行在学校课程中的位置与内涵

1. 研学旅行在学校课程中的位置

综合实践活动课程的设置，打破了学校学科课程"一统天下"的模式，从学校课程体系看，综合实践活动课程是活动类课程中的必修课，不仅丰富了学校课程设置的内容，更重要的是完善了学校的课程体系，是课程体系的结构性突破，也是我国课程体系走向完善的重要一步。

《意见》提出"各中小学要结合当地实际，把研学旅行纳入学校教育教学计划，与综合实践活动课程统筹考虑，促进研学旅行和学校课程有机融合”。这使研学旅行不仅成为学校的一项教育活动，还要向课程内延伸。

《指导纲要》明确了综合实践活动课程内容与活动方式，并将研学旅行纳入考察探究的活动方式（内容）中，使研学旅行在学校课程中占有一席之地（如表 1-1 所示）。

表 1-1　研学旅行在综合实践活动课程中的位置

活动方式	考察探究活动	社会服务活动	设计制作活动		职业体验及其他校外活动
			信息技术	劳动技术	
主要方式及其关键要素	野外考察、 社会调查、 研学旅行 ……	公益活动、 志愿服务、 勤工俭学	动漫制作、 编程 ……	动手制作、 陶艺创作、 创客 ……	军训学工学农、 场馆教育、 基地教育、 少先队活动、 党团活动 ……

从《意见》到《指导纲要》，研学旅行在学校教育中的定位更加清晰，它既是学校开展的教育活动，又是综合实践活动课程的一项内容。现在，研学旅行越来越受到学校的重视，在全国中小学逐渐广泛地开展，但实施质量良莠不齐。究其原因，很多学校不明确研学旅行的内涵，甚至没有开设综合实践活动课程，不能按照综合实践活动课程的要求实施，完全以购买服务的形式开展研学旅行，使研学旅行的教育效果及价值大打折扣。

2. 研学旅行课程的内涵

《意见》对中小学生研学旅行的定义为：“由教育部门和学校有计划地组织安排，通过集体旅行、集中食宿方式开展的研究性学习和旅行体验相结合的校外教育活动，是学校教育和校外教育衔接的创新形式，是教育教学的重要内容，是综合实践育人的有效途径。”

这个表述强调了组织形式、学习方式，在学习方式上强调了研究性学习与旅行体验。这就使研学旅行与集体旅游、毕业旅行有了清晰的界限。

《指导纲要》对考察探究学习方式的定位是：“考察探究是学生基于自身兴趣，在教师的指导下，从自然、社会和学生自身生活中选择和确定研究主题，开展研究性学习，在观察、记录和思考中，主动获取知识，分析并解决问题的过程，如野外考察、社会调查、研学旅行等，它注重运用实地观察、访谈、实验等方法，获取材料，形成理性思维、批判质疑和勇于探究的精神。考察探究的关键要素包括：发现并提出问题；提出假设，选择方法，研制工具；获取证据；提出解释或观念；交流、评价探究成果；反思和改进。”

综合《意见》与《指导纲要》对研学旅行的定位，研学旅行的内涵应该从三个维度思考，即研究性学习(考察探究)、开阔视野的广泛性实践学习和旅行体验。

(1)研究性学习

围绕研学旅行主题进行小课题研究，具有自主学习、合作学习、考察探究等实践学习的特点。研究过程不局限于旅行过程，通过课题研究，综合运用知识，自主构建知识，获得价值体认，使学习向纵深发展。概括地说，它是在实践基础上的高阶学习。

对于研学旅行来说，学生有没有自己感兴趣、想深入研究的问题，学校是否为学生提供研究性学习的课程保障，教师有没有在学生开展研究性学习时，对其进行研究方法的指导以及思维方法的引导，直接影响研学旅行的实施质量。研学旅行如果没有研究性学习，就失去了综合实践活动课程的属性，其“研”无从体现。

(2)开阔视野的广泛性实践学习

学生通过听讲解，参观考察，体验民俗与文化，与自然亲密接触等，广泛学习研学旅行中的各项内容，开阔视野，获得广泛的知识和见识。

如上所述，在研究性学习中，每组学生的课题研究聚焦在一个点上，但研学旅行的内容是丰富多彩的，涉及的领域是广泛的，所以，对于全体学生来说，在研学旅行的过程中，更多的是进行广泛的实践学习，这又有别于以课题为中心的研究性学习。广泛的实践学习也需要“研”，但这个“研”是考察过程中的深入思考，是在每组课题之外的“研学”，其“研”的深度和持续的时间都不能和上述以课题为核心的“研究性学习”相提并论。在广泛的实践学习过程中，指导教师通过有深度的问题，引导学生细致观察、深入思考、积极体验，使学生进一步丰富自己知识体系中的内容，形成对自然、社会及自我的整体认知，形成正确的价值体认。

(3)旅行体验

在集体旅行过程中，让学生体验生活自理与财物管理，体验遵守社会规则与秩序，体验生活中的人际交往，体验跋涉的艰辛，体验应对和解决旅行中遇到的意外事件等。

旅行体验是培养学生自立能力、生存能力的有效途径，是培养学生规则意识与责任担当的重要途径，对学生的人格塑造起着积极的作用。学生通过集体旅行所获得的体验，会触发其感悟，进而内化形成价值观，这是校内教育所不能及的，集体旅行会极大地助力学生的成长。

三、综合实践活动课程理念下的研学旅行

课程理念是课程目标的上位思想，是课程育人的思想，对课程目标的制定起指导作用。综合实践活动课程理念强调："课程目标以培养学生综合素质为导向，课程开发面向学生的个体生活和社会生活，课程实施注重主动实践与开放生成，课程评价主张多元评价与综合考察。"在这一理念下，研学旅行课程的终极目标就是使学生通过接触社会、亲近自然、感知文化、人际交往成为具有适应终身发展和社会发展需要的必备品格和关键能力的人(如图 1-2 所示)。

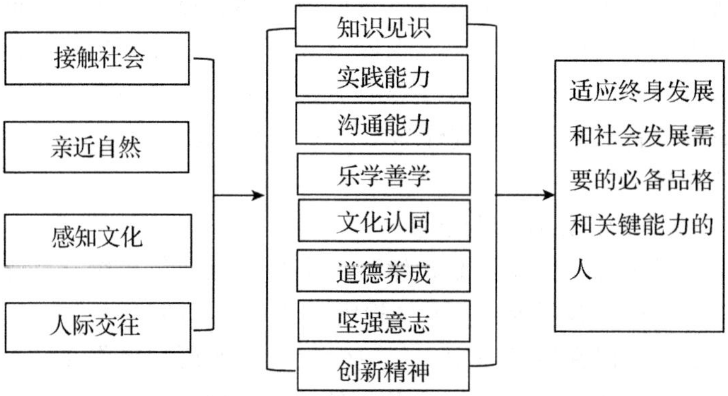

图 1-2　研学旅行课程的终极目标

1. 课程目标以培养学生综合素质为导向

《指导纲要》对综合实践活动课程强调："学生综合运用各学科知识，认识、分析和解决现实问题，提升综合素质，着力发展核心素养，特别是社会责任感、创新精神和实践能力，以适应快速变化的社会生活、职业世界和个人自主发展的需要，迎接信息时代和知识社会的挑战。"在这个表述中，我们看到核心词之一即"问题"，通过"问题"把学生与现实生活联系在一起。研学旅行中，学生通过接触社会、亲近自然、感知文化、人际交往，会遇到及发现很多真实问题，学生的学习是在解决这些现实生活中的"问题"的过程中展开的；在解决"问题"的过程中，学生综合运用已有知识与经验，自主构建知识，学习解决问题的方法，提高研究问题的能力；在解决"问题"的过程中，学生的实践能力得到发展，并在实践过程中获得鲜活的体验，形成感悟并内化，催生其责任担当等优秀品质与价值观。研学旅行中的"研学"，就是要在"问题"的引导下去学习，在旅行中开展研究。在研学旅行过程中，学生走向更广阔的生活世界，丰富对现实生活世界的感性认识。总之，在研学旅行过程中，学生通过解决"问题"开展自主学习，使习近平总书记提出的"培养适应

终身发展和社会发展需要的必备品格和关键能力的人”落到实处。

2. 课程开发面向学生的个体生活和社会生活

《指导纲要》要求：“本课程面向学生完整的生活世界，引导学生从日常学习生活、社会生活或与大自然的接触中提出具有教育意义的活动主题，使学生获得关于自我、社会、自然的真实体验，建立学习与生活的有机联系。要避免仅从学科知识体系出发进行活动设计。”在中小学阶段，没有任何一门课程把课程理念提升到“面向学生完整的生活世界”的高度。正是因为综合实践活动课程能面向学生完整的生活世界，才能够使学生对自然、社会、自我获得真实的体验，获得更加完整的认识。研学旅行作为综合实践活动课程的内容，极大地丰富了学生与自然、社会的接触，在研学旅行过程中，学生的个体生活与社会生活交会，生活体验更加深入、广泛与真切，所获得的感悟更加真实。

3. 课程实施注重学生主动实践和开放生成

《指导纲要》要求：“本课程鼓励学生从自身成长需要出发，选择活动主题，主动参与并亲身经历实践过程，体验并践行价值信念。在实施过程中，随着活动的不断展开，在教师指导下，学生可根据实际需要，对活动的目标与内容、组织与方法、过程与步骤等做出动态调整，使活动不断深化。”学生的主动实践是研学旅行活动实施的重点，研学旅行不是被动地跟着导游听讲解，而是基于学生主动的实践开展，主动实践就是学生的主动研究与积极体验。在综合实践活动课程中和研学旅行的过程中，学生的活动是多样的，外界环境是变化的，有些资源也是动态的、超出预想的，所以，课程实施方案要注意动态生成，要有开放性，使活动不断深化。

案例分享：

一场触碰心灵的对话

江苏行道国际旅行社有限公司　贺娟

参观南京长江大桥的过程中，当孩子们登上桥面的时候，有的与大桥的三面红旗合影，有的解读正桥栏杆上的浮雕，桥面上默默工作着的工人们看到孩子们兴奋的样子，脸上不时露出一丝微笑。这时，老师看到一位油漆工，正在非常认真地给大桥栏杆刷漆，于是询问他，能否接受孩子们的采访，油漆工笑得非常腼腆，很高兴地同意了。

由此，引发了两个孩子与油漆工的一段对话。孩子们问油漆工：“您觉得这样的工作枯燥吗?”油漆工说：“我刚刚参加了港珠澳大桥的建设，现在又有幸参加南京长江大桥的大修工程，等我老了干不动的时候，回想起年轻的时候，我也为祖国的桥梁建设出过力、流过汗，我觉得我这辈子值了。”

在考察探究过程中，学生会根据观察到的现象产生新问题，有些问题需要抓住时机，在现实场景中深入研究。

4. 课程评价主张多元评价和综合考察

《指导纲要》对课程评价的要求是："突出评价对学生的发展价值，充分肯定学生活动方式和问题解决策略的多样性，鼓励学生自我评价与同伴间的合作交流和经验分享。提倡多采用质性评价方式，避免将评价简化为分数或等级。……对学生的活动过程和结果进行综合评价。"研学旅行不是学生集体旅行一趟就结束，而是要在研学的基础上，加强旅行体验，所以，评价在内容、方法上都要多元，强调质性评价，避免简单打分。

第二节　在研学旅行中实现综合实践活动课程目标

研学旅行被纳入课程中，具有课程的性质，可以称为研学旅行课程。研学旅行课程要具备课程的四个基本要素，即课程目标、课程内容、课程实施与课程评价。课程目标可以说是课程的灵魂，课程的一切内容都是要围绕目标的实现来选择的，课程的实施是保证课程目标实现的途径，课程评价是促进目标实现和判断目标达成程度的工作。因此，在研学旅行课程设计与实施过程中，一定要深入理解综合实践活动课程目标，这也是在综合实践活动课程视域下保证研学旅行活动高质量实施的一个重要方面。

一、课程总目标

学生能从个体生活、社会生活及与大自然的接触中获得丰富的实践经验，形成并逐步提升对自然、社会和自我的内在联系的整体认识，具有价值体认、责任担当、问题解决、创意物化等方面的意识和能力。

研学旅行就是将学生带向自然、带向社会，在研学与旅行体验过程中，认识历史，认识文化，认识社会经济活动，认识国防，认识自然，认识规则，认识人，认识自我兴趣与发展，获得广泛而深入的知识见识与实践体验，最终体现为形成价值体认与责任担当，树立辩证唯物主义的思想。所以，研学旅行要上升到这一课程目标的高度去实施。

二、学段目标

不同学段学生的知识水平不同，能力不同，心理发展水平不同，研学旅行目标的制定要充分考虑不同年龄阶段学生的生理和心理发展特点。实施过程中，需要根据学生的具体情况，把课程总目标分解为不同的层次，在不同学段的课程实施中，有不同程度的目标要求。下面是《指导纲要》提出的学段目标。

1. 小学阶段具体目标

(1)价值体认：通过亲历、参与少先队活动、场馆活动和主题教育活动，参观爱国主义教育基地等，获得有积极意义的价值体验。理解并遵守公共空间的基本行为规范，初步形成集体思想、组织观念，培养对中国共产党的朴素感情，为自己是中国人感到自豪。

(2)责任担当：围绕日常生活开展服务活动，能处理生活中的基本事务，初步养成自理能力、自立精神、热爱生活的态度，具有积极参与学校和社区生活的意愿。

(3)问题解决：能在教师的引导下，结合学校、家庭生活中的现象，发现并提出自己感兴趣的问题。能将问题转化为研究小课题，体验课题研究的过程与方法，提出自己的想法，形成对问题的初步解释。

(4)创意物化：通过动手操作实践，初步掌握手工设计与制作的基本技能；学会运用信息技术，设计并制作有一定创意的数字作品。运用常见、简单的信息技术解决实际问题，服务于学习和生活。

2. 初中阶段具体目标

(1)价值体认：积极参加班团队活动、场馆体验、红色之旅等，亲历社会实践，加深有积极意义的价值体验。能主动分享体验和感受，与老师、同伴交流思想认识，形成国家认同，热爱中国共产党。通过职业体验活动，发展兴趣专长，形成积极的劳动观念和态度，具有初步的生涯规划意识和能力。

(2)责任担当：观察周围的生活环境，围绕家庭、学校、社区的需要开展服务活动，增强服务意识，养成独立的生活习惯；愿意参与学校服务活动，增强服务学校的行动能力；初步形成探究社区问题的意识，愿意参与社区服务，初步形成对自我、学校、社区负责任的态度和社会公德意识，初步具备法治观念。

(3)问题解决：能关注自然、社会、生活中的现象，深入思考并提出有价值的问题，将问题转化为有价值的研究课题，学会运用科学方法开展研究。能主动运用所学知识理解与解决问题，并做出基于证据的解释，形成基本符合规范的研究报告或其他形式的研究成果。

(4)创意物化：运用一定的操作技能解决生活中的问题，将一定的想法或创意付诸实践，通过设计、制作或装配等，制作和不断改进较为复杂的制品或用品，发展实践创新意识和审美意识，提高创意实现能力。通过信息技术的学习实践，提高利用信息技术分析和解决问题的能力以及数字化产品的设计与制作能力。

3. 高中阶段具体目标

(1)价值体认：通过自觉参加班团活动、走访模范人物、研学旅行、职业体验活动，组织社团活动，深化社会规则体验、国家认同、文化自信，初步体悟个人成长与职业世界、社会进步、国家发展和人类命运共同体的关系，增强根据自身兴趣专长进行生涯规划和职业选择的能力，强化对中国共产党的认识和感情，具有中国特色社会主义共同理想和国际视野。

(2)责任担当：关心他人、社区和社会发展，能持续地参与社区服务与社会实践活动，关注社区及社会存在的主要问题，热心参与志愿者活动和公益活动，增强社会责任意识和法治观念，形成主动服务他人、服务社会的情怀，理解并践行社会公德，提高社会服务能力。

(3)问题解决：能对个人感兴趣的领域开展广泛的实践探索，提出具有一定新意和深度的问题，综合运用知识分析问题，用科学方法开展研究，增强解决实际问题的能力。能及时对研究过程及研究结果进行审视、反思并优化调整，建构基于证据的、具有说服力的解释，形成比较规范的研究报告或其他形式的研究成果。

(4)创意物化：积极参与动手操作实践，熟练掌握多种操作技能，综合运用技能解决生活中的复杂问题。增强创意设计、动手操作、技术应用和物化能力。形成在实践操作中学习的意识，提高综合解决问题的能力。

在制定研学旅行活动方案时，要根据《指导纲要》不同学段的目标，制定具体活动目标，以保证研学旅行活动按照课程目标要求有的放矢地实施。

第三节　研学旅行课程活动方式

《指导纲要》指出，综合实践活动的主要方式及其关键要素为考察探究、社会服务、设计制作和职业体验与其他。这四种方式与要素虽然分开表达，但并不是完全割裂的，不同的活动方式与要素是相互渗透、融会贯通的，在实施过程中，可以有所侧重，但不能机械地分离各种方式与要素。

一、考察探究

《指导纲要》指出：考察探究是学生基于自身兴趣，在教师的指导下，从自然、社会和学生自身生活中选择和确定研究主题，开展研究性学习，在观察、记录和思考中，主动获取知识，分析并解决问题的过程，如野外考察、社会调查、研学旅行等，它注重运用实地观察、访谈、实验等方法，获取材料，形成理性思维、批判质疑和勇于探究的精神。考察探究的关键要素包括：发现并提出问题；提出假设，选择方法，研制工具；获取证据；提出解释或观念；交流、评价探究成果；反思和改进。

由此可见，研学旅行是考察探究中的一项内容，但不等同于单纯的考察探究，在研学旅行中还要注意融合其他要素。如：学生研究西安饮食文化后，回到家中制作适合小学生口味的肉夹馍带到学校展示交流，在设计制作过程中发展自己的创意物化能力。

二、社会服务

《指导纲要》指出：社会服务指学生在教师的指导下，走出教室，参与社会活动，以自己的劳动满足社会组织或他人的需要，如公益活动、志愿服务、勤工俭学等，它强调学生在满足被服务者需要的过程中，获得自身发展，促进相关知识技能的学习，提升实践能力，成为履职尽责、敢于担当的人。社会服务的关键要素包括：明确服务对象与需要；制订服务活动计划；开展服务行动；反思服务经历，分享活动经验。

研学旅行中，可以结合具体内容与资源开展社会服务，如：在海洋科考归途中，让学生清理海滩上的垃圾。

三、设计制作

《指导纲要》指出：设计制作指学生运用各种工具、工艺（包括信息技术）进行设计，并动手操作，将自己的创意、方案付诸现实，转化为物品或作品的过程，如动漫制作、编程、陶艺创作等。它注重提高学生的技术意识、工程思维、动手操作能力等。在活动过程中，鼓励学生手脑并用，灵活掌握、融会贯通各类知识和技巧，提高学生的技术操作水平、知识迁移水平，体验工匠精神等。设计制作的关键要素包括：创意设计，选择活动材料或工具，动手制作，交流展示物品或作品，反思与改进。

学生在研学旅行过程中，会有动手体验性的活动，学生在体验制作的过程中，就可把自己的创意展现出来。在研学旅行的交流过程中，学生也可以将自己在研学旅行中学习的内容创意物化，如：红色旅行归来，把红色元素设计到日用品中，形成具有特色的旅游纪念品；研学旅行课程拓展延伸阶段，将研学旅行中的一些内容写成剧本表演。

四、职业体验与其他

《指导纲要》指出：职业体验指学生在实际工作岗位上或模拟情境中见习、

实习，体认职业角色的过程，如军训、学工、学农等。它注重让学生获得对职业生活的真切理解，发现自己的专长，培养职业兴趣，形成正确的劳动观念和人生志向，提升生涯规划能力。

从某种角度讲，学生在学校的学习很被动，目标就是升学。在高中做生涯规划时，学生很茫然，不了解职业内容，不了解社会职业分工。研学旅行可以把学生带到现代工农业基地、军事基地，让学生接触社会经济活动，参与职业体验，使学生对职业有初步的感性认识，促进学生形成人生志向。

综合实践活动除了以上活动方式外，还有党团队教育活动、博物馆参观等。

少先队教育活动、共产主义青年团教育活动、业余党校活动都可以和研学旅行的红色资源考察相结合，让学生真体验、真感悟，这样的德育教育更生动鲜活，更有实效。

需要特别强调的是，综合实践活动课程中，这四种主要活动方式在研学旅行课程实施的过程中一定是融会贯通的，根据学习资源和内容有所侧重。

第四节　研学旅行课程的特点与教育价值

研学旅行课程的教育价值与其课程特点是密切相关的，研学旅行课程的教育价值需要在综合实践活动课程理念的指导下对课程资源进行深度挖掘。

一、研学旅行课程的特点

1. 实践性

实践是认识的起点，实践性学习始终伴随着人们的成长过程，成为人们积极主动认识世界的一种重要方式。实践性学习的一大特点就是探究，通过对实际问题进行探究，进而求得答案，是科学家进行科学研究的基本方法，也是人类认识世界的主要方式。

综合实践活动课程强调以感性的实践为根基，而这一根基就在学生个体生活和社会生活之中。学生通过实践去认识周围世界，通过体验去感悟哲理，形成价值观。研学旅行作为综合实践活动课程的一项学习内容，使学生亲身经历各项活动，在实地考察、广泛调查、有针对性的实验、设计制作、反思的过程中进行体验，获得感悟，形成认识，使学生在全身心参与的实践活动中，发现、分析和解决问题，深度体验和感受生活，发展实践创新能力。

2. 开放性

综合实践活动课程面向学生的整个生活世界，超越了既有的学科知识体系和单一课堂教学的时空域，课程延伸到自然、民族、国家乃至人类现在和将来的丰富多彩的真实世界，这一真实世界，不是各种符号建构的文化世界，而是物质与精神、自然与文化、肉体与灵魂浑然一体的世界。研学旅行的研究性学习要打破学科界限，选择综合性活动内容，鼓励学生跨越领域、跨越学科局限，使具体活动内容具有开放性。研学旅行增进了学生与自然和社会的联系，使学生的学习面向完整的生活世界。

综合实践活动强调富有个性的学习活动过程，研学旅行要关注学生在过程中获得的丰富多彩的学习体验和个性化的表现，其学习活动方式与过程、评价与结果均具有开放性。使学生的个性特长、实践能力、服务精神和社会责任感不断得到发展。

3. 自主性

研学旅行尊重学生的兴趣、爱好，注重发挥学生的自主性。研学旅行中研究的课题内容由学生自主选择和确定。在开发主题与选择活动内容时，教师要重视学生自身发展的需求，尊重学生的自主选择。教师要善于引导学生围绕活动主题，从特定的角度切入，选择具体的活动内容，并自定活动目标和任务，提升自主规划和管理能力。

旅行体验也是一个自主的过程，学生要自主处理生活上的各项事物，学习自理，规划财务支出。没有了家长的指导，学生要在一定范围内，对生活的各项事务自主做出决定，进行规划，这样的自主会逐渐引导学生走向自理与自立。

4. 整合性

我们所处的世界具有整体性，构成世界的人、自然、社会是彼此交融的有机整体。个体的发展是通过对知识的综合运用而不断探究世界与自我的结果，而不是多种学科知识杂烩的结果。因此，研学旅行的内容组织，要结合学生发展的年龄特点和个性特征，以促进学生的综合素质发展为核心，摆脱学科体系束缚，均衡考虑学生与自然的关系、学生与他人和社会的关系、学生与自我的关系这三个方面的内容，体现世界的整体性，立足于每一个学生的健全发展。研学旅行课程作为综合实践活动课程的一项内容，与综合实践活动课程一样，打破了学科课程的逻辑框架，从问题或主题出发，将不同学科知识与能力整合到活动中。通过对活动主题的探究和体验，体现个人、社会、自然的内在联系，强化科技、艺术、道德等方面的内在整合。

二、研学旅行课程的教育价值

研学旅行活动的教育价值与综合实践活动课程价值有着一致的特点，即完善学校课程结构体系，丰富学生的学习方式，优化学生的认知结构，提升学生的综合素质，发展学生人文精神与科学精神的双向平衡。需要强调的是，研学旅行最突出的教育价值就是立德树人，通过研学旅行考察，学生广泛地接触自然与社会，获得体验与感悟，内化为认识，形成对社会、文化与国家的认同，增强四个自信，树立共产主义信念，使习近平总书记提出的“培养适应终身发展和社会发展需要的必备品格和关键能力的人”落到实处（如图 1-3）。

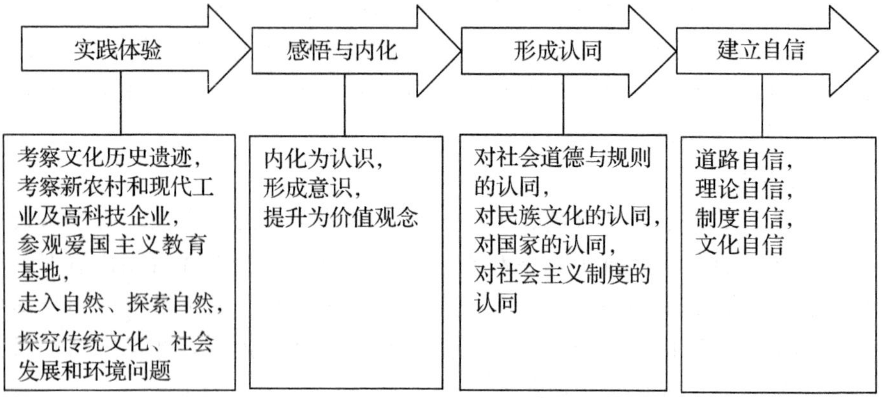

图 1-3　研学旅行课程的教育价值

1. 立德树人

（1）感受中华传统文化，增强民族文化自信

中华传统文化是研学旅行的重要内容，历史文化名城名镇名村、历史文化街区、名人故居、文化遗址、遗迹、文物、古代建筑等形式的物质文化遗产，民间艺术、传统习俗、民族风情等形式的非物质文化遗产都是文化的体现。在研学旅行的内容选择上，要对传统文化内容有明确的认识，例如，中国纯粹的儒家文化不能和被封建统治者利用的、歪曲的儒家文化以及封建迷信混为一谈。儒家文化的发源地曲阜是学生体验感悟儒家文化的良好资源，通过曲阜孔子六艺城、孔庙、孔府、济宁孟庙的系列研学旅行活动，学生能够学习体验儒家文化的精华——仁、义、礼、智、信，这五个字被称为“五常”，贯穿于中华伦理的发展中，也是学生德育的内容。又如，通过研学旅行，学生对徽商或晋商文化进行考察探究，深刻体会到蕴藏在徽商和晋商文化中的精神内核，即吃苦耐劳的创业精神、诚信义利的价值观念、同舟共济的和谐思想、民族自立的爱国之心等，这些精神也是现代社会所倡导的。

习近平总书记在北京师范大学的讲话中强调“中华文明绵延数千年，有其独特的价值体系”，而社会主义核心价值观的建设“应该立足于中国传统文化，突出道德价值功能”。中国优秀传统文化是现代中小学德育的宝贵资源，传承中华文化基因，发展中华优秀传统文化，汲取中国智慧，弘扬中国精神是学生的时代使命。在研学旅行中，学生以小课题的形式对中国传统文化进行考察探究，会潜移默化地接受中华民族普遍认同的文化传统、思想观念、价值取向；与此同时，学生通过考察活动，还能学习到中华优秀传统文化的历史渊源、发展脉络、精神内涵，从而有效地增强文化自觉和文化自信。

(2)感受红色革命历史，树立共产主义信念

长期以来，革命传统教育在学校教育中多以传授说教为主要形式，有时搞一些活动，学生缺乏体验感悟，不易有效地内化于心，提升为德。研学旅行中，可以适当选择红色教育资源，对学生进行革命传统教育。红色资源承载着革命历史、革命精神，蕴含着丰富的价值理念和精神力量，是对学生进行德育的重要载体。例如，沂蒙山革命老区承载着一段革命的历史，一个独轮车就有一段故事，蕴含了沂蒙人民的精神。对红色资源开展“研学”，会使学生认识到在中国共产党的领导下，无数先烈用自己的血肉换来了革命的成功，铸就了社会主义新中国，积极的实践和深刻的体验会触及学生的内心深处，使革命精神内化于心，在学生心中埋下共产主义信念的种子，增强学生对党的热爱之情。

(3)感受改革开放成果，增强制度自信

改革开放四十年来，中国社会主义经济发展在实践中摸索，在理论上创新，形成了中国特色社会主义。学生虽然享受着经济发展的成果，但是很难体会到我国社会主义制度的优越性。在研学旅行中，让学生参加现代工农业基地、高科技基地，探究我国工农业及科技发展的历程，可以加强学生对改革开放的切身体验和认识。例如，京津冀百年铁道文化研学旅行中，学生考察属于文物保护单位的火车站、詹天佑纪念馆、铁道博物馆，探究我国铁路网线建设及高铁发展历程，学习铁路知识，感受铁路文化，乘坐高速列车，体会祖国科技进步带来的铁路事业的飞跃发展，认识到我国的高铁建设达到了世界领先水平。高铁项目还作为中国“一带一路”的主要输出项目，带动了我国经济建设与社会发展，改善了人民生活，加强了中国与世界的沟通。这样的研学旅行，使学生融入社会大课堂，生动的历史、鲜活的场景、真切的事实会增强学生对我国社会主义制度的自信。

(4)感受自然，热爱祖国

我国幅员辽阔，地大物博，地形地貌、土壤与植被多样，山川、森林、湖泊都具有独特的自然风景，如甘肃张掖和宁夏西吉火石寨的丹霞地貌，色彩斑斓，气势磅礴；桂林山水，清秀如画。观光游历祖国的大好河山、自然风光，会使学生感叹大自然的鬼斧神工。学生泛舟于河流之上，行走于山川

之中，观察自然，探究自然，欣赏自然的美景，感受自然的魅力，增强对自然的热爱与敬畏之情，提升对自然与自我的整体认识，进而产生尊重自然、顺应自然、保护自然、维持生态平衡的责任与意识，会由衷地热爱自然，热爱祖国的大好河山。

(5)深度体验，践行社会主义核心价值观

研学旅行的实践体验是多方面的，除上述四点外，还有很多方面能有效提升学生的综合素养与能力。学生离开家庭独立生活，需要自理，在一定程度上管理自己的生活，管理个人物品，在旅行中，学生的独立生活能力与意识会得到提升；另外，研学旅行是一项团队活动，学生离开家庭，步入旅行的集体生活，或多或少会调整自己的一些情绪与心理来适应环境，从而提升调控心理与适应环境的能力，增强团队意识；在旅行生活中，学生会遇到各种各样的问题，同学之间要互相帮助，践行仁爱之心待人及与人为善的美德；在研学活动中，学生要合作完成研究课题，他们的合作意识与合作能力会得到发展；在考察访问过程中，学生会与很多人接触，接受各行各业人员的服务，学生要懂得以礼相待；在参观景点的过程中，学生要能自觉遵守社会秩序与公共道德，文明参观，形成良好的个性品质。总之，学生在实践锻炼中，在传统文化以及革命历史的熏陶下，其社会主义核心价值观会得到有效提升，并深入理解与把握国家层面的富强、民主、文明、和谐的价值目标，在旅行考察与合作中践行学生层面的爱国、敬业、诚信、友善的价值标准，进而思考与理解自由、平等、公正、法治的社会相处原则，有效促进践行社会主义核心价值观。

2. 实践学习，优化认知结构

书本和学科课程传递给学生的知识被认为是真理，课程就是单向地向学生输入知识，这是对知识与课程的刻板理解。在不否认知识的真理普遍性的同时，必须认识到知识的不确定性和情境性。学生与知识相遇，既有继承的知识，又有个人经验(知识)。学生不是学科知识的容器，而是知识的建构者。学生作为学习的主体，能够以不同的形式认识客体(自然、社会)，并能思考改造客体，在主体与客体的互动过程中发展认知。

研学旅行将“学”与“行”结合在一起，就是将实践习得与理论学习相结合，引导学生综合运用已有经验在实践中解决新问题，优化了学生的认知结构，为学生提供了与自然、社会、科学和人类文化等客观事物以及精神层面内容相结合的机会，让学生回归生活世界，在与大自然和社会的亲密接触中获得知识。研学旅行的“研学”即以问题为中心的考察探究，在旅行中激发学生发现问题、分析问题和解决问题的兴趣；提升学生发现问题、分析问题和解决问题的能力。学生在研学过程中，综合运用知识解决问题，在广泛考察中发现问题、深入探究、建构知识，将实践习得纳入已有知识系统，丰富自己的知识体系。

在研学旅行中，学生会与历史文化相遇，与经典相遇。在特定的环境中，这种与知识的相遇，不单是了解和复制历史与经典，更要理解和诠释历史文化与经典，使理解与诠释更有现实意义。“行”相遇“知”，“知”指向“行”，在实践中与知识相遇，知行统一，这是更高层次的认知。

3. 实现科学精神与人文精神的双向平衡

鼓励学生形成独立见解，有助于培养学生独立研究问题的习惯和能力。在研学旅行过程中，学生通过对自然与历史文化的考察，对现代工农业乃至军事科技的考察，了解现代社会经济与科技发展，同时，了解历史，学习优秀的传统文化，既信奉科学，又崇尚人文，从而实现科学精神与人文精神的双向平衡。

研学旅行要求学生在旅行中深入探求所见所识，而不是只追求外在形式。研学旅行是一个过程，让学生在研学过程中探究中华民族传统文化知识，学习中国革命历史；让学生在旅行的道路上用脚丈量大地，用眼观察社会，用心感受民族精神，用情拥抱社会主义祖国；让学生在旅行活动中学会遵守社会行为规范，增强团队合作意识，践行社会主义核心价值观，从而获得在校园内不可能得到的积极体验。从下面的案例中，我们可以看到学生真实的体验和感悟，看到学生对自然与人文的综合理解，看到学生对美好事物的积极追求态度。

案例分享：

心灵的感悟

北京市第八十中学温榆河分校学生

讲了这些，相信大家已经了解了拜寺口双塔的大概样子，不过只有亲自走到那里，身处贺兰山脚下，你才能感受到大自然的壮观、美丽，体会到什么是一马平川，什么是三面环山，感受到“大漠孤烟直，长河落日圆”。只有站在塔下，你才能发现它的坚固，它的顽强，其他房屋早已成为一堆瓦砾，而它还在。不过，有些东西只可意会不可言传，能不能感受到，全在个人。一位网友说：“有些风景在路上，有些风景在心中。”这真是再精辟不过了，一切在于自己的感受，再美好的东西，如果你视而不见，也是毫无意义的。我越来越体会到，人对周围景色的感受是和心态有关的，如果你有向上的生活态度，就会感受到周围有很多美好的事物。否则，再美的拜寺口双塔，在一些人眼中也不过是两座塔而已。

研学旅行既是综合实践活动课程的学习方式和内容，又是学校德育一个新的增长点。开展研学旅行一定要注意考察内容的选择，规划好旅行项目，确立考察探究的主题，明确学习目标，做好研学旅行的前期准备及研学旅行后的反思与成果交流，乃至成果的拓展，充分发挥研学旅行的育人功能。

第五节　研学旅行面临的问题

研学旅行课程对学校来说是一个新生事物，绝大多数学校通过购买服务的方式实施研学旅行课程。对于课程来说，购买服务有个度的问题。目前，一些学校并没有把研学旅行作为综合实践活动课程内容来实施，教师并没有参与活动设计，而是把购买服务绝对化。近年来，研学旅行课程在全国范围内的实施存在一些值得注意的问题。

一、教育的专业性受到挑战

教育是专业，不是职业，教育专业有育人的学问。《指导纲要》将研学旅行纳入综合实践活动课程的考察探究中，使其成为课程的一项内容和活动方式，研学旅行因此有了课程的性质，也是学校教育的一项内容。但是，由于旅行的特点，研学旅行的资源开发与实施很难由学校独立完成，这就出现了购买服务。研学旅行机构多是由旅行社部门转型而成的。研学旅行机构缺乏懂教育的专业人才，早期提供的服务是集体旅游，而不是研学旅行。虽然现在有些研学旅行教育机构尽量用教育的思想指导研学旅行，加强研学旅行的教育性，但研学旅行教育的专业性依然存在诸多问题。

其一，机构提供的是产品，不具有课程形态，缺乏课程设计，提供的活动方案基本是侧重学习的旅游产品，冠以一些教育词汇。

其二，机构在课程设计过程中不能在准确把握课程目标的基础上，对研学旅行资源进行深度解读，充分挖掘研学旅行资源的教育价值。

其三，学校对课程的参与度不高，仍然缺乏对学生深度的、自主的研究性学习的引领。很多学校没有开展综合实践活动课程，学校领导与教师不了解、不理解综合实践活动课程的理念和目标，研学旅行完全靠机构，没有自主实施的空间与时间。教师在研学旅行的前段只注重旅行物质准备与纪律要求，旅行中缺乏研学，旅行后缺乏评价交流，不能将研学旅行作为课程整体实施。总之，研学旅行作为综合实践活动课程的一项内容与活动方式，缺乏学校的管理，学生研学缺乏教师的组织与指导，使研学旅行失去了课程的价值。

其四，教育行为(教育专业技能)有教育学、儿童心理学甚至儿童生理卫生学作为理论基础。一个旅行社从业人员转身就能成为研学导师，不具备教师的专业技能、专业品质，对不同学段学生的身、心、智的发展没有认知，即不认识学生，这也是对指导教师教育专业性的一个挑战。

其五，一些研学旅行教育机构课程设计者不懂学生，不了解学生的认知水平，设计的研学旅行课程是“万金油”，不能满足不同学段学生深度实践学习的需要。

目前，研学旅行市场竞争不是拼课程设计质量和指导教师的专业能力，而是拼价格。市场的乱象使研学旅行教育的专业性受到挑战。

二、学科思维的干扰将研学旅行带入误区

“带着课本去旅行”是学科思维指导下人们对研学旅行的一个误读。尽管一些学术期刊发表的文章也有这个论点，但从综合实践活动课程理念与目标去分析，这个论点存在几方面问题。其一，不能摆脱单一学科教学思维模式。教育者没有真正理解研学旅行将把学生带入一个丰富的、鲜活的、复杂的生活世界，在这个世界里，学生要通过实践去认知，学生的认知是丰富的，认知的对象是综合的，是文理交融的，不会局限于某一学科。综合实践活动强调学生在实践中综合运用各学科知识解决现实问题，打破了学科界限，体现的是综合性，研学旅行中的研究性学习也是要体现这一综合性。其二，综合实践活动强调学生自主学习，在实践中解决问题，建构新的知识。从某种意义上讲，就是丰富学生的学习方式，弥补学校学科课程以接受式学习为主的不足。在研学旅行的过程中，学生以实践学习为主要方式。“带着课本去旅行”是对学生自主学习、综合学习、实践学习的束缚。

学生旅行应该带着什么？人们对世界的认识不是基于课本，而是基于对世界的好奇心与探究的兴趣，基于对生活世界的疑问，基于生产与生活实践。带着学生旅行，就要激发学生对旅行内容的兴趣，让学生对旅行充满好奇。出发前的重要准备就是让学生针对旅行内容提出感兴趣的、可研究的问题，让学生带着问题和要研究的课题去旅行。只有这样，才能把书本中学到的知识、思维与研究方法有机融合，综合运用到解决问题的过程中，进而将获取的新知识建构到自己已有的知识体系中，从而丰富自己的经验。这样学生才能更深入广泛地获得知识，建构自己的知识体系，形成智慧，而不是去验证课本知识，在禁锢的思维模式下，带上“镣铐”去旅行。

三、活动的形式化影响教育效果

教育是有内在规律的，教育活动需要一些形式，但形式只是实现教育目

标的一个途径，形式不能大于内容，教育不能流于形式。在研学旅行课程中，一些设计缺乏充实的内容，如给烈士纪念碑敬献花圈，这是一个重要的祭奠仪式，但纪念碑承载着什么？记录了什么？为什么要祭奠？其中有着丰富的教育内容。我们不能仅用一个简单的祭奠仪式，替代具体鲜活的革命斗争史与共产主义理想的教育。要把祭奠仪式作为教育活动的一个环节，使学生将通过实践学习获得体验感悟进而生发的真实情感在祭奠仪式中表达出来，这样的教育活动才落到实处。

研学旅行强调实践体验，而对课程理念的片面理解导致有些活动的设计过于牵强，为了活动而活动。如有些大型公园或教育基地，将园内甬道分段插上红军长征经过的著名地点标识，组织学生在甬道上开展长征活动，这种红色教育的形式十分浅薄，不能让学生领会到红军精神。

开展研学旅行活动，要明确培养目标，活动设计与安排要符合学生的认知特点，让学生通过研学旅行，获得真实践、真体验、真感悟、真发展，使教育真实现。

四、研学旅行教育服务机构与学校缺乏教育联动

研学旅行是学校复杂的大型教育活动，也是综合实践活动课程的活动方式，学校多以购买服务的形式开展研学旅行。这样研学旅行课程的设计与实施就由研学旅行教育服务机构承担，很多研学旅行教育服务机构在设计研学旅行课程时存在两方面问题：第一，将课程设计等同于研学旅行产品设计，对研学旅行资源的教育价值挖掘不够，缺乏课程要素，不能以综合实践活动课程理念为指导进行设计与实施；第二，研学旅行课程设计更关注课程的普适性，没有和学校的教育理念、特殊文化和课程相结合，没有形成研学旅行教育服务机构与学校教育的有机联动，使教育流于表面，教育实效性不高。

探究与实践

用综合实践活动课程理念分析一个研学旅行课程案例。

第二章 研学旅行课程理论基础

学习要点

1. 辩证唯物主义的认识论关于实践与认识的关系。
2. 研学旅行课程需要秉持的课程理论。
3. 动机与自我效能在学习中的作用。

研学旅行活动的本质特征是实践，学习方式是考察探究(实践性学习)，价值取向是实践育人，因此，马克思辩证唯物主义认识论就是研学旅行课程在哲学层面的理论基础。本章将在认识论、课程论以及学习论三个层面为研学旅行课程提供理论依据，以期站在理论高度对课程有深层次的认识。

第一节 辩证唯物主义认识论

人类改造世界的实践活动需要在思想支配下进行，实践包含观念与认识。通过实践，人们认识外部世界，同时，通过实践，人们对自身的认识活动进行反思，把认识作为研究的对象，就形成了认识论。

实践的观点是马克思主义认识论首要的、基本的观点。人类的实践活动不仅有生产活动，还有政治活动、科学与文化艺术活动等，社会生活的一切领域都是人们实践活动的场域。理论来源于感性认识，理论来源于实践，实践在理论的指导下又可以不断深入、发展，深入广泛的实践活动，还可以检验理论，不断丰富理论。

马克思主义哲学具有强烈的实践性，强调理论与实践的紧密联系。“凡是把理论导致神秘主义的神秘东西，都能在人的实践中以及对这个实践的理解中得到合理的解决。”[①]马克思主义哲学认为，解释世界要以实践为基础，实践在认识中起决定作用，但实践产生的理论不是要说明世界、解释世界，而是要改变世界，改变世界就是在科学解释世界的基础上，进一步通过实践改变世界。

---

① 马克思，恩格斯：《费尔巴哈》，北京：人民出版社，1988年，第89页。

一、实践

实践是人所特有的对象性的物质活动或感性活动，是人们能动地改造世界的活动。也就是说，活动中人是主体，事物对象为客体，由此实现主体与客体之间通过中介，发生相互作用的活动。中介是工具、手段以及运用工具手段的程序与方法。

1. 实践的基本特性

从实践区别于动物本能活动以及实践与认识的区别这两方面综合分析，实践有三个基本特性，即客观性、能动性和社会历史性。

实践的客观性是指实践是感性的客观活动。主体人、客体物以及中介，都是可感知的客观实在，是意识以外的客观存在，主体的实践活动受客观条件的制约和客观规律的支配。这就是实践最基本的客观性。

实践的能动性体现于实践自觉的能动活动。这一自觉的能动性表现在两方面，一方面是能动地改造世界，另一方面是能动地推动认识的产生与发展。

实践的社会历史性意指实践是社会历史的活动。人的一切实践活动都是在一定社会关系中发生的，受着特定历史条件制约，无论是对族群还是个体活动(实践)的认识，都不能脱离社会关系、历史条件孤立地考察。

明确实践的基本特性，有利于进一步理解主、客体的关系及实践与认识的关系。

2. 社会生活的本质是实践

“全部社会生活在本质上是实践的。”①实践是人的存在方式，人类的产生、生存和活动是以实践为基本形式和标志的。没有物质生产活动为基础的社会实践，就没有人类的产生与存在。所以说，劳动(实践)创造了人，还创造了人的社会生活。

实践是使物质世界分化为自然界与人类社会的历史前提，又是使自然界与人类社会统一起来的现实基础。通过实践活动，人把自己从自然界提升出来，从纯粹生物意义的人转变成具有社会意义的人。实践是人类社会的基础，一切社会现象，只有在社会实践中才能找到最终的根源。马克思主义认为，社会是人们交互活动的产物，社会生活的本质是实践。在实践中，人与人形成了社会关系，而这些社会关系制度化、对象化，就构成了社会的经济、政治、文化等社会结构与社会生活。社会就在社会结构的变迁以及人与人社会关系发展变化过程中得到发展。由此可以认为，实践是社会生活的本质体现，

① 中共中央马克思恩格斯列宁斯大林著作编译局编译：《马克思恩格斯选集(第一卷)》，北京：人民出版社，1995年，第56页。

实践是社会关系形成的基础，实践形成了社会生活的基本领域，实践构成了社会发展的动力。

社会生活的本质是实践，学生要认识社会，必须走到社会生活中，通过实践活动获得真知。研学旅行活动给学生提供了一个社会实践的机会，一个认识社会的平台。

3. 实践主体与客体的相互作用

实践活动包含主体、客体与中介三个基本要素，这三个要素各自具有子结构系统，三个要素之间相互联系，相互作用，动态结合、变化与发展，决定了实践活动由低级向高级不断发展。

(1)实践活动的主体

人作为实践的主体，完成实践需要担负提出实践目的、运用实践中介、改造实践客体的任务。人具有复杂的能力结构，概括地说，人的能力结构也包含三个基本要素，即生理能力(体力与脑力)要素，这是人的自然力，是人这一实践主体能力结构的物质基础；在实践过程中，人所掌握和运用的知识，是人这一主体能力结构中的智力要素；人的情感和意志是实践主体能力结构中的精神动力要素，这一要素对人实践能力的发挥起到重要的控制和调节作用。由此可见，实践的主体是知、情、意的统一。

人作为实践的主体，本质不在于其自然性，而在于其社会性，主体能力的本质，是一种社会力量。实践的主体不是脱离社会的个人，也不是脱离独立个人的抽象社会。

人的主体性是人进行创造性的、能够实现自己价值的实践活动的前提。实践哲学主张从人本身的生存活动出发去理解人以及人与世界的关系，认为实践是人的存在方式，实践是人存在的本质要求。

(2)实践活动的客体

在实践活动中，客体是主体活动对象的总和，是不以主体意志为转移的客观存在。同主体一样，实践中的客体形式也具备三个基本要素，即自然形式的客体、社会形式的客体、精神形式的客体。

自然形式的客体是指与主体实践活动发生关系的自然物，是主体实践活动改造的对象，如山坡。社会形式的客体是指已经对象化的现实社会结构，如经济制度、社会制度等。精神形式的客体是指人类精神生产的结果以物的形式存在，如书籍、艺术品等。

学生在研学旅行中研究、考察的客体包括自然形式的客体、社会形式的客体、精神形式的客体。

(3)实践活动的中介

主体与客体在实践结构中处于两端的位置，中间的链接即为中介。如前所述，中介包括工具及其操作的程序与方法，中介使主体与客体联系起来。

在研学旅行过程中，使主体与客体相连接的中介即研究仪器设备、研究的方法与研究的程序。

(4)实践中主体与客体的相互作用

辩证唯物主义的认识论，把实践的观点引入了认识论，科学地阐述了主体与客体及其相互关系，在承认客体对主体决定作用的基础上，认为主体与客体还有一种改造与被改造的关系，可以认为这个关系是主体与客体之间的物质关系。

主体与客体之间不仅有物质关系，还有精神关系，而精神关系就表现为主体对客体的认识关系。主体以观念方式把握客体，这意味着一方面客体对主体意识、观念产生了改造作用，另一方面，主体在反映认识客体的同时，也在用观念改造客体。

正因为如此，主体不仅能反映事物的现象，还能够进一步揭示事物内在的本质和规律，不仅能够反映现在，还能够进一步揭示事物的过去和未来，不仅能够反映现实的事物，还能够在头脑中塑造并不存在的事物(创造性)。

总之，认识的主体与客体的关系，就是认识的关系，实践的关系。主体与客体之间是相互作用、相互渗透、相互影响的双向作用关系，主体人以实践为基础的认知活动，是人对客体这一客观物质世界的把握，并且创造了属于人的世界。

综合实践活动课程总目标提出："学生能从个体生活、社会生活以及大自然的接触中获得丰富的实践经验，形成并逐步提升对自然、社会和自我之内在联系的整体认识。"这就是强调学生作为主体(人)通过实践活动，对客体(客观物质世界)的整体认识，这个物质世界有自然、社会和人本身；而内在联系就是唯物辩证法认为的物质世界的辩证本性，即普遍联系与发展。学生只有深入生活、深入社会、深入自然去实践，才能实现主体对客体的认识，即"对自然、社会和自我之内在联系的整体认识"。当然，停留在主体的认识层面是不够的，主体还要改造客体，创造新世界，这是主体的终极目标，因此综合实践活动总目标中明确提出"问题解决、创意物化"。理解综合实践活动课程总目标，也要从辩证唯物主义认识论实践主客体相互作用的关系角度出发，这样才能把握研学旅行课程的方向。

二、实践与认识

马克思主义哲学把认识发生的自然因素与社会因素结合起来，明确实践活动是认识发展的现实基础，同时，认识只有在实践中才能得到发展。实践是认识发展的源泉和根本动力，实践是认识发展的最终目的，是检验真理的标准。

1. 实践是认识的基础

（1）实践产生了对认识的需要

马克思主义认识论从实践活动出发，认为人类认识活动的起源与发生和人类劳动的起源与发生是一个统一的过程。劳动的发生与发展为认识的发生与发展提供了必要性，人们在劳动（实践活动）过程中，需要形成对客体的本质与规律的认识，从对个别的认识，到形成对一般的认识，从对现象的认识，到对客体本质的认识。由此，劳动（实践活动）要求人产生以观念的方式把握客观对象的需要，换言之，劳动（实践活动）产生对认识的需要，例如，捕猎需要对猎物生活习性的认识，耕地需要对季节和气候的认识等。

（2）实践为认识提供了可能

实践不仅产生了对认识的需要，还为认识提供了条件，这个条件就是物质条件和手段。实践中遇到和提出的问题，只能回到实践中解决，实践要为解决问题提供材料、实验仪器及认识工具。正如恩格斯所说："不但提供大量可观察的材料，而且自身也提供了和以往完全不同的实验手段，并使新的工具的设计成为可能。可以说真正的有系统的实验科学这时才成为可能。"①实验手段的应用，提高了人类认识世界的能力，从光学显微镜到电子显微镜，人类对微观世界的认识越来越清晰，从光学望远镜到射电望远镜，人类看到宇宙中更远的星球，发展了对天体的认识，这些认识都是实践提供的手段。

（3）实践推动认识的发展

人们通过实践产生了问题，通过实践获得了认识客观世界的物质手段，在此基础上，人们通过实践不断探索、改造和变革客体，在这个过程中，客体的真实状态、属性、关系、本质和规律得以显露，人们通过感官直接获得客体的信息并传入大脑中，形成直接经验，通过进一步加工，将其上升为理性认识。可以说，实践是沟通主体与客体的桥梁，通过实践，人们可以深度接触研究对象，感知其现象，揭示其本质，发展人们对客体的认识。因此，实践推动认识的发展，人们离开实践，就不能获得真知。

2. 认识是主体对客体的能动反映

"黑格尔（G. W. F. Hegel）认为，单纯认识只能停留在客体的外在必然性上，而不能深刻具体把握客体的内在本质，达到主体与客体的统一。只有通

① 中共中央马克思恩格斯列宁斯大林著作编译局编译：《马克思恩格斯文集（第三卷）》，北京：人民出版社，1995年，第706页。

过实践，发挥主观能动性，有目的地支配与控制客体，从而改造客体合理地符合主观目的，消灭客体对主体的异己性，使主客体融合统一。”[①]黑格尔说：“理论的东西本质上包含于实践的东西之中。”[②]他认为实践高于认识，“因为它不仅具有普遍的资格，而且有绝对现实的资格”[③]。由此我们可以看到黑格尔对认识与实践的辩证关系的理解。黑格尔的这些观点基本被马克思接受。

认识就是主体通过相互作用对客体的观念把握，是主体在实践的基础上对客体的能动反映。“认识既含有再现客体内容的反映特征，同时也含有主体本质力量的创造特征，认识是以实践为基础对客体的能动的、创造性的思维再现。”[④]

认识离不开人的精神或意识活动，但认识不是人的意识活动的全部形式。唯物主义哲学坚持物质是第一性的，意识是第二性的。人的认识是人脑对客观世界(客体)的反映，这一反映不是被动的，因为主体人与客体的关系是一种改造与被改造的关系，主体人是为了实现一定的认识目的而自觉地、主动地在改造世界的过程中反映世界，主体对世界的反映能力随着实践的发展而发展。

辩证唯物主义认识论揭示出人的认识在实践的基础上具有的能动性和创造性，是对认识本质的揭示。人在实践的过程中，不仅需要反映事物的现象，还要透过现象看本质，并把握事物的本质，简单地反映是不够的，需要在实践反映各种现象的基础上，通过在观念中分析、加工和改造对象，运用一系列思维方法，进行创造性的思维活动。正如列宁所说：“认识是人对自然的反映。但是，这并不是简单的、直接的、完整的反映，而是一系列的抽象过程，即概念、规律等的构成、形成过程。”[⑤]

在认识活动中，反映与创造是认识的两种不同功能，二者的关系是辩证的，创造离不开反映，反映也离不开创造，反映是创造的基础，反映在创造的过程中得以实现。人们在认识事物的本质和基本规律后，会依照人的目的、意志去创造。

3. 认识运动的基本规律

认识的运动过程是实践和认识对立统一关系具体历程的发展过程，列宁

---

① 萧焜焘：《科学认识史论》，南京：江苏人民出版社，2004年，第532页。

② 黑格尔：《法哲学原理》，北京：商务印书馆，1961年，第13页。

③ 黑格尔：《逻辑学(下卷)》，北京：商务印书馆，1966年，第523页。

④ 萧前，李秀林，汪永祥：《辩证唯物主义原理(第三版)》，北京：北京师范大学出版社，2012年，第238页。

⑤ 中共中央马克思恩格斯列宁斯大林著作编译局编译：《列宁全集(第55卷)》，北京：人民出版社，1990年，第152页。

对认识运动辩证的过程是这样解释的："从生动的直观到抽象的思维，并从抽象的思维到实践，这就是认识真理、认识客观实在的辩证途径。"①

(1)感性认识与理性认识

认识由感性认识和理性认识两个阶段构成，在实践基础上的认识运动，第一阶段获得的是感性认识，通常我们说的经验基本属于感性认识；第二阶段获得的是理性认识，是在感性认识的基础上发展形成的，是感性认识的高级发展阶段。

感性认识以直接接受性为特点，是"生动的直观"。认识的初级阶段，感觉器官直接接受关于事物的现象、事物的外部联系等方面的认识，包括感觉、知觉和表象。

具体来说，感觉所反映的是事物的个别特性，如人吃梨，通过味觉感受器接受的刺激，在脑中形成甜的味觉，这是梨的个别特性；通过嗅，获得梨有香味的个别特性等。

知觉是感觉的集合，是人脑将各种感觉集合在一起形成的反映该事物各方面特性的整体感性形象，如人们认识梨，就要尝梨的滋味，嗅梨的气味，观梨的颜色与形状等，获得多方面梨的个别特性，这些感觉在人脑中结合起来，形成对梨的整体知觉。因此，知觉与感觉一样，是对客观事物的直接反映。

表象是人的大脑对过去的感觉和知觉的回忆，表象是感性认识的更高形式，开始隐含由直接到间接的趋势。

感性认识突出的特点是直接性，是对外部世界具体、生动、形象的反映。感性认识对事物的认识还不够深刻，因而必须上升到理性认识。

理性认识是指人们借助抽象思维，在概括整理大量感性材料的基础上达到对事物的全貌、本质、内部联系和自身规律的认识。理性认识超脱了客观事物具体直观的形象，是透过现象发现本质，找到规律以及内部的联系。因此，理性认识是间接的、抽象的，具有一定的独立性。

感性认识与理性认识是辩证统一的，感性认识是认识的起点，是基于时间的直接认识，感性认识不是绝对的，而是有待于深化发展为理性认识，从感性认识到理性认识需要一个质变的过程。理性认识虽然不需要直接实践，有一定的独立性，但其依赖感性认识，没有感性认识，就不可能有理性认识。从感性认识到理性认识，就是形成理论的过程。

---

①　中共中央马克思恩格斯列宁斯大林著作编译局编译：《列宁全集(第55卷)》，北京：人民出版社，1990年，第142页。

（2）理性认识与实践

实践是感性认识的基础，由感性认识上升到理性认识，达到认识的高级阶段，并不是实践的目的，从实践到认识也并不是认识的完整过程。理性认识回到实践中，获得实践的检验，进一步完善并指导实践，是认识的一个飞跃，是认识过程的发展。由此看来，实践是认识的起点，也是认识的归宿。

理论和实践的统一不能仅仅被理解为理论来自实践，又指导实践。理论始终要面向现实，理论应成为现实本身的构成要素，而不是外在的说明，从而服务于改变现实的实践运动。首先，理论与实践在现实生活中得到统一，理论服务于实践。理论学习的目的不仅在于认识客观世界的规律性，还在于运用对客观规律的认识去改造世界，指导人们的实践活动不断深入；其次，正是在运用理论的过程中，主体才能更深刻地理解并熟练掌握理论，从而真正将学习到的理论内化为自己的思想和行为；再次，理论只有在实践中才能得到发展，即实践对理论具有反作用，人类深入广泛的实践，会丰富理论体系。

我们在探讨认识过程时，将感性认识（感觉、印象、知觉）与理性认识（概念、判断、推理）划分为认识的两大阶段，但认识的过程不能过于僵化于这两个阶段，认识的过程还有非理性因素——潜意识、知觉、灵感、情感、意志、信仰等。“非理性因素在感性向知性过渡、知性向理性升华的过程之中，起着传媒与催化作用。它们又在认识向行动转化中，起着策动作用。可见没有它们，认识过程将是僵死的框架，而不是活生生的有机合成的辩证运动。”①

三、学习中实践与认识模型的探讨

认识的过程不是一个封闭的过程，实践产生的认识不断到实践中检验，并得以修正与丰富，最终成为理论（真理），而这个理论（真理）仍然是相对的，因为人们对事物的认识是受到客观条件限制的，随着客观条件的变化（如手段的发展），理论是不断发展甚至更新的。实践与认识思维模型到底应该是什么样的？有人将其图解为一条直线，即实践、认识、再实践、再认识；有人将其图解为一条螺旋上升的线。在此，我们要思考，实践是不是一个连续的过程？认识（理论）形成是不是一个量的积累到质的变化的连续的过程？实践与认识的发展的辩证关系可以建立什么样的模型？

实践与认识的问题就是“行”与“知”的问题，我们已经明确了实践即“行”是认识即“知”的基础。对于学生学习来说，“行”在“知”之前，即实践在认知之前，获得“知”，即获得经验；“行”在“知”之后，即在理论指导下实践，就

① 萧焜焘：《科学认识史论》，南京：江苏人民出版社，2004年，第767页。

是践行理论、验证理论，在实践基础上进一步去完善和发展理论。学生学习中的“知”可以建立在实践的基础上获得感性认识，进而形成理性认识，这就是“行”后获得“知”；“知”也可以是通过继承性学习获得理性认识(理论)。人们获得新知识的过程并非简单地从感性认识到理性认识，在获得大量感性认识的基础上形成理性认识的同时，还会直接学习理论，即前人的经验形成的认识。

陈树杰在《综合实践活动课程引论》一书中，在对辩证唯物主义认识论深入思考的同时，针对学生的学习曾提出“认知双螺旋”的模型，他认为，“知”和“行”即理论和实践，是贯穿人们认知形成和发展过程的一对基本矛盾。人们对既有知识的获取(理论学习)和亲历经验的积累(实践学习)，都是螺旋式发展的。两条螺旋同生共长，互相作用，构成了人们认知形成和发展的“认知双螺旋结构”。认知双螺旋有四个基本特点。

第一是共生性，即“知”与“行”两方面不是孤立存在的，两个螺旋是共生的，是共同纵向发展的。

第二是结构性，随着儿童的生长和阅历的增长，理论知识与实践知识都不断积累。就每个个体而言，来自两条认知途径的知识与经验会表现出某种结构性，这种结构性受个体内因(动机、兴趣)以及外因(教育、环境)影响。

第三是双螺旋的互动性，这种互动是横向的。实践性学习与继承性学习(理论学习)两种学习方式或认识过程也是相互联系、相互影响的，因为儿童生活中的实践学习使儿童获得很多经验，这些经验可以构建到学生的知识体系中；学生的很多实践又会以此前获得的知识或经验做指导，其中，通过继承性学习获得的系统性知识会起到重要作用，实践的结果又会加深他们对这些知识的认识和理解；儿童对于任何继承性学习获得的知识，都会运用自己的经验去理解，而被理解的知识又可以帮助他们在实践中加深对实践的感受和体验，强化对实践活动的指导。如此良性循环，自然会使儿童不断地深化对客观世界的认识过程。

第四是认知双螺旋的发展性，主要表现在其自身所具有的自主调节功能上面。当学习主体通过主动选择和自主学习实现与外界的信息交换时，双螺旋内部将会自己进行调节，形成局部或总体的同化或顺应，并不断更新其结构自身。系统知识具有很强的工具性，会发挥沟通和组织实践知识的作用，而实践知识又会以其真理性不断充实并完善系统知识的内化过程。①

陈树杰提出，“认知双螺旋结构”如同DNA的模型。根据陈树杰对“认知双螺旋结构”的表述，依据辩证唯物主义的认识论，笔者将学生的继承性学习

① 陈树杰：《综合实践活动课程引论》，北京：首都师范大学出版社，2014年，第64—65页。

与实践性学习用认知双螺旋模型进一步具体化表达，以期加深读者对实践与认识内涵的辩证理解（见图 2-1）。

这个模型的关键是将实践与认识看作一个对立统一整体的同时，将其发展看作两个路径，这两个路径是平行的、发展的、螺旋上升的，在螺旋上升过程中，实践与认识相互作用，在相互作用中，实践与认识不断发展。

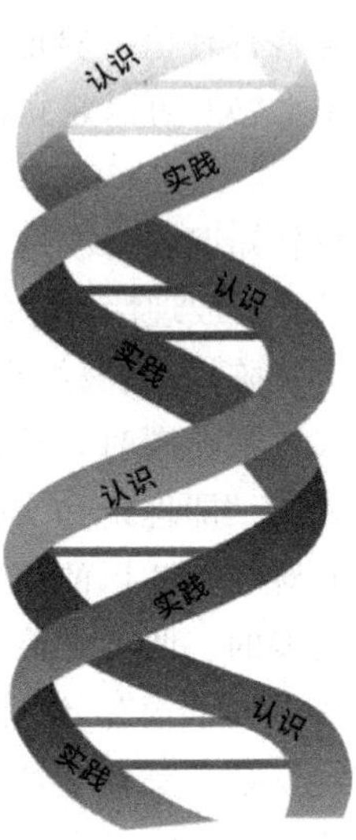

图 2-1　认知双螺旋结构

实践性学习是人类与生俱来的一种学习方式，千百年来早已存在于人类生活的各个方面。活动课程出现以后，实践性学习作为与这类课程相适应的学习方式受到人们的普遍关注，人们力图从理论上对其进行探讨和规范。实践性学习可以弥补接受性学习的不足，丰富学校教育中学生的学习方式。

学生对周围世界的认识是通过实践活动、体验进行的。在研学旅行中，学生通过在各种活动中观察、感知外界事物，对观察、感知的事物建立基本概念，这些概念可能是零散的知识，但这些知识进入了学生思维图式的脚手架中。学生通过与外界人与事的丰富接触（实践），会形成大量而复杂的条件反射，丰富对周围事物的认识，这一过程自然地增长着知识，同时这些知识经过分析综合形成复杂的概念甚至系统的知识。在大量的实践活动中，学生逐渐理解事物之间的复杂关系，学习处理各方面的问题。因此，学生在实践学习中，在不断发展实践能力的同时，理论认识也在不断形成发展。

第二节　课程与教学论视角下的研学旅行

什么是课程？儿童成长需要什么样的课程？课程应该秉持什么理念？这是课程论的基本问题，也是触及学校课程时要思考的问题，当研学旅行进入学校课程时，面临的就是课程本身的挑战。

一、课程

什么是课程？这个问题是我们认识课程、研究课程的出发点，只有明确课程的本质，了解课程的发展，我们才能思考为学生开设什么课程，如何设计课程。

课程是社会的产物，与社会的政治、经济有着紧密的关系。课程设置反映了时代对人才的需求与社会发展的特点。早在八百多年前，我国南宋的思想家、教育家朱熹在《朱子全书·论学》中就有“宽著期限，紧著课程”“小立课程，大作功夫”的论述。“这里的‘课程’，其基本的含义即指功课及其进程，和现在的课程含义比较相近。”[①]西方“课程”(curriculum)一词出现在英国教育家斯宾塞《什么知识最有价值?》一文中，是从拉丁语“currere”一词派生出来的，意为跑道，指在跑道上跑。在跑道上跑，可以进一步引申为“一个学程”或“学习的进程”，有引导学生学习达到预期目标的含义。

我国古代的课程有礼、乐、射、御、书、数，被称为“六艺”；欧洲中世纪课程有文法、修辞、辩证法、算术、几何、音乐、天文学，被称为“七艺”。

“课程”这个概念有着各种不同的定义，“在学科中心的教育观念指导下，课程被看作是学科的教材的综合，学生学习的全部学科的综合，学生学习的全部学科被称为课程”[②]。因此，在狭义的范畴，可以将“课程”概括为：学校中各学科的学习，具有严格的结构性。

在更广义开放的范畴，可以将“课程”概括为：学校的整体文化。基于将课程视为学校整体文化的认识，课程又可以分为显性的课程与隐性的课程，这两种课程可以赋予学习者学习经验的总体。课程观以及课程取向影响人们对课程概念的理解。

二、课程的理论

知识、儿童、经验、社会是课程所关注的内容，不同课程观所形成的课程理论有所不同，从而对知识、儿童、经验和社会的关系在课程中的反映也有很大的区别。

1. 课程是经验

杜威(J. Dewey)是进步主义的代表人物，其主张儿童与知识、社会相关联的课程设计，通过经验把儿童与知识统一起来。“进步主义课程强调经验和成长发展过程的质量，而不是内容和技能的掌握。”[③]其课程的着重点是注重经验或过程，综合学习方法、学习者的兴趣、动态的学习过程、适于发展的实践。进步主义认为教师是教学的促进者，学生的学习要以小组合作探究为主要形式，学生评价侧重形成性评价，强调表现与反思，学生自评和互评是评价的核心。

2. 儿童是学习的中心

以马斯洛(A. H. Maslow)、罗杰斯(C. R. Rogers)为代表的人本主义课

---

① 张华：《课程与教学论》，上海：上海教育出版社，2000年，第66页。

② 上海师范大学《教育学》编写组：《教育学》，北京：人民教育出版社，1979年，第97页。

③ 亚瑟·K. 埃利斯：《课程理论及其实践范例》，北京：教育科学出版社，2005年，第42页。

程理论更强调人的尊严、潜能和价值，强调学生的自我发展与自我实现。罗杰斯提出“意义学习”的概念，即“指一种是个体的行为、态度、个性以及在未来选择行为方针时发生重大变化的学习”[①]。这些变化包括儿童的自我认同、自信、自我完善等方面。在这种“意义学习”思想指导下，儿童是学习的中心，而教师只是学习的促进者，与学生是一种平等的关系，在学习活动中，师生互相交流，平等对话，而这种教师角色的转变，使得教师更能深入儿童的内心世界了解儿童，帮助儿童成长。

3. 课程是学科与教材

要素主义是现代西方教育思想的一个流派，与进步主义教育对立。要素主义强调“文化遗产”的重要性，认为经过历史检验的多数人的经验比个人经验有意义，比根本没有经过检验的儿童经验更有意义。要素主义者认为在人类遗产中有着“一种知识的基本核心”——共同的、不变的文化要素，其中包括基本知识、技艺及传统的“态度”“理想”等，这些要素是人们必须学习的，学校的主要任务就是把这些共同的文化要素传授给学生。要素主义教育者强调以学科为中心和学习的系统性，强调学校要系统地传授给学生教材中的知识，主张教师在教育过程中起主导作用，因为教师掌握的知识更有权威性，儿童要在教师的严格管束下学习学科系统知识，而不能凭兴趣学习。在学校的教学系统中，教师应处于中心地位。

永恒主义在有些方面与要素主义相似。它主张过去的东西是卓越的，特别是有伟大的作者及其著作代表的过去的东西是无与伦比的，其实质是永久不变的。基于这种思想，永恒主义在课程目的上推崇促进学生理性发展，在课程设置上强调永恒的学科，认为学生学习的内容就应该是经典、永恒的东西。

4. 课程模式

不同流派的课程论是各种哲学思想的反映。20世纪50年代以来，涌现了不同的课程理论，美国的埃利斯(A. K. Ellis)在大量观察研究的基础上将课程分为三种模式，即基于进步主义和人本主义哲学思想的儿童中心课程、社会中心课程、基于要素主义和永恒主义哲学思想的知识中心课程。

(1)儿童中心课程

儿童中心课程也被称为学习者中心课程，是一个典型的关于发现的课程，儿童中心课程倡导者的目标就是儿童的自我成功，即心理学家马斯洛所说的自我实现，这就意味着给儿童的学习环境提供丰富的自我实现机会。儿童中

---

① 靳玉乐：《课程论(第二版)》，北京：人民教育出版社，2015年，第109页。

心课程的核心是儿童而不是学科，儿童中心课程的基础就是儿童的成长和发展。儿童中心课程是一个关于兴趣和经验的课程，这就要求为儿童提供充满激励和创造性、能够自我实现的环境。儿童中心课程以儿童的兴趣和爱好、动机和需要、能力和态度等为基础来组织和设计课程。其倡导者认为，学生的学业成绩并不是不重要，如果把感情因素作为课程必不可少的因素，学生的学业成绩自然会提高。总之，儿童中心课程把情感领域和认知领域加以整合，把知识与学生生活联系起来，这就使得课程与教学更具有生成性。在儿童中心课程中，教师的角色是儿童学习的促进者。

(2)社会中心课程

社会中心课程目标结构是探究和解决社会问题，或者说是让儿童到真实社会中解决真实社会中的问题，因此社会中心课程是以社会问题解决为中心的课程。社会中心课程倡导者认为，传统的课程是培养“适应”社会的人，而社会中心课程倡导培养“改造世界”的人。课程内容指向社区事务和真实社会中的问题。社会中心课程观认为，不能用教科书和繁重的作业将儿童与真实世界分隔开，课程必须围绕广泛的社会问题来组织，课程要力求与社会生活相关，重点放在学生公民意识和领导力的发展等方面。教学以问题解决为单元，帮助学生参与社会生活，发展批判精神。社会中心课程的主要教与学的方法是设计班级或小组的项目，学习形式是团队行动，在这样的课程中，我们看到的更多是生生互动、学生自我决策和管理的情景，学术性的知识只是帮助解决问题的工具。社会中心课程的教师角色与儿童中心课程一样，都是学习的促进者。

可以认为杜威所倡导的课程属于社会中心课程。杜威主张儿童、知识、社会相统一的课程设计，提出“问题解决”的学习方式，认为学校应鼓励学生在问题解决的过程中获得知识，并提出著名的问题解决五步法，即问题的感觉、问题的界定、问题的假设、对假设的逻辑推理以及检验假设。在问题解决的过程中，学生与环境互动，获得大量的经验，收集到各种信息，是一个主动学习的过程。这种课程打破了传统课堂教学传授知识的课程教学模式。另外，在学生评价方面，改变了教师用分数评价学生学习成果的方式，强调了学生的自我评价。

(3)知识中心课程

知识中心课程也常常被称为学术性课程、学问中心课程。其对儿童知识和技能的认识为：基础知识和技能是学生面对不确定未来的最好准备，其目标结构就是学习经典。所谓经典就是基本知识。课程倡导者明确提出学生要接受自由教育，即学术性教育，其中不包括职业教育、应用性课程及生活技能教育；课程倡导者强调要把人类文化遗产中最具有学术性的知识，连同知识体系的内在逻辑程序和结构作为课程的主体。知识中心课程与上述两种课程很大的区别在于课程的构建不是基于学生的兴趣，而是基于各学科系统的、有一定范围顺序的学术性知识，以教科书为本位，关注独立学科基本知识和技能内容。在这种课程环境中，教师是学术权威、学科专家和知识的传授者，学校是唯一的学习场所。知识中心课程其实就是我们说的传统课程，其评价与进步主义哲学观指导下的儿童中心课程与社会中心课程评价有着很大的区别，评价的主要形式就是分等级评价、标准化考试。

从课程致力于回归基础、学习经典这方面看，要素主义是支撑知识中心课程的哲学思想之一；但是，从有些课程致力于学习伟大的、永恒的思想角度审视，永恒主义也是知识中心课程的哲学思想。

上述三种课程模式，从全人教育的角度看，很难说哪种模式是具有绝对优势的课程模式，在学校教育实践过程中，广大教育者更希望在这三种模式中寻求一种平衡或互补，形成更有优势的课程或课程结构。研学旅行课程作为学校课程的内容，需要在这些课程范式中汲取什么？这是一个需要探讨的问题。

设置综合实践活动并不是基于针对“知识中心”的“学科课程”而设置“经验中心”的“综合实践活动”。人们往往把两种课程对立起来认识，把学科课程归结为“系统知识”，把综合实践活动课程归结为“生活体验”。然而，无论是学科课程还是综合实践活动课程，都是在学习中组织“知识”和“经验”的课程。两者的差异不在于是知识还是经验，而在于知识与经验的组织方式。学科课程是以学科内容为核心组织知识与经验的，而综合实践活动是以现实的主题(问题)为核心组织知识与经验的。学科课程偏重学科逻辑——学科领域的知识体系，综合实践活动课程偏重生活逻辑——综合性的知识与经验。这种双重课程的整体设计需要体现两个原则：一是凸现生活世界的价值，二是寻求生活与学术的交融。新的课程改革旨在打破知识与经验二元对立的状态。生活与学术的交融，是实践和认识的统一，应当成为综合实践活动课程设计的基本原则，也是研学旅行活动设计的基本原则。

5.“泰勒原理”

泰勒(R. Tyler)在1949年出版的《课程与教学的基本原理》为现代课程论奠定了基础。泰勒在此书中提出“从事课程编制活动时必须回答的四个基本问题：第一，学校应该达到哪些教育目标？第二，提供哪些教育经验才能实现这些教育目标？第三，怎样才能有效组织这些教育经验？第四，怎样才能确定这些目标正在实现？这四个基本问题构成了现代课程领域最有影响的理论框架，被誉为‘课程原理’或‘泰勒原理’”[①]。在《课程与教学的基本原理》中，泰勒研究了解决这些问题的方法与程序，即确定教育目标，选择学习经验，组织学习经验，评价学习效果，实际上是明确了课程设计的四个要素，即目标、内容、过程(实施)、评价。

泰勒认为，确立教育目标需要依赖三方面信息，“一方面是对学习者的研究，一方面是对当代校外生活的研究，再有就是学科专家的建议”[②]。这三方面明确了制定目标要依据学生的认知特点和需求，依据社会发展的特点及生活的需求，依据知识的科学性。

关于选择学习经验(内容)，泰勒认为：“学习是通过学习者的经验而发生的，就是说通过学习者对他所处的环境做出反应而产生的。”[③]“为了选择这样的学习经验，泰勒提出了五条原则：①为了达成某一目标，学生必须具有使他有机会实践这个目标所隐含的那种行为的经验；②学习经验必须使学生由于实践教育目标所隐含的那种行为而获得满足感；③学习经验所期望的反应，是在学生力所能及的范围之内的；④有许多特定的经验可用来达到同样的教育目标；⑤同样的学习经验往往会产生几种结果。”[④]

组织学习是获得学习经验之后，组织成为单元、学程和教学计划的程序。泰勒提出组织学习经验的三个原则：“①连续性，注重直线式地呈现主要的课程要素；②顺序性，注重把后继经验建立在前面经验的基础上，同时又对其做更加深入而广泛的探讨；③整合性，注重学生通过学习经验的学习获得一种统一的观点，并把行为和课程的要素统一起来。”[⑤]他还从学校的课程组织结构角度进行了分析，如学科课程、广域课程、核心课程和完全未经分化的课程。

关于评价，泰勒认为其目的在于全面检查已经形成或组织的学习经验产生的预期效果如何，并对已有的教学计划进行评价。

通过上述对“泰勒原理”的介绍，可以形成泰勒目标模式的课程设计模式[⑥]，如图 2-2 所示。

---

① 靳玉乐：《课程论(第二版)》，北京：人民教育出版社，2015 年，第 16 页。
② 同上。
③ 同上书，第 17 页。
④ 同上。
⑤ 同上。
⑥ 同上书，第 142 页。

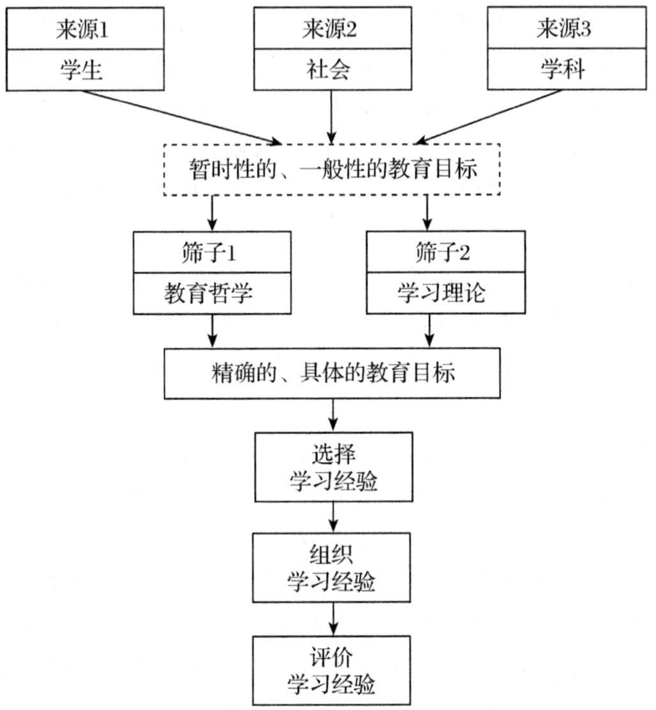

图 2-2　泰勒课程设计模式

“泰勒原理”为课程提供了一个基本构架，为课程设计提供了一种模式。研学旅行作为课程，在设计与实施过程中，如何汲取“泰勒原理”中的营养，从而具有课程的样态？这是研学旅行课程设计与实施者必须思考和注意的问题。

“泰勒原理”给人们提供了课程设计开发的结构和过程，当人们直面课程的时候，会发现课程不仅有结构和经验(内容)，还应该有超越其结构与经验的东西。

6. 超经验的课程要素

所谓超经验的课程要素，即情感、兴趣、质疑与智慧等。这是当今课程中需要重视的要素，这些要素有些是显性的，有些是隐性的，在课程中可以产生与传递。

(1)情感

这里的情感是广义的，包括情谊、态度、期待、信念、道德感、价值感等。这里并非从心理学角度探讨情感。从教育学、课程的角度讨论情感，可以将情感看作非经验的信息，这种信息同知识信息一样，可以在课程中传递。在关注课程结构内容的同时，关注情感这一非结构要素，超越课程结构的局限性，使这样的要素信息在课程中或显性或隐性地传递是非常重要的。

研学旅行课程中如何传递情感，实现其教育的价值是一个核心问题。所以，课程设计在关注课程结构的同时，不能将注意力局限于此，还要关注情感在课程中的传递，这种传递有显性的和隐性的，从某种意义上看比经验（知识）信息更加丰富。

（2）兴趣

从课程角度来看，兴趣是课程的组成要素（部分）。兴趣是有生成性和发展性的，作为课程的组成要素在课程设计中应该受到重视。兴趣与动机、自我效能是不同的概念，但是有相关性，兴趣可以诱发学习动机。

在学生进行研究性学习的过程中，如何激发学生兴趣，引导学生持续地保持研究和学习的兴趣，是课程设计与实施要关注的问题。

（3）质疑

辩证唯物主义认识论认为真理并不是绝对的，正如列宁所说：真理是“思维对客体的永远的、无止境的接近。自然界的人的思想中的反映，要理解为不是僵死的，不是抽象的，不是没有运动的，不是没有矛盾的，而是处在运动的永恒过程中，处在矛盾发生和解决的过程中”[①]。由此可见，真理是有历史性的，是一个过程，它并非静止的、绝对的。传统课程过分强调确定性、逻辑性、绝对性，以至于学生将书本的一切都视作真理，课堂缺失了质疑，课程设计缺失了质疑，学生和教师的头脑中都缺失了质疑。

质疑应伴随着课程实施的整个过程，质疑在学习中产生，而质疑的前提就是发现问题。研学旅行中的研究性学习的起点是发现问题，就是将质疑这一超经验要素贯彻到课程中，贯彻到学习中，学生问得深就学得深，问得多就学得多。质疑不仅能通过问来学，还能在学中问，在质疑中引发创造。当质疑真正成为课程的要素时，课程的开放性将进一步体现。

（4）智慧

智慧是生命所具有的基于生理器官基础的高级创造性的思维能力。智慧是综合的，包含感知、记忆、理解、联想、情感、逻辑、分析、判断、决定力等多种能力。

杜威主张在活动过程中把知识的获得降到次要位置，因为“知识仅仅是已经获得并储存起来的学问，而智慧则是运用学问去指导改善生活的各种能力”[②]。变注重结果为注重过程，注意培养人的思维能力和掌握科学的思维方法，成为杜威教学理论的重要特点。

---

① 中共中央马克思恩格斯列宁斯大林著作编译局编译：《列宁全集（第55卷）》，北京：人民出版社，1990年，第165页。

② 吴式颖：《外国现代教育史》，北京：人民教育出版社，1997年，第54页。

有知识不等于有智慧。智慧在课程中，也是超经验结构的要素，有学者提出："优秀的课程就是使学生获得智慧的课程。"[①]学生要从课程中获得智慧，课程要成为智慧的课程，课程的设计者要有教育的智慧，要追求智慧。

学生的智慧建立在课程经验结构(知识)基础上，并基于课程非经验结构的情感、兴趣与质疑形成。研学旅行课程是实践体验的课程，应该成为在实践中培养智慧的课程。课程中不仅要有智性智慧，还要有理性智慧、道德智慧，概括来说就是真、善、美。

第三节　学习论视角下的研学旅行

学生是学习的主体，学生的学习动机、学习的自我效能在学生的认知过程中发挥着重要的作用。学习理论不是西方学者的专利，我国儒家在学习理论方面有着重要的思想，对研究学生学习有着重要的价值。

一、学习动机

1. 学习动机的内涵

学习动机是引发和维持个体学习活动，并将学习活动引向一定的学习目标的心理动力机制。学习动机有三种相互作用的动力因素："推力因素与学生学业成就本身的追求有关，发自学生内心的学习愿望和要求(如对学习的强烈兴趣和探究心向等)，对学习起推力作用；拉力因素与学习的外在后果(如学位、待遇及社会地位等)有关，对学习起引诱作用；压力因素与客观现实环境对学生的要求(如考试、竞赛和升学等)有关，对学习起强制作用。"[②]

从学习动机的内涵可以看出，推力因素对学生的持续学习、自主学习有着非常积极的作用，是一种更为积极的心理动力机制，在引发学习内驱力，将学生学习行为从初始状态引向一定的学习目标，使学生持续地保持学习力等方面起着重要的作用。

推力因素与兴趣有密切的关系，上文提到的非课程经验结构要素的兴趣在动机中起到了非常重要的作用。

2. 学习动机分类

学习动机有多种分类，如从诱因角度考察，有内部学习动机与外部学习动机，内部学习动机诱因即兴趣；外部学习动机诱因往往是外部引起的，如奖励，这个动机不是基于对学习本身的兴趣。再如，从内驱力划分，有认知内驱力、自我提高内驱力和附属内驱力，"认知内驱力，即一种学生渴望了解

---

① 张楚廷：《课程与教学哲学》，北京：人民教育出版社，2003 年，第 142 页。

② 陈琦：《教育心理学》，北京：高等教育出版社，2001 年，第 129 页。

和理解，要求掌握知识以及系统地阐述问题并解决问题的倾向。这种内驱力一般说来多半是从好奇的倾向派生出来的”[①]。在学习中，认知内驱力是最稳定和重要的学习动机；自我提高内驱力追逐的是成就感，需要获得“地位”或满足自尊心的愿望，是外部性的动机；“附属内驱力是学生为了保持他人认可而保持努力学习的一种需要”[②]，也是一种外部动机。

3. 学习动机与学习效率

学习动机对学习效果有积极的影响，一般来说，成就动机较强的学生，完成学习任务的效率高，并能在学习过程中不断进取。当然，动机与学习效率成正比并非绝对的，也受到生理和心理反应的局限。在学生学习的过程中不断地给予学生正向评价，会强化学生外部学习动机或提升学生的自我提高内驱力和附属内驱力。

兴趣作为最稳定、最重要的动机内驱力，使得内部动机因素或认知内驱力在学生的学习过程中起到持续的推动作用。因此，在引导学生学习时，要非常重视兴趣这一动机内驱力。

对于每一个个体来说，学习动机都有差异，课程设计与实施过程要关注学生的学习动机，关注每个学生的动机倾向。既要关注群体，科学设计并实施课程，也要关注个体，因材施教。

二、学习的自我效能

1. 自我效能内涵

自我效能是美国心理学家班杜拉(A. Bandura)于1977年在其论文《自我效能：关于行为变化的综合理论》中首次提出的概念。1997年班杜拉在其专著《自我效能：控制的运用》中对自我效能又进行了全面系统的论述。他在论述中提出了自我效能感(Perceived Self-efficacy)和自我效能(Self-efficacy)两个概念，其实质是没有什么区别的，本书中通用“自我效能”这一概念表达。

“自我效能是指个体对有效控制自己生活诸方面能力的知觉或信念。”[③]这里的自我是“一系列与知觉、思维等有关的认知结构和认知过程，自我效能是其中的一个重要内容，是个体以自身为对象的一种思维形式，是个体在一定程度上完成某项活动所具有的能力判断、信念或主体自我把握与感受”[④]。从这一角度理解，人不仅是可以对外部事物进行反应的机体，而且是可以自我

① 陈琦：《教育心理学》，北京：高等教育出版社，2001年，第134页。
② 同上书，第125页。
③ 边玉芳：《学习的自我效能》，杭州：浙江教育出版社，2004年，第62页。
④ 同上。

组织、积极进取、自我调节和自我反思的。

班杜拉认为自我效能的形成是“人们接收并整合来自实践掌握的经验、替代性经验、语言说服以及在活动中的生理及情感状态等方面的效能信息，形成自我效能”[①]。来自实践掌握的经验，是以个体切实实践经验和能力为基础获得的，是自我效能的重要途径；替代性经验可简单理解为他人的影响或榜样的作用，也是自我效能形成的途径之一；语言说服是他人的评价或劝说，这个说服力取决于他人在个体心中的地位，这种作用也是自我效能来源的一个途径；在活动中的生理及情感状态会给个体传达一些信息，如疲劳时人的情绪下降，条件反射的建立(学习)速度下降，准确率下降，这些信息会影响个体对自身能力的判断。

2. 自我效能的培育与发挥

自我效能机制通过影响人的认知过程、动机过程、情感过程和选择过程实现对人们活动的调节。

班杜拉认为，自我效能对人们活动有五方面影响。第一，决定人对活动的选择，自我效能高的人会选择有挑战性的任务；第二，影响对活动的坚持性，自我效能高的人倾向坚持自己的行为，直至成功；第三，影响人在困难面前的态度，自我效能高的人敢于面对困难，克服困难；第四，影响新行为的获得和习得行为的表现，自我效能高的人能够高效地获得新行为，自如地表现已经习得的行为；第五，影响活动时的情绪，自我效能高的人活动时具有充足的信心和高涨的情绪。

个体的行动受到认知的支配，效能信念能改变人的认知模式，在动机认知调节中起着核心作用。自我效能高，能有效地促进认知过程。有学者研究表明，学习效能与学习动机、学习策略运用和自我调节之间都有显著的相关性，高自我效能的学生会运用更多的认知和元认知策略，更能坚持学习，有更高的成就取向。

从某种意义上说，学校是学生培养自我效能的机构，课程是培养自我效能的平台，学生的学习信念具有社会性，即是社会塑造的。因此，自我效能是可以培养的，从学校角度而言，高效能的教师和学校以及合理的课程构建都有利于提高学生学习的自我效能。

提高学生的自我效能有多种途径。第一，在各方面为学生创造更多的成功机会，让学生获得成功的体验，使学生增强学习自信，是培养学生较强自我效能的重要途径。第二，提供有一定挑战性的学习任务，制定合理的学习

① 边玉芳：《学习的自我效能》，杭州：浙江教育出版社，2004年，第64页。

目标，是学生学习的外在动机驱动，能促进学生的自我认知，是提高学生自我效能的又一途径。第三，课程的开放性与学习的自主性能使学生在一定程度上自己决定学习目标与学习内容，积极的自主学习与自我评价，会增强学生的信念，提升学生的自我效能。第四，发挥榜样作用，能提升学生的自我效能。榜样行为的功能性价值，能影响观察者对该行为的模仿，在集体学习过程中，教师和学生都是榜样行为信息的提供者，教师要注意榜样行为的提供与评价，用榜样行为信息，促进学生自我效能的提升。总之，前面我们叙述了自我效能的几种来源信息，注意综合提供自我效能来源信息，有利于提升学生的自我效能。

研学旅行活动给学生提供了各种鲜活的实践体验，使内容教学更加开放，评价杜绝了"一把尺子量学生"，评价内容、评价方式、评价主体更加多元，研究性学习内容与过程更加开放，为学生提供个性化的展示与发展机会，使每个学生都能获得学习后的成就感，这些都会大大提高学生的学习兴趣，激发学生的学习动机，从而提升学生学习的自我效能。

三、儒家思想中的学习观

学生的学习有接受性学习和实践性学习，而实践性学习是人类与生俱来的一种本能性质的学习方式，千百年来早已存在于人类生活的各个方面。儒家思想中的学习观同样突出实践学习。《中庸》对学习方法的阐述为："博学之，审问之，慎思之，明辨之，笃行之。有弗学，学之弗能，弗措也。有弗问，问之弗知，弗措也。"明确提出了"学""问""思""辨""行"学法的五个方面。学要广博；问要详细，有针对性；思要深入；辨要明白，有判断；行要踏实，切实力行。

《荀子·儒效》中述："不闻不若闻之，闻之不若见之，见之不若知之，知之不若行之。学至于行之而止矣。行之，明也；明之为圣人。圣人也者，本仁义，当是非，齐言行，不失毫厘，无他道焉，已乎行之矣。故闻之而不见，虽博必谬；见之而不知，虽识必妄；知之而不行，虽敦必困。不闻不见，则虽当，非仁也。其道百举而百陷也。"荀子重视感性经验，强调实践的重要性，提出的"闻""见""知""行"的学习方法，强调了知行的统一。

四、探究式实践学习的特点

卢梭明确地告诫人们："问题不在于教他有各种学问，而在于培养他有爱好学问的兴趣，而且在这种兴趣纷纷增长起来的时候，教他以研究学问的方法。"[①]布鲁纳(J. S. Bruner)曾申明："如果我们要展望对学校来说什么是特别

① 卢梭著，李平沤译：《爱弥尔(上卷)》，北京：商务印书馆，1991年，第223页。

重要的问题，我们就得问，怎样训练几代儿童去发现问题。”[①]发现问题的基础就是实践，在实践中发现问题、分析问题、解决问题就是在实践中探究，这是实践性学习。

杜威主张提出“问题解决”的学习方式，认为学校应鼓励学生在问题解决的过程中获得知识，并提出著名的问题解决五步法，即问题的感觉、问题的界定、问题的假设、对假设的逻辑推理以及检验假设。在问题解决的过程中，学生与环境互动，获得大量的经验，收集到各种信息，是一个主动学习的过程。这种课程打破了传统课堂教学传授知识的课程教学模式。教学以问题解决为单元，帮助学生参与社会生活，发展批判精神。

实践性学习的一个显著特点就是探究，探究的核心就是问题，通过对实际问题进行探究进而获得理性认识。探究是科学家进行科学研究的基本方法，也是人类认识世界的主要方式。随着学生年龄的增长，阅历和知识的增加，组织他们不断地通过对各种具体事物进行研究，会使他们学会如何观察，如何质疑，如何提出假设，如何设计和组织实验，如何撰写实验报告并进行交流，这一切正是在演绎科学家们发现问题、提出假说、实验验证进而发现和创造新事物的全过程。当学生置身于这个过程的时候，他们自然会以极大的兴趣投入其中，在实际的操练中培养自己分析问题和解决问题的能力。学生不仅要通过实践探究认识自然，还要通过实践认识社会、认识自我，实践学习与理论学习一样，在学生的认知发展过程中占有重要的地位。

研学旅行课程要突出“研”，研究是基于问题的实践学习，而问题来源于实践，问题在实践中解决。研学旅行为实践学习提供了一个广阔的认识自然、认识社会及认识自我的实践学习方式。研学旅行的实施要让学生通过实践更广泛地学习，在旅行实践中增长知识见识，将旅行中在“闻”“见”“问”基础上获得的广泛感性认识与“思”“辨”“行”的深入研究性学习有机结合，丰富理性认识，达到知行合一。

探究与实践

1. 从辩证唯物主义认识论角度探讨研学旅行在学习中的作用。
2. 谈谈你对认知双螺旋模型的思考。
3. 寻找一个案例，说明动机、自我效能在学生学习中的作用。

---

① 布鲁纳著，邵瑞珍、张渭城译：《布鲁纳教育论著选》，北京：人民教育出版社，1989年，第371页。

第三章　研学旅行课程资源开发

学习要点

资源开发的原则与策略，资源开发中常见的问题。

课程资源是课程的根基，课程资源开发是课程内容的直接来源，是课程规划与实施的重要组成部分。研学旅行作为综合实践活动课程内容，强调面向学生完整的生活世界，引导学生从社会生活或与大自然的接触中提出有教育意义的活动主题。因此，丰富、广泛的课程资源对于研学旅行课程的实施十分重要。研学旅行活动的设计与实施是建立在对课程资源的开发利用的基础上的。研学旅行课程资源开发得越广泛，学生成长的真实场域就会越宽广，研学旅行课程资源的开发就会越深入，课程教育价值也就越大。另外，潜在的课程资源，只有经过创造性的深入开发，才能充分发挥其教育功能。

第一节　研学旅行课程资源类型

分类，可以条理清楚地说明事物，有利于厘清事物之间的关系，挖掘事物的内涵。研学旅行要进行课程的资源开发，首先要了解课程资源的类型，只有这样，才能有效开发资源，将资源课程化。

一、研学旅行课程资源

课程资源有广义与狭义之分。广义的课程资源指有利于实现课程目标的各种因素，是有助于学生学习的各种素材与条件；狭义的课程资源则仅指形成教学内容的直接来源。综合两种观点，可以将课程资源理解为：在课程设计与实施等整个课程过程中可以利用的一切人力、物力以及社会与自然资源的总和。研学旅行课程资源包括教师、学生、家长、学校、物质的和非物质的文化遗产、现代工农业基地、科技企业、红色文化遗址、社会各方面的从业者以及自然环境与生命世界等。总之，所有研学旅行中有助于实现课程目标、促成学生开展学习的各种资源都是研学旅行课程的资源。

二、研学旅行课程资源的类型

研学旅行作为综合实践活动课程内容，强调面向学生完整的生活世界，引导学生从社会生活或与大自然的接触中提出有教育意义的活动主题。因此，丰富、广泛的课程资源对于研学旅行课程的实施更加重要。

研学旅行课程资源的类型划分与综合实践活动课程资源是一致的，从物质资源与文化资源的角度（物质资源与文化资源很难彻底厘清），可以具体划分为物质资源、人力资源（从物质资源中剥离）和文化资源三个基本类型。

1. 物质资源

研学旅行课程的物质资源包含自然资源和社会资源。

自然资源涉及各种自然因素和自然条件，自然资源中包含的自然因素，如水土、植被、动物、气候和地理环境等，都可以成为学生研究的对象。学生可以从中发现一些与自然有关的探究性问题，如潮间带海洋无脊椎动物或藻类、某区域植被特点、土壤含水量、地貌、潮汐等自然因素都能成为综合实践活动的自然资源。考察探究活动是综合实践活动的主要方式之一，学生可以基于自身兴趣，在研学旅行过程中开展野外考察等活动。

社会资源涉及各种社会因素、社会条件。研学旅行的社会资源除了工厂与高科技企业、高等院校、农村与农业基地、军舰等国防武器装备外，还包括地区的博物馆、历史遗迹、社会机构、贫困地区学校等。考察社会资源是研学旅行活动中的重要内容，由此还可以开发出多样化的社会问题探究、社会考察和社会调查等活动。

基地资源是社会资源中的内容，在此单独提出，结合文件讨论，加强对此资源的理解。教育部等十一部门印发的《意见》明确规定要将研学旅行纳入中小学教育教学计划，要加强研学旅行基地建设。要根据研学旅行育人目标，结合域情、校情、生情，依托自然和文化遗产资源、红色教育资源和综合实践基地、大型公共设施、知名院校、工矿企业、科研机构等，遴选建设一批安全适宜的中小学生研学旅行基地。2017 年以来，教育部利用中央专项彩票公益金支持开展中小学生研学实践教育项目，并在国家有关基地主管部门和各省级教育行政部门推荐的基础上，经专家评议、营地实地核查及综合评定，将千余个单位命名为“全国中小学生研学实践教育基地”“全国中小学生研学实践教育营地”。各类研学旅行基地的陆续评定，为研学旅行的健康发展提供了重要物质资源。

2. 人力资源

中小学校是综合实践活动课程实施的主体，研学旅行作为综合实践活动课程的内容，其人力资源包括校内人力资源与校外人力资源。校内人力资源有学校的学生、校长、教师以及学校的其他工作人员。校外人力资源有学生家长、研学旅行指导教师(辅导员)、与课程内容有关的专家(为学生提供有效参与的专业支持)和社会相关人员。社会相关人员是一种庞大的人力资源，考察中遇到的所有人都可以成为研学旅行的人力资源。在人力资源开发上，不仅要关注具有某方面技能的专业人员，如“非遗”传承人、老革命战士、专家学者、工人农民等，学生在考察时遇到的挑山夫、商贩、路人等也是可以挖掘的人力资源。

目前，很多学校实施研学旅行课程采用购买教育服务的方式。研学旅行服务机构会提供指导教师(辅导员)，这些人员具备较丰富的有关考察对象的相关知识，能承担讲解工作和一定的指导工作，但教育方面是弱项。因此，学校教师，特别是综合实践活动教师要负起指导学生开展研学旅行活动的责任，各学科教师要发挥专业优势，承担起相应职责。在考察探究中对学生研究课题的指导和研学旅行课程的实施中，学校教师应该是重要的人力资源之一，只有学校教师全员参与指导和管理，才能保障研学旅行课程的实施质量。

3. 文化资源

科学文化知识、传统文化遗产、民族文化、制度文化等都属于文化资源，现代信息资源、社会文化活动等也属于文化资源的范畴。

我国具有悠久的历史和优良的文化传统，各种民俗、民间艺术、民族文化、红色历史等都是研学旅行活动宝贵的课程文化资源。

为了深入理解研学旅行课程资源的内涵，从而深度开发利用课程资源，我们将课程资源进行了分类与剖析。但要明确的是，人、物质与文化是很难分开去研究的，研学旅行课程资源的每一项内容也是综合的。如一个文物，它是物质的，更是文化的，是物质与人文和科学技术的综合体。我们一定要树立资源随处可见，资源处处可得，人人都可以成为资源，事事也都是资源的动态发展观。

第二节　研学旅行课程资源的开发与利用

研学旅行课程资源的开发与利用，需要在课程理念的指导下，依据课程资源开发的原则，规范、科学地进行。研学旅行课程资源类型多样，内容丰富，在开发时不仅要有上位思想理念的指导、原则性的规范，还要注意开发的策略与方法，只有这样，才能高效地开发资源，利用资源。

一、研学旅行课程资源开发的原则

1. 教育性原则

将旅游资源转化为研学旅行课程资源进而转化为课程内容，这样的研学旅行课程资源开发思路是不正确的。研学旅行活动首先是课程内容，应追求其教育功能、教育性原则，因此研学旅行课程资源的开发与利用要围绕课程的教育目标进行，要深入挖掘课程资源的教育价值，一切有违课程教育目标的资源或内容，都不能纳入研学旅行课程中。有些课程资源的开发要注意内容开发的角度，如佛教文化涉及宗教信仰问题，而课程目标的价值体认最重要的是在青少年心中播下共产主义信仰的种子，因此对于佛教相关资源的开发要慎重。当然，对于年龄较大的学生，我们可以从历史、文化、艺术的角度让学生去考察探究。

2. 实践性原则

研学旅行课程资源的开发，必须以综合实践活动课程的基本理念为指导，坚持课程资源开发的实践性原则。在选择与开发课程资源的过程中，应从课程目标的整体性和实施过程中学生的实践性入手。各学段、各种类型的活动资源开发都要实现学生亲历各项活动，在参观、考察、动手做、实验、设计、创作、反思与交流的过程中，实现体验、体悟、体认，让学生全身心地参与到考察、探究等活动中，发现、分析、解决问题，感受生活，体悟社会现象，发展创新能力，在实践中增长知识、见识。如对于博物馆资源，不能停留在让学生听讲解和走马观花的参观层面，要让学生带着研究的课题或问题参观，将有些博物馆内容转化成学生的实践活动内容。例如，中国农业博物馆有传统农具直辕犁和曲辕犁展品，学生参观后了解到，在农业的发展历史过程中，农具的设计与创造是生产力改变的一个重要因素。

展品本身具有独特的社会作用，是人类探索的结果，包含了人类的探究过程。如果只停留在观看展品层面，不仅枯燥，也达不到应有的教育目标。可以对展品资源进行深度开发，给学生提供尝试耕地的实践探究活动，引导学生研究从直辕犁到曲辕犁的演变过程，在真实的耕地体验过程中发现直辕犁的缺点与问题，在实践体验的基础上引导学生动手动脑，制订改进计划，不断改造与尝试，最后得出改造后的成品模型。在重演展品创造发明的探究过程中，目的不是重演，而是让学生懂得工具的价值，理解“科学技术是第一生产力”的概念，有发明创造未来农具及生产生活工具的欲望与梦想，进而懂得实践改造世界的作用。

3. 科学性原则

在教育性原则与实践性原则的基础上，开发课程资源还要注意科学性原则。科学性体现在两个方面。一方面是资源开发要符合学生的认知特点，同样的资源，对于不同学段的学生，资源开发的深度和广度会有所不同。如对潮间带海洋无脊椎动物的考察，小学生可以通过对单位面积海洋无脊椎动物数量的调查，了解特定地区潮间带海洋无脊椎动物的密度，也可通过采集观察，统计特定潮间带海洋无脊椎动物的种类；而中学生就可以深入研究海洋无脊椎动物的分类与名称、生活习性，这些动物的形态特征与生物对潮汐的适应，潮间带的地理特征与人类生活、生产活动的关系等。另一方面是课程资源转化成课程内容的科学性，即内容的科学性与方法的科学性。如考察古盐田，不仅要让学生考察古法晒盐的过程，了解先民的智慧，还要引导学生通过科学实验探究海水、晒盐的卤水中盐浓度的变化，用科学的方法解决问题，学习严谨规范地解决问题的科学方法。

4. 经济性原则

课程资源的开发和利用要尽可能用最少的成本和精力实现其最大的教育功能，需要广泛和深入开发研学旅行课程资源，对各种资源进行整合利用，开展活动要做到资源的效益最大化，体现经济性原则。在课程实施过程中要有节约意识，尽量就地取材，尽量废物利用，尽量循环使用，尽量降低课程成本。

(1)降低成本，实现教育效果最大化

站在教育的视角看资源，会发现生活处处皆资源。心中有教育，眼里有资源，处处皆学问。研学旅行是一种生活化学习，现实的社会即学校，行走中遇到的人皆为师者，亲历的事皆为教材，这就要求建立新的课程资源观。要在有限的经济投入中，实现研学旅行“性价比”最大化，实现教育效果最大化，充分利用旅途中的各种资源，发挥其教育作用。例如，学生在研学旅行乘坐高铁的过程中，可以利用高铁的人力、物力资源开发课程内容，开展职业体验活动，让学生体验高铁乘务员的各项工作，访谈乘警，与乘客进行交流访谈(在辅导员视野范围内)。

人力资源效能的发挥也是降低成本的重要方面。课程的研发是一个系统工程，有些学校依据自身特点将学校的研学旅行课程做了系统的开发，并将活动课程纳入学校的课程体系中，无形中减少了开发成本。例如，北京理工大学附属中学通州校区，依托独特的地域优势，开发了大运河系列课程，并做了课程开发与实施的三年规划。每一年，在课程开发与实施过程中，不断固化课程资源，不断优化课程资源，三年来形成了一套完整的课程资源系统。在课程资源不断提升的同时，投入的开发成本不断降低，此课程也由原来的研学旅行课程逐渐扩展成为学校的特色课程，渗透到一些学科教育教学之中。

师生共同在实践的过程中，不断完善优化课程内容。

降低成本还要注重减少时间成本。研学旅行往往是大团队集体出行，在组织上会耗费很多时间，如购票等待时间，集体排队时间，甚至有些体验活动也需要等待，因此就要求活动的设计与实施者充分考虑这些因素，结合资源特点，周密安排，调整活动顺序和形式，从而起到事半功倍的效果。

(2)依托现有条件就地取材

在课程实施过程中，往往要制作教具与学具。在物料准备过程中，同样需要有节约意识。就地取材，废物利用，往往是活动设计的首选。例如，海洋意识教育课程中的海岛生存课程，有学生自制紧急逃生工具，制作逃生筏的活动，这就需要为学生准备木头、绳子等材料。这些材料有时准备起来很不容易，即使可以准备，也要思考：生活中遇到紧急情况时，是否可以找到相应材料呢？于是，组织者将活动改为就地取材，让学生体验一次真正的紧急逃生。运用空瓶换水这一规则，让学生以小组为单位积攒矿泉水瓶子，在活动当天自带空瓶乘船登岛。起初学生们感到很疑惑，当学到制作逃生工具这一课时，他们才恍然大悟。学生们想尽一切办法就地取材，制作逃生工具。有绳子有木头的，按照常规方法制作；有绳子无木头的，就寻找其他材料，如将矿泉水瓶子绑在一起，同样制作成功；没有绳子的，将空瓶子拧在衣服上，带着满身的瓶子居然也能漂浮。物资的短缺极大地激发了学生的创造力。

(3)充分利用资源

研学旅行课程要注意充分利用资源，例如，在成果交流过程中，一些学校组织研学旅行归来的学生在全校范围展示研学旅行的成果，分享经验，交流感悟，这样可为学生提供展示的舞台，创造共享成果的机会，同时高年级学生为低年级学生上了生动的行前指导课，充分利用学生这一人力资源。

现代信息技术发展为课堂教学带来了翻天覆地的变化。现代信息技术的发展把教育推到了教育信息化时代。2020 年，新冠肺炎疫情袭扰全球，限制了人们的出行，学校停课，景区停业，校外实践活动全部停滞。与此同时，云课堂、空中课堂、网络课程应运而生，云研学也逐渐走进学校。很多研学旅行教育服务机构纷纷成立摄制组，开始开展综合实践活动网络化教学。对于媒体资源，要充分利用现有优质资源，如中央电视台、各省级电视台录制的科教片、文博片、纪录片，“学习强国”中的一些视频资源等都是很好的资源，可结合研学内容，进行二次编辑，提供给学生学习，或推荐相关网站，让学生自行查阅。

5. 系统性原则

课程资源开发的系统性表现在两方面。一方面是课程内容的系统性引导认知与思维发展等方面，体现在主题序列的构建，研究内容与方法的递进性，如北京市通州区教师研修中心以大运河为依托，以政治国脉、经济动脉、社会命脉、历史文脉、生态水脉为主要内容开展“大运河与国家统一”“大运河与经济发展”“大运河与文化科技发展”三大研学主题的研究性学习，系统地研究大运河所蕴含的劳动智慧。另一方面体现在顺应学生情感的发展，形成课程序列与情感系统。通过挖掘课程资源之间的内在联系，对资源进行系统开发，引导学生情感的发展，促进学生树立正确的价值观。如在侵华日军南京大屠杀遇难同胞纪念馆研学资源的开发上，可以抓住情感变化线索开展课程设计。在课程安排上，第一，去纪念馆参观，整体感知那段历史，形成情感积淀。第二，举行纪念仪式。在对历史事件进行整体认知的基础上，举行纪念仪式，这时学生有了情感基础，能提升活动的教育效果。第三，带领学生前往“万人坑”遗址陈列和悼念广场祭奠，为遇难者献花，表达哀思。第四，在和平纪念碑前进行课程分享，理解和平的内涵。同时，还可以依据资源，与幸存者进行交流(前往幸存者家庭访谈)，提升课程的内涵。总之，系统性原则可以促进课程主题序列的构建，加强课程内容的联系，强化思维能力的提升，促进情感的发展。

二、研学旅行课程资源开发策略与利用

研学旅行课程要结合学校育人目标，融入学校课程建设体系之中。其具有综合实践课程研发的基本样态，也包含德育课程的各个元素，是复合型、多功能的课程。通过挖掘各种资源内涵，在资源的开发与利用上可以从分析资源现状，解读资源内涵，挖掘教育价值，强化动态生成等几方面入手。下面将从不同资源类型的角度，对研学旅行课程资源的开发与利用进行具体阐述。

1. 自然资源开发策略与利用

自然资源包含水土、植被、气候、海洋生物、地质地貌等。这些自然因素都是综合实践活动的自然资源。研学旅行把学生带入自然，学生可以从中发现一些与自然有关的探究性问题，比如：潮间带的红树林为什么能在海水里生活？热带雨林的环境特点是什么？柱状玄武岩的特点及其形成原因是什么？考察探究活动是综合实践活动的主要方式之一，学生可以基于自身兴趣，选择课题，在教师的指导下开展野外考察等活动。

在开发自然资源时，要注意从专业的角度，综合环境因素开发，并形成课程资源。将课程资源转化成课程内容时，要注意科学性，要符合学生认知水平，建议由专业教师把关，同时避免成为单一的学科化活动。如考察玄武

岩，同时也要在地质地貌研究基础上，了解该区域的生物、气候及相关的社会活动。

(1)依据资源特点，合理选择课程地点

自然资源是丰富多样的，就某一地区来说，自然资源丰富，不等于都可以作为课程地点进行开发。例如：湛江特呈岛潮间带有大片的红树林，有些地方红树林密度大，有些地方红树林密度小，还有些地方红树林有间断的地带形成小片滩涂。如何选择合适的地点？这就要看资源的特点。红树林过密的地方不利于学生考察，地势高的海边土壤有些干，与滩涂相比缺乏一些海洋无脊椎动物，要考察红树林，同时考察海洋植物与无脊椎动物物种，就要精心选择适合开展课程的地点作为课程资源。

(2)系统分析资源特点，整体开发课程资源

某一地区的自然资源一定是在一个生态系统中，生态系统中的各种资源有其特点，但各种资源并不是孤立存在的，这些资源之间存在着相互依存、相互影响、相互竞争等复杂的关系，特别是人的因素出现在自然环境中，使自然生态发生变化。在开发课程资源时，不能孤立地开发各种资源，要从生态的角度，系统地分析资源特点，整体开发课程资源。

例如湛江特呈岛，各种海洋资源丰富，是一个丰富的生态系统，但也有人类活动对生态系统的影响，开发特呈岛课程资源应以其自然资源为主体，兼顾人类活动对生态系统的影响这一因素，整体开发课程资源。

(3)深度挖掘人力资源，发挥专业人员的优势

在课程设计中也要充分考虑专业人力资源的作用，充分开发当地高校、科研机构、专业管理机构等人力资源，为研学实践提供专业人才保障，发挥专业人力资源的优势，为学生的研究性学习实践活动提供专业的人力资源。例如，在海洋意识教育课程设计中，与海洋大学和当地研究所充分合作，由专家和专业老师组成实践课程专家指导团队，科研人员、专家加入课程指导教师团队，参与课程讲解和考察探究活动；在红树林考察中，专家带领学生走进红树林，开展科考活动，指导学生考察和探究，对于学生现场提出的问题及时给予专业指导和解答。

2. 博物馆资源开发策略与利用

博物馆保存着人类文化的遗产，保存着人类的记忆，保存着对自然与文化的认识，展示人类活动和自然环境的见证物。早在1895年，英国修正学校教育法案，将组织学生到博物馆参观视为有效的教学，开启了博物馆与学校的合作关系。中华人民共和国成立后，中国革命博物馆、中国历史博物馆、中国人民革命军事博物馆相继建成，博物馆教育也得到了充分发展。1991年

中共中央宣传部等部门联合下发的《关于充分运用文物进行爱国主义和革命传统教育的通知》与 1994 年中共中央发布的《爱国主义实施纲要》中，明确要求博物馆等各种纪念馆组织接待青少年等活动，利用文物与历史学习对学生进行爱国主义教育。2015 年，我国颁布《博物馆条例》，确定了博物馆的作用与主要任务，使博物馆的功能转为以教育为主。

目前，将博物馆资源转化为课程资源，发挥其教育价值已成为人们的共识。在研学旅行活动中，很多研学课程中含有博物馆的考察参观活动内容。但我们必须认识到，如果博物馆教育仅是让学生看展品、听讲解，这样的博物馆资源开发不仅缺乏深度和广度，还缺乏效度。

首先，开发博物馆资源时，一定要明确博物馆的类型，中国的博物馆一般划分为历史类、艺术类、科学类与技术类、综合类四种。要想在最短的时间内全面了解一个城市，就参观该城市博物馆。如学生到一个陌生的城市研学旅行，其考察内容是综合的，涉及民族、文化、历史、经济、自然环境等，如果能在这个研学旅行活动中，开发一个地区综合性博物馆的资源(省或市博物馆)，设计一个综合博物馆的研究性学习课程，作为整个研学旅行第一个或最后一个课程，将会对整个研学考察起到认知上的凝练与整体提升作用。如"探皖南徽州文化，访徽商故里人家"研学活动中，第一个活动项目就是安排学生参观徽州文化博物馆，让学生通过参观展厅、听讲解员讲解，初步了解徽州、徽商、徽州建筑、徽州教育、徽州的科学与艺术，为之后的探究学习奠定较好的基础。

其次，在开发博物馆资源时，一定要关注博物馆资源的教育价值。针对不同的博物馆，思考博物馆资源学习的侧重点在哪里。分析在这些博物馆中，学生以什么方式、用什么方法进行学习；如何有针对性地激发学生的研究兴趣；怎么指导学生利用博物馆资源开展活动和自主学习。如京鹰国际教育科技(北京)有限公司在开发博物馆系列课程时总结出"门外看建筑、走入观展陈、细节见藏品、回望读历史"的学习路径，让学生由外向内、由整体至局部、由表及里、由浅入深地进行博物馆学习。

最后，在开发博物馆资源时，一定要注重博物馆资源开发的系统性。通过对不同学段的课程设计，引导学生不断深入学习，不仅在知识、思维方法与研究能力上，更在情感上全方位将学习引向深入。北京市通州区教师研修中心以大运河为核心，以大运河博物馆(相关博物馆及历史遗迹)为主要平台构建大运河研学课程体系，包含课程目标体系、内容体系、实施方法体系、课程评价体系等，详见以下案例节选。

跟着运河探寻劳动智慧

北京市通州区教师研修中心　苏金良　王洪霞

学段	学段研学重点	研学主题	研学内容体系
小学	建乡情（重兴趣）	博物馆中话漕运遗迹背后的社会人脉	1. 跟着运河去寻仓； 2. 探究农耕文明之仓储中的科学； 3. 讲通州地名背后的漕运故事； 4. 寻通州塔的七绝之处； 5. 演通州古城的历史； 6. 找“漂来的北京”历史见证； 7. 密符扇中揭秘漕粮的质检； 8. 访运河名人　读运河诗抄； 9. 观运河人家的生活； 10. 大运河畔的北京城市副中心
初中	体市情（重体验）	博物馆中寻漕运科技文脉与经济命脉	1. 漕运中的科技探秘； 2. 运河遗迹考古与漕运经济发展命脉； 3. 博物馆运河文物中寻漕运科技文脉； 4. 首都博物馆的鸡冠壶探中原文化进辽国； 5. 追寻萧太后河背后的“一国两制”与澶渊之盟； 6. 杭州博物馆船票之中的南北货运； 7. 博物馆中官斛见证“无尖不商”的度量统一； 8. 大运河漕运船只种类与功用探查； 9. 郭守敬巧设二十四闸探访； 10. 梯航设计揭秘漕运入京难题； 11. 探究帆船过桥入京城难题； 12. 谢家坝考古中见证漕运繁荣历史
高中	明国情（重探究）	博物馆中探运河开凿的历史与政治国脉	1. 扬州博物馆中探究春秋开邗沟背后的国家统一； 2. 杭州博物馆中探究隋朝大运河开凿史之隋的统一与大运河； 3. 首都博物馆中探究元世祖贯通运河的价值； 4. 探究水系沟通中水脉对国家发展的意义； 5. 大运河被称为“国脉”的考察（政治、经济、文化、科技、民俗）； 6. 大运河申遗的过程与发展规划

关于开发博物馆资源的研究性学习案例，将在第十一章继续呈现与分析。

3. 景区资源开发策略与利用

景区资源开发是研学旅行课程的一项重要内容，不同景区承载着不同的资源。按旅游资源类型分类，景区可划分为以人文景观为主的人文景观类景区、以自然景观为主的自然景观类景区及人文景观与自然景观综合类景区。

人文景观类景区含有各种社会环境、人民生活、历史文物、文化艺术、民族风情和物质生产等人文资源。如兵马俑、都江堰为历史遗址景区资源，苏州园林为建筑物景区资源，贵州苗寨为民族民俗景区资源等。

自然资源景区以自然资源为依托，有地理景观类资源(如各种地质公园)、水域风光类资源(如各种瀑布、湖泊)、生物类资源(如潮间带无脊椎动物、热带雨林)等。景区资源开发上文已阐述，在此不赘述。

4. 非物质文化遗产资源开发策略与利用

根据联合国教科文组织《保护非物质文化遗产公约》的定义，非物质文化遗产被界定为：被各群体、团体、有时为个人所视为其文化遗产的各种实践、表演、表现形式、知识体系和技能及其有关的工具、事物、工艺品和文化场所。《中华人民共和国非物质文化遗产法》中的定义为：非物质文化遗产是指各民族人民世代相传并视其为文化遗产组成部分的各种传统文化表现形式，以及与传统文化表现形式相关的实物和场所。包括：口头文学以及其作为载体的语言；传统美术、书法、音乐、舞蹈、喜剧、曲艺和杂技；传统技艺、医药和历法；传统礼仪节庆等民俗；传统体育和游艺；其他非物质文化遗产。

我国是历史悠久的多民族国家，具有丰富的非物质文化遗产资源，在人文景区资源中，也包含大量的非物质文化遗产，在此我们将此类资源单列出来，是希望在开发资源时，注重这一类课程资源的开发与利用。

对于非物质文化遗产的资源开发，要注重从非物质文化遗产的形成历史、自然环境因素、社会环境因素(政治、经济、文化、宗教等)等方面去挖掘内容，注重学生体验与研究活动设计，从而理解其精神内核与价值(案例见第十一章)。

5. 红色资源开发策略与利用

红色资源是从教育类型角度划分的资源类型，一般是指中国共产党成立以后、新中国成立以前各历史时期重要的革命纪念地、纪念物及其承载的革命精神。如革命老区，红军长征沿线，抗日战争与解放战争烈士纪念碑、纪念馆等。红色教育是研学旅行课程的重要内容，红色资源的开发要深入，红色资源的利用要充分，红色内容的学习也要注意联系学生的生活经验，找到学习切入点，激发学生的情感，把握价值观的提升点，使红色资源开发有深度，教育活动设计有高度，教育活动在资源开发的基础上有设计可依，但不僵化于设计，关注学习过程资源的生成点，使课程在动态的优质资源中生成。

在红色资源的开发上，特别要重视人力资源的开发与利用。让老红军及其后代、重要事件的亲历者等历史见证者走到台前，与学生交流，激发学生的爱国情怀。例如，在《厉害了，我的桥!》南京长江大桥研学旅行课程设计中，大桥设计者、大桥建设者、守桥官兵以及参与第二次大桥修复的建桥工人等都是这一课程开发需要的人力资源。通过请大桥的建设者讲自己的建桥经历，走进守桥官兵的军营参观，访谈现场修桥的建筑工人等形式，开展研学旅行课程体验。挖掘人力资源背后的历史，将历史见证者请到台前，让学生开展人物访谈、现场调研、生活体验、纪念仪式等活动，可充分发挥红色教育资源的教育功能。

另外，很多党政机关的红色培训基地也对学生开放，成为科学、规范、严谨的红色教育研学旅行资源。资源开发者一定要注意依据学生的年龄特点及学习需求开发资源，而非生搬硬套、盲目套用。很多红色基地设计的穿红军衣、吃红军饭、走长征路(真实的长征线路)等体验活动内容丰富，形式多样，深受学生的喜爱。但也有流于形式，重表象轻内涵，不重视细节的现象，这些应引起资源开发者的重视。

6. 课程资源的综合开发与整合

研学旅行课程资源是丰富的。在研学旅行课程资源开发中，要综合开发课程资源，将自然资源、文化资源、人力资源等有机整合，形成系统的课程资源与内容，从而有效达成课程目标。同时，更要注重生活化资源的开发与利用。陶行知认为，生活课程来源于自然，来源于社会，来源于生活，并认为生活决定教育，生活是教育的中心，生活中的教育才是真正的教育。教、学、做合一，是践行陶行知生活教育理论的一个根本方法。因此，在研学旅行课程资源的开发与利用上，必须要关注研学旅行全过程，以学生亲历的生活为基础，深度挖掘教育资源。如学生的出行安全管理、生活管理、团队组织管理内容，都可以转化成课程资源，让学生自我组织，自主解决。很多学校在研学旅行的课程开发和组织实施中，充分发挥学生的主观能动性，形成课程自主选择、活动自主设计、生活自我管理、过程自我体验的观念，为学生搭建自我成长的舞台。对活动中出现的一些问题，同样可以交给学生去研究解决。在《跟着运河探寻劳动智慧》案例中，课程资源以大运河为依托，从自然、历史文化、科学技术、社会生活与国家政治等方面进行了综合开发与整合。

再如，研学旅行中，拍集体照是每一次团队活动都不可缺少的环节，几百人集合列队往往需要花费大量时间。这既是一个现实问题，也是一个很好的课题，它包括照相队形的编队方式、确定中心位置、班级带入顺序等问题。将这样的旅行生活问题交给学生，让学习与现实生活紧密相连，做到课程资源的综合开发与整合。

第三节　研学旅行资源开发过程中要注意的问题

研学旅行已经成为培养学生综合素质、促进学生理论与实践相结合的一种新的重要的教育方式，是隶属于综合实践活动课程的内容。由于是新生事物，有些学校目前还没有开展综合实践活动课程，在资源开发方面经验不足，因此更要注意以下几个问题。

一、明确教育需求，强化资源意识

开发资源不能盲目，要明确教育的需求，从课程目标出发，发现资源，理解资源，开发资源。正如上面的论述，课程资源无处不在，就看课程设计与实施者有没有强烈的课程资源意识，有没有将课程目标烂熟于心，如果能做到这两点，就会具有对课程资源的敏锐感觉。

案例分享：

遇见师者

京鹰国际教育科技(北京)有限公司

学生乘车去就餐时，遇到了这样的情景：餐厅的服务生引导大巴车停车后，向下车的学生很自然地介绍餐厅的特色。在师生就餐结束登车之际，这位服务生主动向师生征求意见，询问对菜品口味是否满意，对服务有什么意见，并且自豪地向师生介绍自己生活的城市的变化。对师生来说，这是旅行中遇到的一个普通人做的一件小事，但其中隐含着丰富的教育内容，是一个很好的教育资源。在大巴车上，辅导员及时引导学生就这样的人和现象进行思考：为什么一位普通打工者，对自己的工作，对工作的餐厅，对自己生活的城市，有着如此的热爱？

学生在真实的、常态的生活中，遇见这样的小事，遇见这样的普通劳动者，就遇见了教育，遇见了师者。因此，教育资源开发要树立生活中所有遇见皆师者的资源意识。

挖掘生活中的育人素材，努力实现研学旅行生活课程化。在生活保障方面，在考虑学生特点的基础上，还要思考环境中的育人因素，思考这些生活元素与课程内容间的内在联系，如何将研学旅行生活转化为课程资源，实现全方位、全流程育人，这是研学旅行服务机构应该具有的课程敏锐性。如在研学旅行过程中，安排学生体验当地饮食文化，将就餐礼仪教育、尊重民族文化教育、勤俭节约教育等与生活管理相融合，让学生就餐也成为研学旅行课程。在山西，可以安排学生去面食博物馆参观学习体验，并在此就餐；在徽州，安排学生分组到蜀源人家体验徽州人民的生活，在农家亲手做一顿饭；在西安，组织学生去品尝羊肉泡馍、西安特色餐饮；在南京，带学生到秦淮人家品尝十三道特色小吃；在扬州，带学生去品尝和体验扬州早茶。通过这样的体验，学生不仅能了解当地人惬意的生活，获得味觉享受，更能体会中华饮食文化的丰富性与劳动人民创造美好生活的智慧。在体验地方饮食文化的基础上，学生还可以将产生的问题课题化，进一步研究地方饮食文化的内容。

另外，可根据学生的年龄特点，成立各种生活保障工作组，让学生参与到研学管理中来，实现自我管理，如房管组负责住宿的统计、分配与管理；餐饮部负责餐饮的联系和分配；安全部负责整体活动的安全保障；宣传队负责活动中的家校沟通和媒体宣传。作为服务机构要有敏锐的课程意识，创造更多的学习体验机会，让学生深入其中，全方位锻炼能力。

二、重视显性资源，开发隐性资源

显性教育资源是指直接运用于教育教学的资源。在教育中还有隐性教育，也称隐形教育、潜在教育，是相对于显性教育提出的，其教育目的和意图并未明确显现，而是隐藏于显性事物之中，以潜移默化的方式使受教育者在不知不觉中受到影响，得到教育。而这些隐性教育往往会收到意想不到的教育效果。

隐性的资源一旦被有意识地开发、利用，就可以转变为显性资源。目前，自然资源、基地营地资源、非物质文化遗产资源、博物馆资源等社会资源都可以看作显性教育资源，同时，环境中也隐含着很多隐性教育资源。隐性教育资源在活动中比比皆是，需要课程设计者进行深入的开发和利用。

例如，为大力弘扬工匠精神、厚植工匠文化，从2016年开始，杭州市就组织开展杭州工匠认定工作。在此基础上，为多渠道、全方位、立体化展示劳模风采、弘扬工匠精神，进一步发挥工匠、高科技人才的帮带、示范、领军作用，激励广大劳动者争当时代先锋，助推知识型、技能型、创新型劳动者大军建设，2019年4月3日，杭州市十三届人大常委会第十八次会议审议决定，自2019年起，设立每年的9月26日为“工匠日”。“工匠日”的设立是一种标志、一种赞许、一种引领和一种氛围。除了每年“工匠日”的庆祝活动，杭州市还着重营造全社会尊崇工匠的社会风尚。杭州的大街小巷充满了工匠元素，修建了全国首条劳模工匠文化绿道，推出了为杭州工匠专属定制的“杭州通”服务卡——“匠心卡”。这一社会氛围就是研学旅行课程的隐性教育资源，在研学的路上，学生通过耳濡目染，受到了隐性教育。

在开发显性教育资源的同时，注意发现隐性教育资源，将显性教育资源与隐性教育资源结合，发挥资源的教育合力是非常重要的。例如，江苏京鹰教育科技有限公司利用上述大环境的隐性教育资源，同时开发显性教育资源，设计了“感悟苏绣的魅力，解读工匠精神”研学旅行体验课程。该课程把一个真实传承苏绣技艺的普通百姓家庭请到学生中间，家庭的男主人是技工学校的老师，他为学生讲授了苏绣发展的历史与现状，以及苏绣背后的文化内涵。家庭的女主人从小学习刺绣技艺，是一名绣娘，她为学生讲述了自己的成长历程，介绍了自己对苏绣文化内涵的理解。她亲自教授学生苏绣技艺，学生亲身参与体验，遇到问题由绣娘指导解决。这个体验课程是工匠精神的一个点，是一个显性教育资源的开发，在此活动中不断地寻找这样的点、这样的显性教育资源，将这些点连成线，与隐性的社会氛围教育资源整合，就能使学生感受到社会对工匠精神的重视，加强对工匠精神的理解。

在隐性资源开发上，需要开发者有强烈的资源开发意识，有对教育的深刻理解，更要有对研学旅行教育价值的追求。

三、开展调研考察，注重资源系统整合

研学旅行的课程资源以其独特性存在于社会生活的方方面面。这就需要课程设计者开展深度的实地考察与调研。要在原有的旅游常规踩点的基础上，对物质资源与社会资源逐一进行考察，思考资源如何为“我”所用，挖掘资源间的内在逻辑，站在课程的高度系统构建。

例如，海南洋浦古盐田考察，如果不注重深度调研、系统整合资源，对资源的开发可能就会聚焦古法晒盐的过程、晒盐的方法、晒盐过程中利用的工具等；如果系统开发，就会发现洋浦独特的地质地貌特点、制盐中的科学与技术、当地百姓与盐有关的社会经济活动，将这些资源与上述资源整合在一起，形成系统，将会使资源发挥更大的教育价值。

四、深度挖掘课程资源的内涵，提升课程资源的教育价值

绝大多数课程资源是显性的，不同的课程资源开发者面对同一个资源，对资源内涵的挖掘深度与广度不同，资源教育发挥的价值就不同。潜在的课程资源，只有经过创造性的深度开发，才能充分发挥其教育功能。例如，都江堰普遍作为研学旅行学习内容的课程资源，人们先看到的是水利工程，挖掘其科技教育资源、地质地貌教育资源、历史教育资源、都江堰水利工程对农业作用的资源、人与自然和谐相处的设计思想，甚至还挖掘其历史上的军

事作用，这些都是良好的课程资源。都江堰的水文化内涵极其丰富，但最终要从哲学的层面认识都江堰设计中的“道法自然”的哲学观、“天人合一”的思想观、“人水和谐”的价值观。应深度挖掘这样的课程资源内涵，使其成为能够联系学生生活，指导与提升学生思想行为的课程资源。同是水利工程，“堰”与“坝”设计理念截然不同，一“疏”一“堵”，一个“和谐相处”，一个“激化矛盾”。学生在学习生活中应如何做人？如何处事？如何参与班级管理工作？是交流沟通还是强忍不悦？是强行命令还是教育引导？小到学生为人处世，大到治理国家，都能从“堰”与“坝”的设计理念与哲学思想中获得启示。因此，在挖掘都江堰水文化资源时，对“堰”深刻的哲学思想与“坝”的设计理念进行深度比较，并结合学生生活实际问题，形成课程资源，才能发挥课程资源更大的教育价值。

探究与实践

选择生活所在地区的资源，开发成课程资源，并做资源分析。

第四章　研学旅行线路设计

学习要点

1. 研学旅行线路设计的原则。
2. 研学旅行线路的类型。
3. 研学旅行线路设计的方法。

研学旅行线路设计属于研学旅行课程设计的内容范畴，但由于整体课程设计内容较多，篇幅较大，线路设计又是需要重视的内容，故将其独立成章，以便深入探讨。

目前，研学旅行线路多数建立在旅游线路的基础之上，是针对学生发展的特定需求设计与开发的。因此，我们首先要明确旅游线路设计的内涵及其开发原则与方法，这样更有利于研学旅行线路的开发与设计。

旅游线路是旅行社产品的核心表现形式，是把由起点至终点往返经历的旅游区域、交通工具、食宿条件、旅游景点、旅游内容、旅游时间、服务项目联系起来所安排的旅游活动方案。同理，研学旅行线路是由活动起点到终点往返学习时经历的课程资源、课程内容、学习方式、生活保障等内容的有序组织与规划方案。研学旅行线路既要考虑旅游线路中的各项构成要素，又要充分考虑服务对象的特殊性，在确保合理安全的基础上更加突出学习效果。因此，研学旅行线路设计要做到距离合适，旅程连贯，组织周密，内容丰富，形式多样，体验良好。简单地说，研学旅行线路设计就像是给活动“排课表”，是对课程资源的合理排列与组合。虽然研学旅行线路与旅游线路一样，也是一种组合产品，但它有其独特的地方。研学旅行线路更需要考虑线路中包含的地点资源的教育价值，需对地点资源进行实地考察、系统规划以及科学组合。这个过程也是研学旅行资源课程化过程。

第一节　研学旅行线路设计原则

研学旅行线路设计往往与旅游线路设计有相同之处，甚至有些研学旅行线路与旅游线路完全相同。但是，由于面对受众的特定性、青少年教育的独特性以及活动内容和形式的特殊性，研学旅行线路的规划与设计又有其独特的方式与要求。笔者认为，研学旅行线路的设计原则应在旅游线路设计原则的基础上，更强调安全性、教育性及科学性。

一、安全性原则

安全是研学旅行的基础和保障。研学旅行要坚持安全第一，建立安全保障机制，明确安全保障责任，落实安全保障措施，确保学生安全。

学生安全是学校、家庭和社会共同关注的焦点，只有在确保安全的前提下，才能开展相应的学习考察活动，确保研学旅行顺利进行。研学旅行作为一种新的教育形式，线路设计至关重要。它是活动的链条，更是课程的基础。因此，研学旅行线路设计首先就应关注安全工作的落实，从交通安全、人身安全、活动安全、饮食安全、活动场地及设施安全等多方面进行考量。只有这样才能让学校和家长消除后顾之忧，支持学生参与研学旅行活动。

研学旅行线路设计的安全性原则是指：在设计研学旅行线路时，要充分做到一切危险、威胁、隐患均在可控范围内，学生的身心健康得到保障，财产不受损失。安全管理要贯穿于整个研学旅行线路设计的过程中。因此，在选择研学旅行学习资源时，应避免选择危险性高、没有安全保障或存在安全隐患的资源。在线路设计中，要充分分析线路中所有构成要素存在的安全隐患，做好安全防控，提前处理潜在威胁，规避不可控的危险。同时，还要对线路中的每一处资源逐一进行实地考察，做出安全评估，制定翔实的应急预案，确保安全工作得以落实。

二、教育性原则

研学旅行是深化教育改革、提升综合素养、落实立德树人根本任务的一项重要举措。研学旅行作为学校的教育活动以及综合实践活动课程中的一种学习形式，是对学生的生活能力、品格修养、心理品质、学科素养等的全面培育，在线路设计中要着重突出教育性原则。

教育性原则体现在三个方面。一是充分发挥显性教育资源的作用。如开发博物馆、红色教育基地、科研院所、国防教育基地、研学基地等教育属性突出的资源点，让其成为线路中不可缺少的内容。如京鹰国际教育科技（北京）有限公司在线路设计中提出“6个1＋N”的线路资源组合方式。“6个1”提倡在研学旅行中带领学生走进一个爱国主义教育基地开展主题活动，走进一个传统文化教育基地研读经典，走进一所学校开展深度的交流互访活动，走进一家企业感受独特的企业文化，走进一座博物馆深度解读历史内涵，走进一个科研院所感受科技魅力。这些显性的教育资源应成为研学旅行重要的课程资源。二是要充分挖掘隐性教育资源的教育内涵。一条优质的研学旅行线路一定包含某一地域优秀的历史文化以及独特的人文素养、社会风尚。“6个1+N”中的“N”更多的是隐性教育因素，包含当地的自然风光、人文景观、民俗文化、历史遗迹等。线路设计者要充分挖掘地域文化背后的隐性教育内涵，充分找寻育人要素，进行有效开发，实现立德树人的教育目标。三是要连点成线，增强教育效果。资源点的选择在线路设计中至关重要。然而，要想将这些资源点串联成一条线路，同样需要设计者运用课程逻辑进行系统梳理。在线路组合时要注意以下几点：其一，线路顺序要符合学生的认知规律；其二，线路内容要凸显教育效果的逐级递进；其三，线路设计要确保学习方式更加丰富多元。

三、科学性原则

研学旅行线路设计的科学性关系到教育成果，需要学校或教育机构系统规划，科学选择，有序组合。

研学旅行线路的科学性原则体现在确保行走路线设计科学合理，学习资源选择开放多元，资源之间内在关联紧密。研学旅行是一种依托现有旅游资源开展的以研究性学习为核心的校外学习活动。与旅游产品相比，其具有人员固定、目标明确、内容系统、学习方法多样的特点。研学旅行受众都是中小学生，因此在行走线路设计上要考虑学生的身体、心理承受能力及认知水平。尤其是在旅途安排、内容选择上要考虑其是否可行，是否能够达到学习目标。对于一条线路，设计者要根据受教育者的年龄，依据学情在相关方面做出相应的调整。

总之，在设计研学旅行线路过程中，要秉持“教育是旅行的目的，旅行是学习的载体”这一观点，利用旅行中与学生相遇的事物实现立德树人的目标。在保障安全的原则下，线路主题要具有教育意义，线路资源点要凸显教育内涵，构成线路的资源组合要科学合理，有助于引导学生树立正确的价值观、人生观、世界观，在提升学生综合素养、提高学生实践能力方面发挥作用。

第二节　研学旅行线路类型与特点

各城市大小不同，资源分布各有特点。改革开放后，随着我国旅游业的发展，大量的旅游线路不断涌现，旅游业界也将线路进行了科学的分类。参考旅游线路的类型，结合研学旅行课程特点，可以将研学旅行线路分为以下几种。

一、按照结构划分

按照结构划分，研学旅行线路可以分为节点状研学线路和环状研学线路。所谓节点就是以一个中心城市或固定居住场所为定点，围绕这个节点向周边辐射。例如徽州研学线路、西安研学线路。所谓环状研学线路一般指地域跨度较大、活动范围较广的研学线路。图 4-1 是海南环岛研学旅行线路的设计和安排，属环状研学线路。

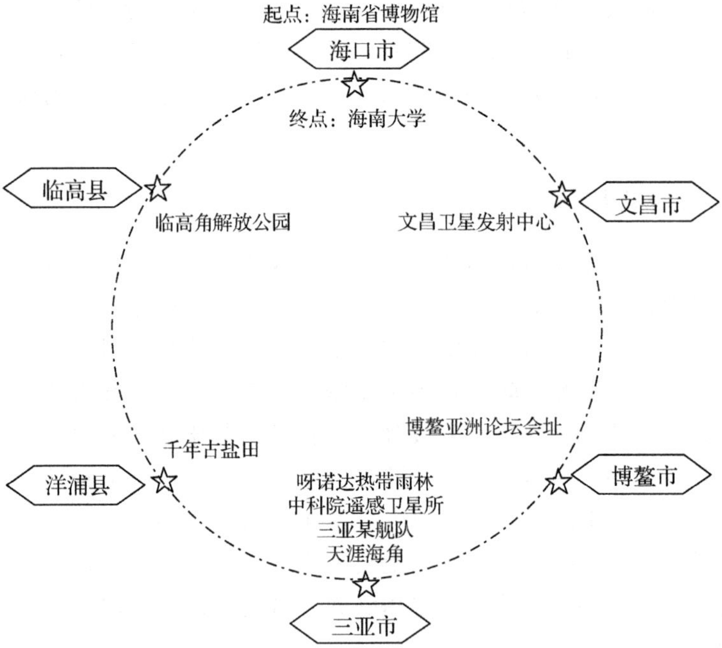

图 4-1　海南环岛研学旅行线路的设计和安排

二、按照课程内容划分

按照课程内容划分，研学旅行线路可以分为综合性研学线路和专题性研学线路。综合性研学线路是指含有较多种类文化或活动内容丰富多样的研学线路。专题性研学线路包含以不同教育主题为核心，以德育、科技、艺术、体育、劳动、军事、传统文化等的某一方面为主要内容的研学线路。现阶段，研学旅行以综合性研学线路为主，也有专题性研学线路，如京鹰国际教育科技(北京)有限公司结合北京市海淀区枫丹实验小学丹江口教育扶贫项目设计的研学线路(如图 4-2 所示)。

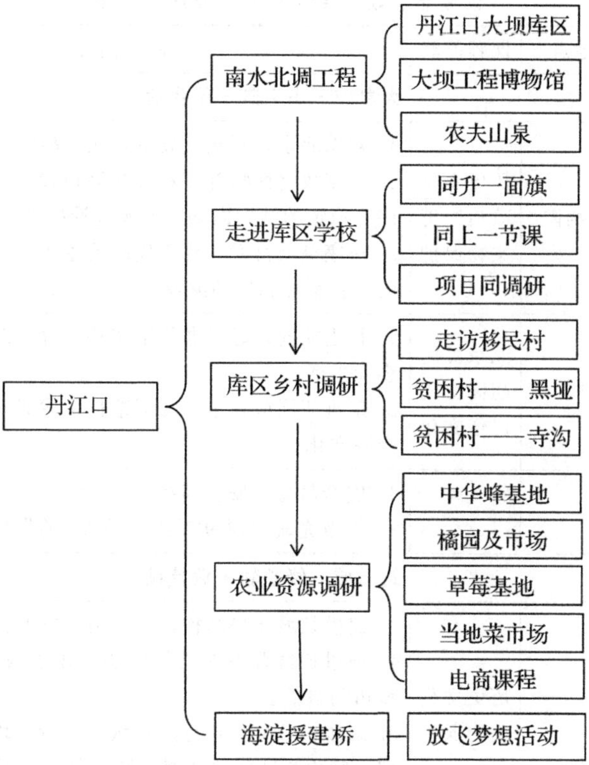

图 4-2　丹江口专题性研学线路安排

三、按照实施方式划分

按照实施方式划分，研学旅行线路可以分为统一实施线路和个性实施线路。这里所说的统一实施线路是指团队所有人员都要参与的研学旅行活动，由团队统一进行课程实施。个性实施线路是指在整体实施的基础上，依据个性化学习需求设计的小团队研学旅行线路。一般情况下，统一实施线路与个性实施线路是相辅相成的，也是相对而言的。这种“统一＋个性”的设计方式，使研学旅行线路更加多元与丰富，有利于满足个性化需求，更有利于学生开展深度的自主探究合作学习。

以下案例是京鹰国际教育科技(北京)有限公司开发的“纵轴横街·行阅北京”主题系列课程之一“读懂北京城市结构之美”的线路设计，该设计的第四天安排即为学生自主选择的活动。

"读懂北京城市结构之美"研学线路设计

时间		研学地点	课程范畴	研学内容
第一天				**大皇城·小宅院·乐生活**
	上午	故宫博物院	历史文化 政治经济 文物保护	1. 初识北京，听皇城故事，探古都历史。 2. 一座故宫博物院，看五朝城市设计，理解清晰、有序、稳定的结构内涵，溯源设计根本。 3. 一座皇城宫殿，看历代政治主张、一砖一瓦中体现的社会制度和精神灵魂
	下午	史家胡同	北京民居 胡同文化 民俗文化	1. 行走胡同，寻找老北京印迹，寻访北京人，看百姓多元生活。 2. 走进胡同博物馆，聆听馆长讲述胡同历史及北京四合院文化
	晚上	酒店	—	1. 安全教育，安全演练。 2. 小组完成主题为"京城初印象"的作品
第二天				**筑长城·修铁轨·促持续**
	上午	八达岭长城	历史文化 文物保护	1. 建模长城布局结构，了解国家历史边防设计。 2. 通过长城看关内关外状态，领悟内与外、农与牧、城市与自然。 3. 解读长城文化，行走长城，手量一块砖，腿测一丈路，解构长城精神文明图腾属性，感受勤劳勇敢的民族精神
	下午	詹天佑博物馆、青龙桥车站	历史人文 生涯规划	1. 参观詹天佑墓，了解詹天佑的丰功伟绩，以及他为何选择在此地长眠。 2. 看百年铁轨，了解青龙桥"人"字形轨道的高明设计
	傍晚	鸟巢火炬广场	政治经济 科学技术 民俗社科	1. 从奥运会场馆到休闲、娱乐、运动、文化、生活场馆，看奥运场馆以人为本的规划思路。 2. 看北京整体城市结构，找寻"后奥运时代"的痕迹。 3. 体悟奥运精神内核，树立健康生活意识
	晚上	酒店	—	1. 小组梳理当天研究课题。 2. 规划设计颐和园探究计划与行走线路
第三天				**探水系·赏园林·寻人文**
	上午	北京水系	自然地理 运河文化 历史人文	乘船探访京城水系。京城的河湖水系贯穿于京城发展的历史，承载了丰富的文化内涵，与政治、经济、文化、军事、城市建设等密切关联

续表

时间		研学地点	课程范畴	研学内容
第三天	上午	颐和园	历史人文 建筑艺术 自然地理	1. 体会皇家园林的独特气质，从园林设计师的角度观山、湖、景、意，学习中国古典园林“虽由人作，宛自天开”的理念。 2. 从一座皇家园林，看南北方文化融合，香山帮的没落与样式雷家族的崛起，了解皇族诗意生活规划
	下午	大栅栏商业街	历史人文 民俗社科	1. 探索北京的老字号，追忆老北京民俗文化生活。 2. 行走北京坊，感受老北京新生命，观街巷建筑中古今中外的融合、艺术和生活的交融，体会文化传承的力量，悟和合之美
	晚上	酒店	—	1. 团长招募，根据喜好和期望选择团队成员。 2. 团队商讨，制订次日城市探索活动计划
第四天	**探北京·行自主·见多元**			
	全天	城市探索	自主活动	城市探索：体验北京生活，探索多元北京丰富内涵。 要求： 1. 小组自主设计，制作一份出行攻略：自查交通工具，独立规划行程，协调团队伙伴，进行生活实践。 2. 攻略内容：探索地点、交通方案、线路方案及风险评估方案。 3. 城市探索地点推荐 •北京 798 文化艺术区 •北京首钢文化创意园 •北京东四胡同及博物馆 •东交民巷老北京使馆区 •北京三里屯潮流生活区 •北京钟鼓楼什刹海老城文化区 •北京知名“网红”打卡地
	晚上	酒店	—	1. 闭营仪式。 2. 团队讲述在北京的行走故事
第五天	**观博物·感民俗·续传承**			
	上午	首都博物馆	历史文化 政治经济 文物保护	1. 观博物，梳理北京历史脉络，看北京历史规划布局，建立京城历史时间轴。 2. 悟设计，体会首都博物馆建筑的精妙——历史与现代的相辅相成
	下午	高铁	团队建设 课题讨论	1. 完成小组的研学评价。 2. 组织志愿服务工作，加强公德意识。 3. 小组讨论北京研学旅行汇报思路与展示方式

第三节 研学旅行线路设计方法

研学旅行大多是依托旅游资源而开展的实践性学习考察活动。在线路设计与确定过程中，需要学校与教育服务机构及资源提供方多方合作、深度探讨，不断对资源进行优化与整合，最终确定研学旅行线路。研学旅行线路设计要紧紧围绕课程主题展开，尽可能选择不同类型的课程资源，如研学基地、博物馆、旅游景点、科研单位等进行有序的排列与组合。所选课程资源应与课程主题具有一致性及关联性，不能偏离主题。一条优质的研学旅行线路可以体现设计者的课程理念，凸显设计者对课程资源的深刻解读与全面释义；一条优质的研学旅行线路体现着设计者对研学旅行课程逻辑的深刻理解，是设计者遵循学生认知规律及客观现实条件，科学合理地整合而成的。

如何设计出符合学校需求、主题突出、内容丰富、遵循学生认知规律、科学合理的研学旅行线路至关重要。研学旅行线路开发既可以采用在成熟旅游线路的基础上进行二次开发的方式，也可以依据学校的需求进行原创开发，并依据学生特点进行个性设计，将课程资源优化整合。但无论采用什么方式，都要经历图 4-3 所示过程。

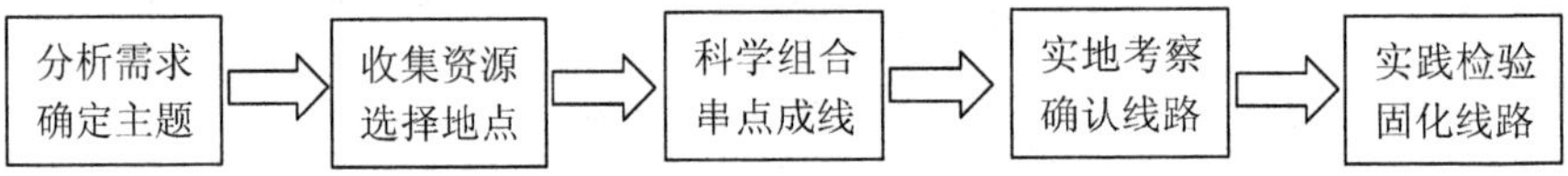

图 4-3 确定研学旅行线路的过程

一、客观分析需求，确定线路主题

研学旅行线路主题化设计是指为某一条线路赋予指向性明确的主题，围绕深厚的文化内涵和明确的教育目标进行的设计。确立研学旅行线路主题需要对目标人群、出行方式和资源需求等关键因素进行科学调研与合理化分析。一般情况下，采用面对面访谈或问卷调研等方式获取需求信息。

研学旅行是学校组织的集体出行，目前多采用学校向第三方教育服务机构或旅行社购买服务，学生家长委员会监管的方式运作。一般情况下，由第三方教育服务机构提供线路及主题，学校及家长共同选择、完善及确定。也有些情况是学校确定线路及主题，由第三方服务机构按照学校的需求策划实施。不管采用哪种方式，都需要准确把握学习者的真实需求。

教育服务机构要设计出适合学校教育需求的研学线路，需做好以下几点：

一是与学校进行深度沟通，准确把握学校的教育理念、办学目标以及特色课程，调研教育教学等多方面的需求，准确把握线路主题方向；二是与参与活动的年级组进行沟通，了解各学科教师对线路及课程资源的需求，了解年级的主题特色活动；三是广泛征求学生家长的意见，分析学生的年龄特点、能力状况、认知水平等客观因素；四是对获取的信息进行科学有效的分析，找到共同需求；五是借鉴以往经验，顺应教育发展趋势，凸显社会教育价值，确立研学线路主题。

例如，海淀区枫丹实验小学主题为“感悟生命的意义和价值”的研学线路开发，就是在学校、服务机构及家长的共同参与下完成的。该线路以四年级道德与法治学科中的一个单元为核心展开，由学校教师与服务机构共同开发，以学科知识为依托，以综合实践活动课程为核心，关注学科整合，凸显“科技改变生活，创造成就梦想”的学校办学宗旨，同时整合少先队主题活动，落实立德树人，有效发挥家长资源优势。线路设计如图 4-4 所示。

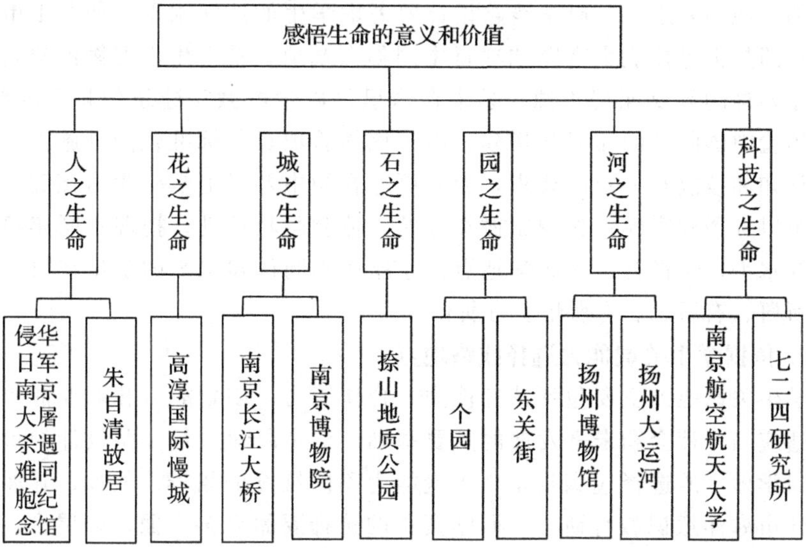

图 4-4 “感悟生命的意义和价值”主题线路设计思路

二、以生为本分析学情，科学选择课程资源

综合实践活动视域下的研学旅行，特别强调“活动—体验—探究—创新”的实践性学习，强调以学习者为中心选择课程内容和学习方式，对资源课程化有明确的要求。研学旅行线路设计离不开对学习者进行科学的分析。

1. 依据学生身体素质选择线路地点

身体素质一般是指人体在活动中表现出来的力量、速度、耐力、灵敏、柔韧等机能。在研学线路设计中，要考虑不同成长阶段学生身体素质的特点，选择适合学生身体条件的研学地点。例如，某小学是海洋意识教育基地校，该校选择青岛市作为研学地点，课程地点设计中有青岛名山——崂山。崂山分为北坡和南坡，南坡悬崖傍海，地势险峻，海洋地质地貌特点明显，徒步行走时间长；北坡穿越峡谷，景色优美，地势平缓，海洋地质地貌特点也很明显。依据小学生的身体素质，选择北坡进行考察更能保障活动的安全和研学课程的有效实施，而初、高中学生的身体素质较小学生明显提高，则可以考虑选择南坡作为研学地点。

2. 依据学生认知水平选择线路内容

认知水平是指个体认识、判断、评价外界事物的能力，认知水平的高低与实践经验、知识水平、思维能力、信息储量等因素有关，是影响人们思想形成的主观因素之一。研学线路设计要考虑学生的认知水平。如黄山市的润一生态园是世界技能大赛园艺项目中国集训基地，是学生学习徽派建筑，体验徽派园林的重要课程资源。学生在这里可以学习徽派建筑的特色与结构，真实体验中国园林的布局与搭建。由于该体验项目是标准化园林施工，对学生的认知和技能有一定的要求，因此更适合初中及以上学生学习探究。小学生则可以选择到唐模古村观察徽派建筑，体验晒秋活动。把握不同年龄学生的认知水平，选择合适的研学地点，才能让不同认知水平的学生在研学过程中有所研、有所思、有所悟、有所得。

3. 依据学生关键能力选择线路地点

学生关键能力主要包括认知能力、合作能力、创新能力和职业能力，是学生适应当今社会和未来发展的重要基础，也是研学旅行线路设计的价值指向。研学地点的选择应满足学生关键能力不同维度的培养。例如，开展广东省湛江市海洋意识教育研学，研学资源的选择要做到多方面、多层次，充分考虑利于学生关键能力的培养和提升的因素。在进行线路设计时，要考虑海洋生态、经济、国防、科技等不同角度，包含走入特呈岛考察海洋生态、走入广东海洋大学解读海洋经济、登上南海舰船见证海洋国防、参观海上丝绸之路博物馆品阅海洋文化、乘船夜赏港珠澳大桥领悟海洋科技、探秘智能机器人基地等。合理选择研学地点，可让学生关键能力培养这一目标成为研学旅行线路设计的着力点。

4. 依据学生的兴趣爱好选择线路地点

研学旅行虽然是大型集体活动，也应关注学生的兴趣爱好及个性化学习需求，尽可能为学生提供个性发展的空间。在选择研学课程资源时，应适度为学生的个性发展和兴趣爱好培养创设条件。在设计研学课程时，可将行程中的某一两天设计为学生可自主选择的内容，满足学生的个性化需求。针对某一主题课程，也可提供多个课程资源，供学生选择。

三、正确分析客观因素，设计研学线路

学习资源地点的串联绝不是简单的排列组合，需要设计者依据课程设计和实施的基本要求，综合生活保障要素、客观条件要素、课程资源要素、资源间内在联系要素等，将考察的资源点有机组合起来，形成一条集安全性、教育性、科学性为一体的研学线路。

1. 生活和安全保障因素对研学线路的影响

教育主管部门、学校、家长都非常关注学生在研学旅行过程中的生活保障和安全保障，所以研学旅行线路设计者要综合考虑学生的生活与安全保障因素。在线路设计中，要着重考虑学生的吃、穿、住、行及医疗保障。一般情况下，以教育资源为重，寻找配套的生活保障资源(如酒店、餐厅、医院等)来设计研学线路，这种方式多用于生活保障设施比较完善的大、中城市。但是，生活保障不足的小城市和乡镇，条件可能远远达不到研学旅行团体的接待要求，就需要依据客观条件灵活调整，重点依托能达到生活保障要求的资源地点来选择课程资源。例如，京鹰国际教育科技(北京)有限公司为某学校设计舟山海洋主题研学时，安排了海岛考察的课程内容。经考察发现，岱山岛上有丰富的海洋科普教育资源和海洋经济资源，但岱山岛距离陆地较远，海上行程较长，岛上接待能力有限，不能达到研学团队住宿及生活要求。考虑到生活保障因素，线路设计放弃了岱山岛，选择距离较近、当天可以往返的蚂蚁岛作为学生海岛考察的课程资源地点。

2. 客观条件因素对线路设计的影响

研学旅行线路设计需要进一步考虑课程实施所需的客观条件，如气候、天气、潮汐、预约时间、场地限制等，这些因素直接影响设计线路的可行性。例如，室外活动要考虑天气情况；室内活动要考虑场地容量；要考虑每个资源点之间的距离远近；登山活动要考虑路况和学生的身体状况；在设计海洋研学旅行线路时，潮间带生物多样性考察必不可少，这就要求研学旅行线路设计者在规划线路的过程中充分了解当地的潮汐时刻表，把握好学生到达海滩的路线和时间，确保在海水退潮时，学生在海滩上对潮间带生物进行考察。在线路设计过程中，要充分考虑客观条件要素，为课程的高质量实施打下基础。

3. 课程资源要素对线路设计的影响

课程资源是研学旅行线路形成的关键要素。在研学旅行线路设计中，要尽可能使线路中的课程资源更为丰富，为突出主题、达成学习目标服务。

每一次研学旅行都花费了学校、家长、学生和教育机构大量的时间、人力、物力和财力，所以在研学旅行的线路设计过程中，应尽量避免出现交通耗时长、教育内容单一的资源地点。选择资源点时要尽可能使研学旅行中的时间和资源充分为课程目标服务。例如，京鹰国际教育科技(北京)有限公司与学校共同开发的“通州运河之桥”课程，在对通州运河之桥的研究基础上，开发运河研学系列课程，对通州运河广场、千荷泻露桥、玉带桥、张家湾通运古桥开展实践探究。结合通州地域文化和大运河文化背景，挖掘运河号子、船工生活、仓文闸坝科技等隐形资源，引领学生全方位、多角度解读中国桥文化的历史意义和内涵，以有形之桥搭建心中的无形之桥，培养学生知家乡、爱家乡、建家乡的社会责任感和家国情怀。学校依托通州大运河资源研究，发挥地缘优势与专家资源优势，使大运河研学课程不断深入。

四、研学旅行线路的组合方式

研学旅行线路设计中，要考虑资源间的内在联系。从这个角度出发，线路组合可以有以下几种模式。

1. 从整体到局部的选点模式

这一模式可以理解为：到某一城市，先参观这个城市的博物馆，形成对该城市历史文化乃至科技发展的整体认识，然后考察城市的一些具有代表性的、凸显教育价值的、适合学生考察的资源地点，使学生按照由整体到局部的顺序深入研究这个城市的文化历史等。例如，京鹰国际教育科技(北京)有限公司在“访徽商非遗之奇，读徽州无梦之美”的课程线路设计中，以徽文化馆作为起点，通过参观博物馆，使学生对徽文化形成整体感知。然后通过对徽州古城、屯溪老街、宏村、唐模古镇、胡开文墨厂等资源的实地考察，使学生多角度、全方位感受和理解徽州文化内涵。在此基础上，安排学生走进润一园林感悟园林文化，开展晒秋、走访农家等体验活动，帮助学生进一步领悟文化精髓，强化文化认同。整个线路设计在知识层面是层层递进的，在情感价值观层面是逐渐提升的，学生在整个研学过程中不断发现、不断感悟、不断提升。

2. 从局部到整体的选点模式

这一模式与上述模式选点正好相反，先选择具有地方文化历史、民族特色的局部资源地点，在注意资源间内在联系的基础上将资源地点串点成线。

学生在深刻认识局部地点的基础上，理解其文化的内在联系，最后参观地区博物馆，形成对该地区文化历史及社会发展的整体认识。

3. 从局部到整体再到局部的选点模式

这一选点模式也是根据学生认知与情感发展特点，先让学生在局部资源点形成基本感性认识，然后去博物馆或类似资源点学习考察，进行文化及情感的整体认识与提升，再到局部资源点实现进一步的内化与提升。京鹰国际教育科技(北京)有限公司设计的西安研学旅行线路，通过探访代表秦、汉、唐由盛世到转折再到衰败等阶段的历史遗迹，开展实地考察，将研学线路设计为汉城湖拜访汉武大帝、兵马俑目睹始皇伟绩、华清宫感受大唐盛世。在学生充分感知朝代盛世的基础上，安排参观陕西历史博物馆，抓住史料实证，在历史长河中对三个王朝的发展脉络进行梳理，分析历史发展的客观规律。参观陕西历史博物馆之后，走入华清宫、明城墙这两个代表朝代由盛世转入衰落的地点，反思朝代衰败、历史更迭的原因，最后走进秦二世陵遗址公园和汉城湖遗址公园，并思考：是什么原因使大秦帝国二世而亡？汉代接手秦代遗留的烂摊子后，是如何将中国历史推入新的高峰的？又是如何走向衰败的？

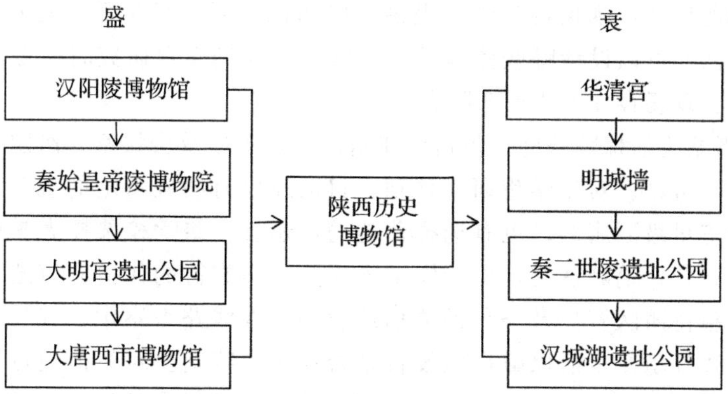

图 4-5 从局部到整体再到局部的选点——西安线路设计

五、实地考察，优化与固化线路

实践是检验真理的唯一标准。研学线路是否科学可行更要经过实践进行检验。因此，实地考察线路是每一次研学旅行前不可缺少的一项工作。在考察线路时，人员一般由学校副校级干部、研学服务机构以及地接机构三方组成。线路考察需要三方分工协作。

1. 规范考察内容，全面做好考察准备

在考察前，需要参与人员召开协调会，确定考察内容及安排。考察内容包括研学资源点的考察，餐厅、酒店及交通车辆等资质及状况的考察，地接旅行社的资质及导师能力水平的考察，各种安全隐患的排查等。在考察前，考察人员要初步了解各个资源点，熟知活动内容及课程实施方式，对线路中可能出现的问题进行前期的预测和分析，确保实地考察为活动实施起到保驾护航的作用。

2. 设计考察线路，扎实开展系列考察

实地考察可以说是研学旅行活动的前期模拟阶段。一般情况下，考察线路与实际实施线路行程相同。考察线路设计可以说是活动设计、组织与实施各方共同确定活动内容及行程安排的过程。实地考察人员要依据具体安排对研学旅行过程中涉及的所有环节进行逐一考察。

(1)考察课程资源的实际情况。依据资源特点确定课程实施方式，对活动的场地、内容、时间、师资、教育教学方式等进行考察确认。针对大型团队，还要考察停车地点、集合地点、下车后到达资源点的行走路线、场地轮换等问题。在考察课程资源地点时，特别要加强对现场资源的规划与分析，可围绕以下问题思考：现场可为学生提供哪些知识？可以培养哪些能力？适合哪种研究方法？可以设计哪些体验活动？学生在现场学习研究时会受到哪些因素的影响？现场存在哪些安全隐患？

(2)考察生活保障条件，包括对住宿酒店、餐厅及会议室、医院等相关生活保障点的考察。对于学生研学住宿，目前还没有明确清晰的规定。有选择四星级或三星级酒店的，也有选择营地的，还有一些学校选择大学或私立学校的学生宿舍。笔者认为，出于安全考虑，研学旅行的住宿应该选择允许经营、具备接待团队资质及条件的酒店或营地。在线路考察中，首先要考虑住宿地点周边环境及生活保障设施设备是否完善。特别要对住宿地点周边的医院、交通等进行排查，确保如果发生紧急事件能及时有效解决。其次要对酒店的大堂、安全通道、房型、房间设施等逐一考察。考察人员除了要体验学生入住的酒店，在学生就餐的餐厅用餐，掌握第一手信息外，还要对隐患进行逐一排查。如尽量避免入住环形的、中间有天井的酒店，注意窗户打开方式、卫生间是否干湿分离、卫生间是否有浴缸及浴缸高度、拖鞋是否防滑等细节。此外，还要关注酒店的服务水平、人员素养等软实力，为学生传递正能量，营造良好的社会风尚，对学生进行潜移默化的影响。

(3)对线路组合情况进行考察。要考察线路中设计的时间节点是否合理，资源点的安排顺序是否符合课程逻辑，往返线路是否科学等。通过实地考察，确定线路的组合是否科学可行并符合学生的认知规律。将线路中的每个要素进行全面归纳整理，开展系统分析，最终确定线路。

做好考察记录是规范考察工作的基础。考察人员在实地考察过程中要认真做好考察记录，将线路中的详细情况进行说明。表4-1是研学线路考察记录表样例。

表4-1 研学线路考察记录表

考察时间		负责人	
城市		地点	
服务单位			
学校人员			
课程资源考察			
线路安排			
酒店生活保障考察			
餐饮生活保障考察			
交通保障考察			
事宜确认			
安全评估			

3. 发现突出问题，做好多种备选方案

在进行线路考察时，往往会出现一些问题。这就需要考察人员依据现场情况，对预先设计的线路进行及时调整，并对调整后的线路及方案进行可行性分析，并做好线路备案。如京鹰国际教育科技(北京)有限公司研发的舟山研学线路，由于舟山的特殊条件，几个研学地点均需要乘船登岛，天气情况会直接影响线路计划是否可以顺利实施。因此，在考察线路时，需要考察人员对当地所有资源进行实地考察，合理选择，科学排列，设计多种线路组合方案，不断优化线路安排，做好备选方案。如舟山研学线路中，高铁只能到达宁波站，从宁波到舟山还有一个多小时的车程，为了缓解旅途劳累和缩短长时间行车的枯燥时间，研学第一资源点选择了宁波的课程资源，而回程要从宁波站出发，因此研学第四天安排学生入住宁波酒店，第五天在宁波选择学习资源，以确保顺利回程，同时充分利用沿途资源进行学习。在内容上，选择出海与市区资源点相结合的方式，确保遇到特殊情况时，线路有调整的空间。

以下案例为京鹰国际教育科技(北京)有限公司设计的舟山研学初始线路设计，此线路以舟山市为主要课程资源地点，优势是住宿都安排在一个城市，避免往返多个城市，学生海岛考察课程资源丰富。不足是经过长时间的高铁旅途后，要再乘坐 2 小时的大巴车前往舟山市，下车后还安排了一个课程地点，容易使学生体力不支，影响课程效果。返程亦是如此，长时间乘车容易让学生感到疲惫，降低学习兴趣。另外，课程地点岱山岛虽然资源丰富，体验活动内容丰富，利于学生进行实践探究与考察，但是该地距离舟山市较远，学生活动时间有限，影响课程深入开展。

舟山研学初始线路设计

时间		课程地点	课程范畴	课程内容
第一天	上午	高铁	团队建设 课题交流	出发前往宁波，团队建设，课题探究。 北京南站—宁波站
	下午	大巴车	交流分享	前往舟山市
		鸦片战争遗址公园	人文历史 海洋国防	追忆鸦片战争悲壮史，告慰英烈立下报国志
	晚上	舟山酒店	安全教育	酒店安全教育和消防逃生演练
第二天	上午	蚂蚁岛	科技、人文 海洋文化	探秘现代造船工艺，感受科技魅力；探寻人民公社之最，领悟蚂蚁岛精神
	下午	岑氏木船厂	传统文化 “非遗”文化	寻访“非遗”传人，学传统造船技艺，感悟匠人精神
	晚上	舟山酒店	交流分享	完成指导手册，活动分享

续表

时间		课程地点	课程范畴	课程内容
第三天	全天	岱山岛	自然地理 海洋环境	探秘海岛经济，感受海岛风情；出海捕鱼，考察海洋生态
	晚上	舟山酒店	交流分享	准备结营仪式
第四天	上午	舟山博物馆	人文历史	触摸舟山历史脉搏，探寻海洋文化内涵
	下午	定海古镇	人文历史 海洋文化	品千年古街，寻古城韵味，感古镇文化
	晚上	舟山酒店	活动分享	结营仪式
第五天	上午	大巴车	活动分享	前往宁波
		天一阁	人文历史	走进古老私人藏书楼，品读古今藏书文化
	下午	高铁	交流分享	返回北京，完成指导手册，进行研学评价。 宁波站—北京南站

以下案例为舟山研学调整后线路设计。考察人员经过考察后发现常规线路的一些问题，充分考虑学生的身体状况，合理安排课程资源和生活保障，将线路资源地点和时间进行了适当调整。调整后，第一天到达宁波后，安排学生先参观宁波市内的课程资源点，然后乘车前往舟山市，劳逸结合，可操作性强，学生学习兴趣高。回程时，第四天上午安排古镇考察，可以保证有效控制时间，下午乘坐大巴车返回宁波市，晚上安排在宁波住宿，规避了第五天上午返回宁波市在时间控制上存在潜在风险、课程效果无法保证等问题。调整后的行程优化了时间和课程地点设计，时间安排更合理，活动更丰富，操作性更强。

舟山研学调整后线路设计

时间		课程地点	课程范畴	课程内容
第一天	上午	高铁	团队建设 课题交流	出发前往宁波，团队建设，课题探究。 北京南站—宁波站
	下午	天一阁	人文历史	走进古老私人藏书楼，品读古今藏书文化
		大巴车	交流分享	前往舟山市
	晚上	舟山酒店	安全教育	酒店安全教育和消防逃生演练

续表

时间		课程地点	课程范畴	课程内容
第二天	上午	蚂蚁岛	科技、人文 海洋文化	探秘现代造船工艺，感受科技魅力；探寻人民公社之最，领悟蚂蚁岛精神
	下午	岑氏木船厂	传统文化 “非遗”文化	寻访“非遗”传承人，学习造船技艺，感悟匠人精神
	晚上	舟山酒店	活动分享	完成指导手册，活动分享
第三天	上午	白沙岛	自然地理 海洋环境	漫步白沙岛，感受海岛风情；出海捕鱼，考察海洋生态
	下午	鸦片战争遗址公园	人文历史 海洋国防	追忆鸦片战争悲壮史，告慰英烈立下报国志
	晚上	舟山酒店	活动分享	准备结营仪式
第四天	上午	定海古镇	人文历史 海洋文化	品千年古街，寻古城韵味，感古镇文化
	下午	大巴车	活动分享	前往宁波市
		宁波老外滩	人文、建筑、经济	探三江汇流，谈“五口通商”
	晚上	宁波酒店	活动分享	结营仪式
第五天	上午	中国港口博物馆	海洋科技 海洋经济	探秘千年海商，解析“丝路”传奇，破译港口密码
	下午	高铁	活动分享	返回北京，完成指导手册，进行研学评价。 宁波站—北京南站

4. 完成分析报告，做出可行性分析

实地线路考察是确定研学线路的重要环节，是活动组织方与实施方面对面沟通的机会，也是研学旅行有效实施的保障。因此，各方要通力合作，全面调研，确保线路的可行性、课程的有效性、生活保障的全面性、活动的安全性。考察结束后，参与各方要统一思想、汇集意见，对线路进行可行性分析，写出考察分析报告，提交给学校及相关部门，为线路的优化、调整及确定提供真实的一手材料。

综上所述，研学旅行线路设计是研学旅行课程设计的重要组成部分。研学旅行线路设计要突出教育特点，满足学生研学需求，根据研学旅行线路设计的原则进行设计，不能简单照搬旅游线路。

探究与实践

1. 研学旅行线路设计与旅游线路设计的本质区别有哪些？
2. 设计一座城市的研学旅行线路，并进行设计分析说明。

第五章　研学旅行课程设计

学习要点

1. 研学旅行课程设计的原则。
2. 研学旅行课程设计的主要内容与方法。
3. 研学旅行不同类型课程设计。

研学旅行活动是近些年兴起的由学校组织的在校外开展的教育活动，2017年教育部将研学旅行活动纳入综合实践活动课程，使其成为学校课程的内容。作为实践性学习的研学旅行课程，是由系列活动构成的，内容涉及学生与自然、学生与社会、学生与自我，广泛的内容领域呈现多种活动类型。由于学生年龄不同，认知水平有差异，因此同样的研学旅行课程资源，为不同学段学生设计的活动就要有所不同。从学习方式上看，研学旅行课程学习方式也是以问题为中心的实践性学习，学生的考察探究活动围绕课题、问题展开，使学生在问题解决和考察探究的过程中，达到课程育人的目标，这对研学旅行课程设计提出了较高的要求。

第一节　研学旅行课程设计概述

研学旅行课程设计首先要明确课程的属性。课程至少要具备四个要素：课程目标、课程内容、课程实施、课程评价。研学旅行课程设计既要具有综合实践活动课程特征，也要有区别于综合实践活动课程之处。综合实践活动课程设计更强调研究性学习的课题源于学生生活中遇到的问题，生活是研究的起点，但研学旅行课程的课题既可以源于学生的生活，也可以是教师根据考察内容引导设计的探究性问题。因此，把握好综合实践活动课程的理念，根据综合实践活动目标，依据研学旅行课程设计的原则进行活动设计，是研学旅行课程高质量实施的保证。

一、研学旅行课程设计的内涵

关于课程的概念，国内外专家都有很多界定。教育承担着满足社会与个人发展需求的重任，社会的发展和社会对人才需求的变化，推动教育不断发展，学校课程也不断在需求中发展。当我们把课程看作学生的学习经验时，就要对学生的发展需求与个性特点有全面的了解，为学生提供适合其发展的课程，使学生获得丰富多样的学习体验与经验。

1. 课程设计

关于课程设计的概念有很多，都是基于对课程的认识形成的。下面介绍几种比较有代表性的课程设计概念的表达。

克莱因(M. F. Klein)将课程设计界定为："课程的组织形式或结构，也就是对课程的各种因素的安排，它是基于理论基础和方法技术两个层面。"①

盖伊(G. Gay)将课程设计表述为："撰写教学目标、内容、活动和评价程序的技术，是课程决定中的最后产物。"②

奥恩斯坦(A. Ornstein)对课程设计的认识是："对课程进行的构思和对课程的主要组成部分(学科材料内容、教学方法和资料、学习者的经验或活动)做出安排的方式，借以为我们编制课程提供定向和指导。"③

靳玉乐认为："课程设计是一个有目的、有计划、有结构地产生课程计划、分科课程标准以及教材、教科书等的系统化活动。"④

从上面对课程设计的概念表述可以看到，其共同点就是把课程看作有计划、有组织安排课程要素的活动过程，课程设计同时也是对课程要素进行安排后的结果。

2. 研学旅行课程设计的内涵

前面对研学旅行课程内涵的界定，明确了研学旅行课程是在综合实践活动框架下的课程，其内容涵盖三大部分，即以课题(项目)为引领的研究性学习、广泛的考察探究和旅行生活，这些内容都离不开实践学习。因此，研学旅行课程设计要在综合活动课程理念指导下进行，突出学生自主的研究性学习，注重学生主动实践和开放生成，避免仅从学科知识体系出发进行活动设计。

从文本角度认识，研学旅行课程设计是引导学生开展实践性学习活动，达成课程目标的文本载体，正如上文所说，它是对课程要素进行安排后的结果。从广义上界定，研学旅行课程设计包括考察线路设计、课程活动设计、实施的各种安全保障和规则设计以及研学旅行学生学习指导手册设计等。

---

① 靳玉乐：《课程论(第二版)》，北京：人民教育出版社，2015 年，第 132 页。

② 同上书，第 133 页。

③ 同上。

④ 同上。

研学旅行课程设计狭义上是指研学旅行课程活动部分的设计。课程活动设计依据就是综合实践活动课程的理念与价值取向，在对研学旅行资源进行深度开发的基础上把活动目标、内容及活动过程按照课程的原则组成合理结构，形成活动开展的方案，其具体内容包含活动主题、学习资源分析、学情分析、设计思路、活动目标、活动时间及地点、活动方式、活动准备、体验探究内容、活动实施过程、成果与交流形式、评价，等等。

研学旅行课程设计广义概念中的研学旅行学生学习指导手册设计将在第六章进行详细论述，研学旅行课程实施的安全保障与规则设计将在第九章探讨。本章重点讨论课程的活动设计，亦称为研学旅行课程设计(本章将从狭义上探讨研学旅行课程设计)。

二、研学旅行课程设计的重要性

研学旅行活动具有课程的属性，不能视为没有系统和结构的单一教育活动，更不能是流于形式的体验或走马观花的旅游。课程目标的有效实现有赖于对活动的高质量设计与有效实施。研学旅行活动作为综合实践活动课程的内容，必须要有周详的活动设计，设计与实施要符合综合实践活动课程的特性，体现综合实践活动课程的系统性，培养目标的进阶性。活动设计能够指导活动深入有效地实施。只有这样，才能在研学旅行中最大限度地发展学生综合素质，达成学生综合素质可持续发展的育人目标。

三、研学旅行课程设计的原则

1. 实践性原则

研学旅行的实践性概括来说是实践学习的特性。实践学习可以从三个方面体现：旅行中遵守社会规则与践行社会主义核心价值观，开展研究性学习，旅行中的生活自理与互助。

实践性原则完全体现了综合实践活动课程的生活取向，研学旅行将学生带入完整的生活世界，引领学生在完整的生活世界中学习。在旅行实践中，引导学生走进真实的个体生活中，体验生活自理；走进现实的社会生活中，观察社会现象，分析研究社会问题；走进真实的自然生活中，探究自然的真貌，开展研究性学习，通过问题解决，认识自然、社会与自我之内在联系；在旅行过程中真实地践行社会主义核心价值观与社会规则，而非生硬地记忆一些对学生来说抽象的政治理论与条例，通过实践、体验、感悟构建完整的自我。

2. 研究性原则

研学旅行课程很重要的一点就是研究性，有些学者主张“带着课本去旅行”，笔者认为这是没有摆脱学科教学思维方式的束缚，没有摆脱课本的束缚。“带着课本去旅行”从某种意义上讲就是在旅行考察中验证课本知识内容，或者简单地在课本内容系统基础上去丰富知识。研学旅行的“研学”所强调的就是研究性。这一研究性的具体体现，就是研究性学习。

从学习方式角度，可将研究性学习理解为与学校中经常使用的“接受式学习”不同的另外一类学习方式。这种学习方式特指在学习过程中，教师不是把现成的结论告诉学生，而是由学生自主发现问题，主动探究，获取知识，综合应用知识，解决问题的学习活动。

人的认知发生和发展的过程，主要有两种学习方式——接受性学习和研究性学习。人们正是通过接受性学习了解前人的优秀文化成果，掌握人类既存的、人文的、科学的系统知识；同时又通过探索、发现、实践等研究性学习，获得相关技能、方法等经验性知识。两种学习方式，反映了两种认知途径，两者的综合作用，最终形成了人们独具特色的认知风格和知识网络。接受性学习与研究性学习这两种学习方式对于人们知识的形成和人的全面发展都是必要的，在人的具体认知活动中，两者常常相辅相成、相互补充。

研学旅行所强调的研学，是让学生在研学旅行课程中(包括行前、行中、行后三个阶段)开展研究性学习。研究性学习不是为了系统掌握前人积累的文化成果，而是为了解决实际问题而进行的一种学习活动。在研究的过程中，运用所学的各科知识及自我经验，解决实际问题，综合构建知识体系。

研学旅行活动中的研究性，一方面体现在小课题的研究，另一方面体现在每一天活动中探究性问题的引导，让全体学生不仅有自己的研究课题，还能广泛并且较深入地探究研学旅行活动中的一些学习内容。“带着问题去旅行”，在旅行中发现问题、研究问题，这就是研学旅行课程的研究性。

3. 综合性原则

研学旅行是一种基于实践的综合性学习，将学生带入了完整的生活世界。研学旅行的内容是丰富的，它包含人文社会与自然环境，传统文化与现代科技发展等诸多内容。这些内容并非是能够通过学科划分的，生活世界是综合的，生活世界中的很多现象有着复杂的内在联系。学生的探究问题涉及的内容也是综合的，解决问题的方法更是多元的，不能把研学旅行课程内容割裂开来并学科化。研学旅行活动能够将自然与社会的问题融合在一起，加深学生对科学与社会的认识和理解，促进科学精神与人文精神的融合。因此，研学旅行是综合性的实践活动，“带着课本去旅行”往往会导致从学科出发，把旅行中的实践研究学科化，成为学科的实践活动，从某种角度忽略了研学旅行课程的综合性原则。

4. 自主性原则

研学旅行是以学生的主动参与、亲身经历为特点的实践性学习。研学旅行课程前段，学生围绕将要考察的内容，提出自己感兴趣的问题，并将其转化成研究课题，自愿结成小组，共同制定研究方案，进而进行实践研究。这是一个自主的过程。小学生可以在教师的引导下自主选题，自主制定研究方案，自主制定旅行规则，自主制定评价标准。对于初、高中学生来说，还可以在一定范围内，自主开发研学旅行活动资源，制定研学旅行路线与考察内容。在研学旅行中段，学生不仅要深入开展自主研究，还可自主地选择观察记录的方式。研学旅行课程后段的成果展示与拓展延伸也体现了学生的自主性，学生自己决定研学旅行成果的呈现形式，充分展现学生个性发展特点。总之，课程设计自主性就是要站在学生自主学习的角度去设计活动，出发点从"给予学生什么"转变为"学生需要什么"，引导学生从"要我学"转变为"我要学"，实现从"教"到"学"的转变。

5. 教育性原则

教育性原则是研学旅行课程设计的根本原则，研学旅行课程设计的各种活动要有教育内涵，使学生在研学与旅行实践体验的过程中，认识历史，认识文化，认识社会经济活动，认识国防，认识自然，认识规则，认识人，认识自我兴趣与发展，获得深刻的感悟，形成正确的价值体认与责任担当，建立"四个自信"，树立共产主义信念。

第二节　研学旅行课程设计的主要内容与方法

研学旅行课程不能凭以往旅行社组团的经验，按照旅游模式开展活动设计与实施。研学旅行课程设计，要站在课程论和学习论的高度，要注意对活动主体——学校和学生——的真实需求深度调研，要在对各方面信息的分析、理解、整合、运用、转化的基础上进行课程设计。课程内容设计从实施的角度可分为两大类，一类是对一次研学旅行活动的内容设计(下面主要讲这一类)，另一类是针对多个研学旅行活动在同一学校不同年级实施所做的系统的研学旅行系列课程的整体设计。

一、研学旅行课程活动设计的基本内容与阶段划分

一次研学旅行活动的设计按时间顺序一般分为三段：主题确定与方案及规则等制定阶段活动(行前阶段)、实施阶段活动(行中阶段)以及总结交流拓展阶段活动(行后阶段)。当然，很多综合实践活动课程教师根据学校综合实

践活动课程的实施情况，会细化行前阶段和行后阶段，使研学旅行活动得到拓展延伸，追求其内容资源利用最大化和教育价值最大化，这是我们进行研学旅行课程活动设计所倡导的。

研学旅行课程活动设计的基本内容一般包括：课程活动主题以及子课程系列活动主题、学习资源介绍与分析、大主题研学旅行活动的整体设计思想、课程活动设计基本框架与流程、课程(活动)总目标和子课程目标、活动重点、活动难点、活动方式与方法、活动准备、活动过程与实施。

如上所述，一个优质的研学旅行课程活动方案设计应该包括三个阶段：阶段一，选择课题定方案；阶段二，考察实践真探究；阶段三，分享交流评价与拓展应用和创新。第三个阶段也可分成两部分，即交流评价、拓展创新。具体内容与阶段划分如图 5-1～5-4 所示。

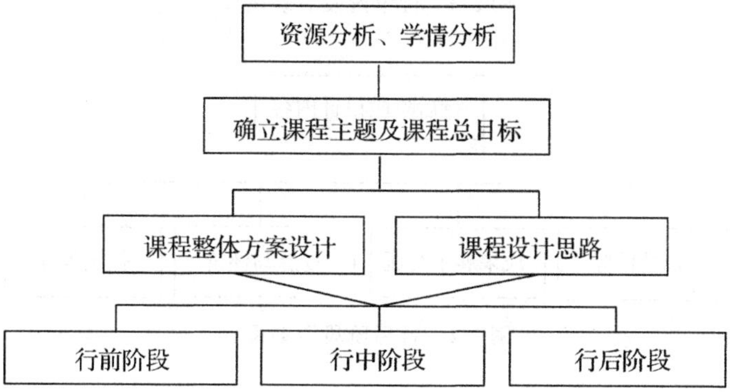

图 5-1　活动设计总体内容概览

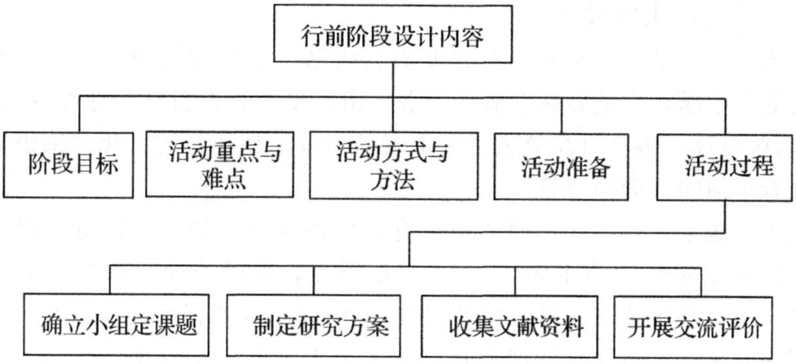

图 5-2　行前阶段活动设计

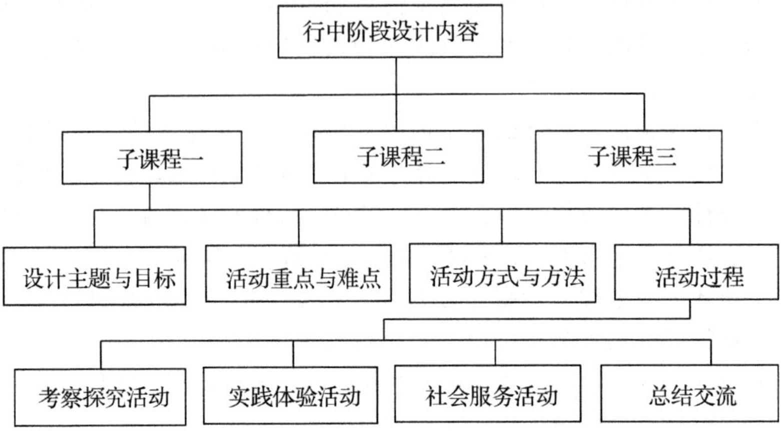

图 5-3　行中阶段活动设计

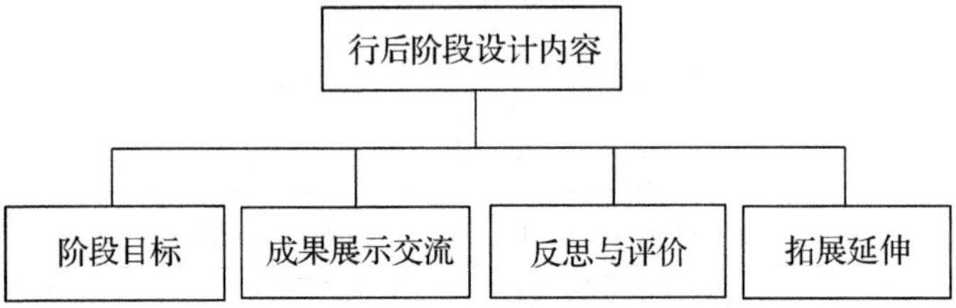

图 5-4　行后阶段活动设计

二、研学旅行课程活动设计

(一)课程的主题设计

作为一次研学旅行活动，首先要根据线路中的整体资源内容确定研学旅行活动的大主题，主题要高度概括，表达出主要的教育目标与课程内容，如："守护蔚蓝星球，铸就海洋梦想""游走帝都北京，品味传统文化，感悟历史变迁""跟着运河探寻劳动智慧"。

在大主题下，每天在不同的地点有不同的学习活动，要针对不同的学习活动，制定相应的活动主题，如："牢记历史，不辱使命，临高角上祭奠英雄"是"守护蔚蓝星球，铸就海洋梦想"这个研学旅行课程活动大主题中的一个子课程活动主题。研学旅行课程是由大主题下一系列子课程(活动)，即一系列小主题活动构成的。每个小主题活动还会有若干个活动环节。

(二)课程资源分析

课程资源分析是深度理解资源的过程，是在综合实践活动课程理念指导下挖掘资源教育价值的过程，是将资源转化成学习活动内容的过程，是研学旅行课程活动设计的基础。

1. 课程资源介绍与深度挖掘

在课程设计中通常会有资源介绍。对于资源介绍要进行深入思考：介绍什么？一定是要与课程开展有紧密联系的内容。首先要做到内容准确。课程设计者要充分查找相关资料，最好结合资料先行实地考察资源，全面、客观、科学地对课程资源进行了解与分析。其次要突出主题。在课程设计中，我们很容易通过各种途径找到翔实的资源介绍，在有些课程设计中也会看到资源介绍是将网络上查找的内容原封不动地搬到课程设计的资源介绍中，没有设计者对资源的筛选与思考；另外，介绍要简明、扼要、有条理，为资源分析和活动设计与实施做准备。

案例分享：

临高角解放公园及周边基本资源介绍

京鹰国际教育科技（北京）有限公司

临高角是琼州海峡突出中的一岬角，三面环海，有7公里长的海岸线；岸上有古烽火台和清光绪十九年（1893年）琼海关建造的一座高22米、宽1.88米的铁灯塔，其灯光可照数十里，指引船只夜间航行，是著名的国际航标。1950年4月17日，中国人民解放军从这里登岛，发起临高角战役，解放海南岛。海滩上遗留的国民党军队战壕、掩蔽部，建筑上的弹孔，见证了当时战斗的残酷。1995年建造了解放海南纪念雕像——热血丰碑，2006年5月兴建了解放海南临高角登陆纪念馆，2008年建造了解放海南战役牺牲烈士纪念碑，全景式地立体再现了人民解放军在广大人民群众的支持下，强渡琼州海峡，以木帆船打败国民党军舰的战争奇迹。热血丰碑、解放海南临高角登陆纪念馆、解放海南战役牺牲烈士纪念碑构成了临高角解放公园的主要建筑及内容。

这个资源介绍虽然简洁，但内容丰富，从介绍的内容中，可以获得大量将资源转化为活动内容的信息。

2. 分析资源的内在联系

深入综合的资源分析是对活动设计的有力保障，也是课程设计者的设计灵感来源。

某一地区的课程资源是有内在联系的，在分析资源时，一定要发现其内在的联系，在有限的时间里，优化课程资源，形成有内在逻辑的、顺应学生认知与情感发展的活动内容序列，由序列化课程资源系统转化为课程活动内容系统。

从环境资源到课程资源再到课程内容要有一个深刻分析和挖掘的过程，只有这样才能丰富课程内容，引导学生多角度、多元化地认识事物及事物之间的联系，开展研究性学习与实践体验。

例如，“牢记历史，不辱使命，临高角上祭奠英雄”这一子课程，通过上述临高角解放公园及周边资源介绍，我们了解了临高角解放公园有海滩上遗留的战役痕迹，有解放海南纪念雕像——热血丰碑，有解放海南战役牺牲烈士纪念碑，还有解放海南临高角登陆纪念馆和古老的铁灯塔。

这些资源之间的联系就是一条红色教育的主线。海滩很美，潮间带有比较丰富的海洋生物，学生可以欣赏大自然的美景，在海滩上尽情踏浪奔跑，还可以进行海洋科考活动。这一科考活动属于海洋意识教育内容，同时也蕴含着红色教育，因为曾经有上千名烈士倒在这片沙滩上，这里留有战场的痕迹，学生能享受今天的幸福生活，与革命先烈浴血奋战打下的红色江山有着必然的联系。寻找战役的遗迹、参观纪念馆学习临高角战役红色历史、参观烈士纪念碑、在热血丰碑前举行祭奠英雄仪式等活动能让学生逐渐了解临高角战役历史，理解烈士的牺牲精神以及他们为之牺牲的信仰。古烽火台、铁灯塔的历史与临高角解放历史相距近百年，记录了一段国弱受辱的民族史。共产党领导革命并建立了新中国，彻底改变了这段屈辱的民族历史。所以，从表面上看，海滩科考资源、红色教育资源、历史遗迹铁灯塔是独立的资源，但实际上它们有非常紧密的内在联系，做好资源分析，把握资源之间的内在联系，设计系列活动，会在学生情感与价值观形成方面，产生真实而深刻的影响。

综上所述，挖掘研究资源间的内在联系，厘清逻辑关系，会使课程内容设计综合而不凌乱，呈现系统性。

案例分享：

景德镇陶溪川集市资源分析

京鹰国际教育科技(北京)有限公司

陶溪川是中国首座以陶瓷文化为主体的一站式文化、休闲、娱乐、旅游体验创意园区，是景德镇的市重点项目。它是一座集文化创意、购物、休闲、餐饮、娱乐等多种综合功能于一体的大型城市综合体，是名副其实的“CHINA 坊”。

“保护也是生产力。”这些独特的陶瓷基因、多元文化、混合业态和保护利用模式，成为中国文化的新地标。陶溪川创意园区以原宇宙瓷厂为核心，发挥其工业遗产众多、历史记忆丰富的特点，抢救性保护与修复煤烧隧道窑、圆窑和各个年代的工业厂房等近现代工业设备，力争建设七十二坊陶冶图全景客厅、陶瓷工业遗产活态博物馆、明清窑作营造长廊、学徒传习所等陶瓷非物质文化遗产工艺过程展示场所，以及精品酒店、红酒窖、雪茄吧、餐馆、咖啡馆等文化旅游业态和现代服务业配套设施。

陶溪川是一个复合型项目，当中既有老工厂搬迁，又有棚户区改造，既是产业转型升级、发展文化创意产业，又是新型城镇化，更显性的是发展地摊经济，打造了“景漂”一族的精神家园。

正如《景漂创业者的深度调查》这本书所说：世界上没有哪座城市像景德镇这样，一千年以来以一种技艺支撑着整座城市。如今的景德镇既有世界的眼光，又有海纳百川的胸怀，传统与创新在这里交融生辉，来自全国甚至世界各地的“景漂”艺术家和创业者成为一种独特的文化现象。这座城市为数万“景漂”提供了舞台，让他们从瓷都千年的文化积淀中汲取营养，实现自己的艺术梦想，而“漂”在景德镇的他们更成为参与这座城市转型的重要力量。

以瓷会人，在调研踩点过程中，我们发现在陶溪川可以找到创业者的精神内核。与瓷结缘，与人相惜。这些人来自不同的国家地区，有着不同的教育背景，带着不同的目标。在陶溪川，我们既能看到他们富有个性的陶瓷作品，又能了解他们的工作学习及生活状态，更能感受到他们对艺术的执着追求与热情。他们寻求艺术的自由化。他们在风雨创业路上延续的是匠人精神。他们把景德镇当作心灵归宿。

这个案例首先介绍陶溪川是什么，其次介绍其资源的独特性，进而说明资源转化为课程资源乃至课程内容的可行性。因为在这个地点，除了可以设计相应的参观活动外，还可以开展形式多样的社会调查。

很多物质资源表面看是死的，但它凝聚了人的智慧与生命。人文资源的精神挖掘尤其重要，这是课程设计者应有的视角与思考。在介绍陶溪川建设理念后，资源介绍将视角放在“景漂”这一特殊人群上。陶溪川隐含着如此真实的教育资源，是一本人生励志教材。

3. 挖掘资源的教育价值

研学旅行资源的教育意义与价值就在于其真实性。它能够将鲜活的历史与现实、生动的科学世界与浓厚的传统文化、人民群众朴实传统的生产劳动与现代工农业的发展呈现在学生面前，给予学生触及心灵的体验与感悟，并内化为学生的认识、意识，进而升华为价值观。

如目睹兵马俑产生的震撼引发学生对中国历史文化的思考与对中华文明的认知，考察古盐田帮助学生理解劳动实践创造智慧，考察临高角战役战场、参观烈士陵园和纪念馆、缅怀烈士等活动在学生的心中种下共产主义信仰的种子。访谈路遇的挑山工会触发学生对劳动人民的敬仰之情，使学生从平凡的劳动中认识劳动的意义与价值。概括来说，分析资源时要注意资源的内涵与教育价值。

研学旅行课程资源介绍、分析以及教育价值挖掘的文本表达往往是一体的，分开论述是为了让学习者认识到资源分析的重要性与文本表达的基本方式。

(三)学情分析

学情分析是活动开展与活动目标设定的基础，是学习起点的分析。苏霍姆林斯基曾说："记住，没有也不可能有抽象的学生。"研学旅行活动是以学生为中心开展的课程，只有真正了解学生的生理发展与心理认知特点、现有的知识经验水平以及具体实践需求等要素，才能有目的地设计与开展符合学生发展需求的活动，解决学生的具体问题。

案例分享：

"走进王致和"活动学情分析

首都师范大学附属小学　李欣

五年级学生的认知发展特点：各方面都较低年级有不同程度的发展，掌握初步的科学定义，学会独立进行逻辑论证，在生活中随时随地应用所学知识进行论证。

五年级学生的学习特点：本届学生在两年前(三年级)的博物馆日曾经走进王致和腐乳厂参观，并体验过手工做豆腐，参观了机械化厂房，对王致和腐乳从何而来有了初步了解，所以此次活动得到了他们的欢迎与喜爱。我们围绕"百年传承王致和""传承与创新""神奇的发酵性豆制品""神奇的美味""中外融合"等活动进一步引导学生了解这个百年老字号的历史与今天，同时引发他们对老字号的未来进行畅想。

1. 知识与技能基础：学生多次参与考察探究活动，已经具备一定的调查能力、观察能力、思考问题能力和表现能力，在信息技术上学习并运用过互联网查阅资料、收发邮件，能够制作有动画效果和视频音频文件的演示文稿；熟知活动流程分为准备阶段(确定子课题、设计方案、分工)—实施阶段—总结和评价阶段等。这些已有知识和能力的储备为本次活动的开展创造了有利前提。

2. 情感基础：学生思维活跃，参与意识强，乐于动手实践，完全具备合作研究、总体设计、具体分工等合作学习的意识与能力。

3. 面临的问题

(1)信息的提取：活动中王致和厂的工作人员面向全体同学进行介绍，

分小组后学生针对本小组研究内容进行考察探究。面对大量信息，学生无从下手进行筛选，因此本次活动针对信息的提取、筛选进行了重点指导。这也是本活动的难点。

（2）评价：由于缺少系统的评价体系和方法，导致学生不能形成良好的、客观公正地评判自己和他人的评价习惯。如何从多元的角度评价自己和他人的活动过程与成果正是本次活动的生长点。

从上述案例中的学情分析可以看到，教师对学生开展研学的能力、情感的特点以及可能存在的困难分析得非常清楚，这就使其准确地为学生"量身"设计活动奠定了基础。

有些活动的学情分析需要对学生的知识水平有充分了解，在学校相关学科知识学习基础上开展综合性的实践研究。

案例分享：

"博古览胜　别样西安"课程学情分析

京鹰国际教育科技（北京）有限公司

本课程是在七年级学生进行了一个多学期历史学科学习的基础上开展的。就历史知识而言，学生对秦、汉、唐三朝历史有了比较清晰的了解，基本建立了较为科学的历史时空观念，在认识历史的方法上追求用准确的史料实证做出合理的历史解释。在如何培养正确的历史价值观、科学地解释历史、一分为二地认识历史等方面，学生还需要在实践中强化和提升。鉴于此，我们在深度分析研学地点历史背景的基础上，挖掘每个地点间的内在联系，结合学生认知规律，合理布局，精心设计。

这样细致的学情分析，为活动设计与实施奠定了良好的基础。了解学生对教育的需求，才能满足学生对教育的需求，使活动落到实处，使学习符合儿童认知地真实发生，真正实现实践育人。

（四）课程设计思路

研学旅行课程设计思路即设计者对实践活动开展的基本线索与程序思考。活动设计者主要通过活动设计的线索与策略，活动开展过程的方法与手段，活动所要达到的最终效果等方面的扼要介绍，梳理出开展活动的思路。

案例分享：

“博古览胜　别样西安”课程设计思路

京鹰国际教育科技（北京）有限公司

设计思路：

1. 以点带面学方法：以汉阳陵丰富的出土文物为依托，学会实地考察探究的方法。进而形成不同的研究项目，对秦、唐两代开展自主合作学习。以校内历史学科的学习为基础，抓住重点事件，开展实践探究。凸显学用结合，提升学习力。

2. 连点成线辨更迭：依托陕西历史博物馆丰厚的历史资源，将繁荣昌盛的秦、汉、唐带入中国历史长河中审视，客观地理解历史更迭，找寻推动历史发展的核心动力。建立时空观念，培植唯物史观。

3. 博古览胜阅圣地：翠华山又名终南山，因为其独特的地理位置、秀美的山川风物以及丰厚的人文底蕴被誉为“三秦”圣地。以王维的诗为切入点，感悟自然风光与人文历史的完美结合。

4. 解读文明悟内涵：研学课程结束于史前文明之始的半坡遗址，我们希望用倒叙的方式解读文明之源，认识历史发展的不竭动力。引发学生对历史的新思考，开启新一轮的探索与研究。

这个设计思路从目标、内容、方法三个层面表达，强调学习方法，落实活动内容，明确学习目标，思路清晰，不仅有利于后续活动的设计，还有利于实施者对设计的理解。

案例分享：

西湖课程设计思路

京鹰国际教育科技（北京）有限公司

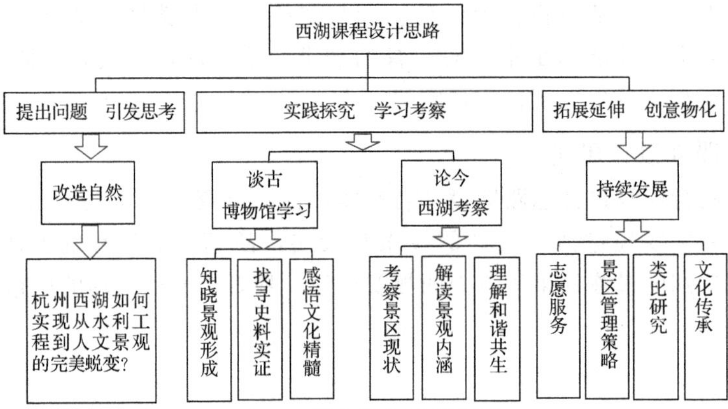

图 5-5　西湖课程设计思路

此课程设计以杭州西湖为核心展开，以了解其历史渊源为起点，对资源进行考察和分析。分析杭州西湖的历史沿革，发现目前的杭州西湖其实是一项古代水利工程，是经过不断的修建改造，逐步形成的。在改造完善的过程中，西湖景观逐步完善。尤其是著名的景点苏堤和白堤更是蕴含着丰厚的人文情怀。鉴于此，在设计课程时，首先要紧紧抓住这一特点，提出核心问题，即杭州西湖如何实现从水利工程向人文景观的完美蜕变？其次，要抓住现实资源，如国庆节期间一篇题为《杭州西湖到底做对了什么？》的报道，主要探讨了过节期间，杭州西湖吸引众多游客前往参观游玩的原因。同时，也报道了一些不良现象。历史与现实之间的强烈对比，成为课程设计的核心。与此同时，要对现实资源进行整体综合分析。西湖景区旁边的西湖博物馆，对杭州西湖的历史进行了翔实的介绍。基于博物馆和景区资源的整体分析，课程设计者建立了课程整体系统构架。第一步，从杭州西湖到底做了什么开始，带领学生进博物馆谈古，了解西湖的治理方法，知晓在治理过程中起到重要作用的人和事，感悟几代人的执着坚守。第二步，在西湖景区进行考察与探究等实践活动，深刻理解人与自然、人与社会、人与自我之间的联系，进而增强责任意识。

上述两个案例的设计思路都是基于对资源的客观深入解读，抓住各资源间的内在联系，在厘清资源之间关系以及遵循学生的认知规律的基础上展开课程设计。

(五)活动目标设计

1. 课程目标的特点与课程目标的取向

课程目标是与特定教育阶段相联系的，是某一阶段学生身心发展所要达到的程度，是特定阶段学校课程要达到的效果，一般是针对某类学习领域(学科)的。就领域而言，综合实践活动课程(含研学旅行)的课程目标是不确定的、综合的。在指定课程目标时，要对目标的特点有所认识。

(1)课程目标的特点

课程目标作为学生在特定教育阶段通过学习课程应达到的学习效果，一般有几个最基本的特点。第一，课程目标是预设性与生成性的统一。学生的学习是有意识、有目的的，预设预期目标，就能保证实施后的结果；学生的学习也是有主体性与创造性的，学生的发展受到环境的影响，在课程实施过程中，目标会根据学生发展状态而个性化，从而有所拓展和变化，这就是课程目标预设性与生成性的统一，预设为生成奠定了基础，生成使预设更加完善。第二，课程目标是客观性与主观性的统一。目标不是随意构想的，它具有反映社会各领域发展需求的现实内容，即为客观性；但目标是人制定的，是客观需求在人主观意识中的反映，所以具有主观性，它是客观内容与主观形式的统一。第三，课程目标具有系统性与层次性。概括来说，课程目标是针对学生身心发展制定的，学生身心发展是一个完整的系统，包括认知、情感和技能，可以认为，这是目标的三个子系统，每个子系统中的目标是有层级的，需要分解与具体化，这就是系统性与层次性的统一。

(2)课程目标的取向

课程活动目标的确定是由“普遍性目标”走向“行为性目标”“体验性目标”和“表现性目标”的过程。换言之，目标有“行为性目标”“体验性目标”和“表现性目标”三个取向。“行为性目标”是对学生提出可操作、可行为化的活动方式和能力方面的要求。“体验性目标”是对学生在活动实施过程中提出的过程体验的要求和情感态度变化的要求。“表现性目标”是对学生提出的个性化发展的要求。这是一个将普遍性目标具体化的过程。

课程目标是课程的灵魂，目标设计是课程设计之魂，活动目标是研学旅行活动设计的重要内容之一，指出学生参加一个研学旅行活动的方向和各方面应达到的要求(水平)。活动目标设计应该明确，通过活动的开展，学生要在价值体认、责任担当、问题解决、创意物化四个方面(普遍性目标)产生一些具体变化。《指导纲要》对各学段学生应达到的目标进行了细化，要想制定好目标，应对学段目标进行深入分析，以期深入理解目标，使目标确实可实现。

2. 活动目标具体化设计原则

(1)目标设计要具体化，对照综合实践活动课程学段目标及学习内容、实践活动确定课程和主题目标。

(2)根据学生的实际水平，明确研究什么，怎样研究，要达到什么程度。

(3)列出可操作、可观察、可评价的具体目标。

(4)目标设计要有维度，要整体考虑学生的价值体认、责任担当、问题解决、创意物化(或知识与技能、过程与方法、情感态度价值观)，保证学生在研学旅行活动的经历中，获得多方面的发展。

(5)目标设计要有层级，要求学生对课程内容的掌握程度不同，如经历、体验、探索、理解、获得等。

(6)活动目标要有整体性，从主题目标到阶段目标再到子课程目标，要做到上一级目标制约下一级目标，下一级目标的落实有效地推进上一级目标的实现，主题活动目标的各层级是一个有机的整体。

(7)各项活动选择重点发展的目标，用简单明确的语言陈述清楚。

课程目标的表达方式是多样的，同一个活动，可以从不同角度出发，以不同的表达形式，将活动目标具体化，体现综合实践活动课程目标。我们并不是要求千篇一律，但制定目标要依照原则，思考能否指导活动设计与实施，能否实现资源和内容的教育价值，是否符合《指导纲要》的要求。就表达方式而言，笔者更希望按综合实践活动目标维度表达。

案例分享：

"博古览胜　别样西安"课程活动目标

京鹰国际教育科技(北京)有限公司

一、按活动形式表达

1. 实地考察：走进陕西历史博物馆，梳理西安历史脉络；下探秦始皇兵马俑，探究秦朝政治主张；漫步汉景帝阳陵博物院，解读两汉历史与发展；触摸华清宫遗址，再现唐风华韵。引导学生正确客观地理解历史，树立辩证科学的唯物史观，以史为鉴，博古通今。

2. 文化体验：通过走进陕西历史博物馆文物医院、赏鉴瓦当、设计虎符、品鉴文学经典、参加城墙诗会等文化体验活动，深刻体会文物价值，培养自主探究合作的学习态度。增强文物保护意识，激励主动思考，激发深度探索，领悟华夏文明之源远流长。

3. 内化提升：深度解读西安历史文化内涵，通过研学旅行促进综合素养的整体提升，增强民族自信与文化自信。

二、从活动内容促学生发展角度表达

1. 通过对陕西历史博物馆、秦始皇兵马俑等的实地考察，梳理西安历史脉络，解读历史与发展。引导学生正确客观地理解历史，树立辩证科学的唯物史观。

2. 通过走进陕西历史博物馆文物医院、赏鉴瓦当等文化体验，深刻体会文物价值，增强文物保护意识，激励主动思考，激发深度探索，领悟华夏文明之博大精深，增强学生的民族自信与文化自信。

3. 通过小组课题研究，培养学生自主探究的能力与合作学习的态度，通过研学与旅行生活促进学生综合素养的整体提升。

三、按综合实践活动目标维度表达

1. 价值体认：依托古城历史遗迹及文物，开展形式多样的考察探究活动，深刻体会文物价值，增强文物保护意识，领悟华夏文明之精髓，树立民族自信与文化自信。

2. 责任担当：通过旅行生活的自我参与，培养学生的自我管理能力、团队精神及规则意识。逐步提升“学习自觉、生活自律、社会自辨、自然自赏”的自我管理能力。

3. 问题解决：以主题为核心，开展课题研究。在综合运用知识解决问题的过程中激励主动思考，激发深度探索，合理运用考察、调查、访谈等研究方法，自主构建知识系统，形成研究成果，运用辩证唯物主义历史观理解历史。

4. 创意物化：设计展示交流内容及方式。展现研学旅行生活、收获与个性发展。

3. 阶段活动目标的设计

阶段目标是学生参加某一阶段活动的方向和应达到的要求。

研学旅行课程活动是分阶段的，主题确定与方案及规则等制定阶段（行前阶段）活动目标、旅行考察实施阶段（行中阶段）活动目标以及总结交流拓展阶段（行后阶段）活动目标的侧重点是不同的。由于学生在每个活动阶段的活动内容和方式不同，活动目标也会有差异。活动主题确定与方案及规则等制定阶段应更多地关注学生的问题意识、对活动的计划与设计等方面的目标。旅行考察活动实施阶段则比较关注收集信息的能力、发现问题与解决问题的能力、合作精神、实践体验与感悟等目标。活动总结交流拓展阶段要关注成果呈现方式的多样性、学生自我反思能力、情感发展以及创新能力等方面的目标。

4. 子课程活动目标设计

研学旅行课程设计如果只有课程的总目标、阶段目标，其课程目标体系设计并不完善。如上所述，研学旅行课程的每个阶段是由多个子课程或活动组成的，研学旅行中段的考察探究中的每一个子课程都有主题及教育活动的侧重点，因此，研学旅行课程中段特别要注意每个子课程的目标制定，使每个活动目标明确，对活动实施有较强的指导性。

子课程（活动）主要表达子重点目标，无须面面俱到。

案例分享：

“一把手铲，梦回西汉，佐证文景盛世”活动

京鹰国际教育科技（北京）有限公司

活动目标：

1. 问题解决

考察汉景帝阳陵博物院，依据出土文物，从政治、经济、文化、生活等角度对汉王朝进行全面客观的认识。

鉴赏出土文物，依托史料实证对“文景之治”等重大历史事件进行论证，习得认识事物的科学方法。

2. 价值体认

用历史唯物主义观点分析汉王朝历史事件，形成价值判断，培植人文情怀。

（六）活动基本框架与流程设计

活动设计的基本框架与流程能够帮助设计者进一步梳理各环节活动设计的系统性与整体性，同时也帮助实施者整体了解课程内容构架，把握活动整体设计，有利于活动高质量实施。（详见第十一章相关案例）

（七）活动准备

研学旅行活动的开展需要师生乃至家长在活动前做大量细致的准备工作，包括物质、交通、心理、组织、人员以及时空等方面的准备。

物质准备包括资料信息、活动材料、小组研究方案、研学旅行的个人物品等。交通准备包括交通方式的落实以及各方面安全措施的准备。心理准备包括营造活动氛围，激发学生对活动的浓厚兴趣与热切向往，对可能遇到困难的心理准备等。组织准备指规划活动的组织形式，对内进行活动分组，明确分工职责，选举或指定组长，明确组长的责任，对外注意加强与校外有关人员的联系与沟通，特别是与家长的沟通，争取社会力量的支持等。人员准备的重点是实施与指导团队人员安排。时空准备指计划活动开展的具体事项，要确定并落实准确的时间、地点，告知各方面当事人、负责人等。

另外，活动准备也要注意各种规则（详见第七章）制定，规则可以由教师或研学机构设计完成，这样一来，规则就是一种保证实施的外在要求。如果想更好地体现学生的自主学习，最好是引导学生制定规则，变“要我遵守”为“我要遵守”，这样一来，外在的规则将成为学生内在的驱动力，进而形成学生外显的行为。从教育心理角度理解，这是强化学生规则意识，加强学生遵守规则的自我效能，保证研学旅行考察探究活动有效、文明、安全实施的重要环节。建议将这样的规则准备设计成活动内容，让学生以小组为单位在课下完成规则制定的活动任务的基础上，用一课时交流修改。此过程在前段课程中实施。

（八）活动设计

研学旅行活动强调运用多种活动方式与方法。活动方式从组织形式看有个人、小组及班集体以上规模的活动，从内容形式看有体验、研讨、参观、考察等多种活动；活动方法可以分为观察、问卷、访谈、科学实验等，从学习方式看就是以自主考察探究为基础，结合活动内容开展职业体验与社会服务（志愿者服务）。我们通常说“教无定法，学无定法”，但教学有法，学习有法。研学旅行课程的开展亦是如此，活动设计与实施过程中，要注意学习方法的综合运用及活动方式的综合实施。例如，自然科考归途中捡拾垃圾，开展净化自然环境的志愿者服务，传统文化与“非遗”考察过程中开展职业体验活动等。

1. 行前阶段课程活动设计

行前阶段课程很重要的一项学习活动就是研究课题的选择与研究方案的制定活动，学校通常称其为选题课。

选择研究课题，是学生自主学习的起点。问题在引导学生思维能力和认知发展中起着至关重要的作用。引导学生围绕研学旅行课程内容深入思考，提出感兴趣、能研究、有价值的问题，再将问题转化为研究课题，是研学旅行课程走向深入的前提。研学旅行中开展研究性学习（考察探究），就是要围绕研学旅行的主题进行小课题研究，我们不是要带着课本去旅行，而是要带着问题、带着课题去旅行。每个孩子要有自己的课题和求知的方向。要在行前阶段完成主题确定与小组选题，小组课题不能过大，否则学生的研究会追求面面俱到，只能“蜻蜓点水”，不能深入研究。小题才能做深入，小题才能做大，即“小题大做”。如果小组选题为“西安饮食文化研究”，题目就略微大了些，其研究的内容面太广，学生可能会没有精力深入；如果定位为“西安美食——酿皮子（凉皮）研究”“ 西安美食——肉夹馍研究”，课题就小了很多，学生可以进一步对小课题内容进行广泛、深入的研究。当然，如果学生提出的主题比较大，也不是不可研究，可以多个小组合作研究，如上述“西安饮食文化研究”，可以进一步拆解成小课题由多个小组共同完成。另外需要特别注意的是，对选题要有界定，明确是什么性质的问题，才能进一步研究为什么、怎么做，防止出现伪命题或研究方向错误。

选题方法多样，可以围绕考察内容运用“头脑风暴法”，广泛提出问题，筛选分类转化形成研究课题；可以让教师创设情境，引导学生提出感兴趣的问题，筛选分类转化形成研究课题；可以运用“概念图法”，选定研究课题；还可以给学生提供系列研究的小课题作为参考。

案例分享：

“考察古盐田，追寻历史，研究传统晒盐工艺”活动

京鹰国际教育科技（北京）有限公司

1. 先民为什么选择这里制盐？

课题：古盐田形成的因素研究

2. 先民制盐的程序、技术与科学原理是什么？
课题：先民制盐的程序、技术与科学原理研究
3. 用什么科学研究方法认识海水、卤水的浓度？
课题：矿泉水、海水、卤水的浓度比较研究
4. 现在盐农有哪些社会经济活动？
课题：古盐田经济活动现状研究
5. 你觉得古盐田如何焕发青春？
课题：古盐田未来发展研究
6. 除制盐外，盐农们还有哪些创造？
课题：古盐田由盐发展的饮食文化研究

将问题转变为研究课题，由于问题是学生提出的，因此确定的课题学生不仅有兴趣研究，一般也有能力研究，适合学生的认知水平。

当学生选定课题后，引导学生根据课题内容制定方案，围绕课题进行相关资料检索，或提供适当的报告讲座，使考察活动有的放矢，既有理论支撑，又有实践研究。

2. 行中阶段课程活动设计

在研学旅行活动中，我们不能像旅游那样，跟着导游听讲解，也不能受学科思想的束缚，抱着书本去验证，从而导致研学旅行成为学生换个场所的被动学习。如何充分利用课程资源设计优质活动，为学生提供自主学习、深入研究、实践体验、发展个性的学习空间和条件，是目前研学旅行活动设计有待探讨的问题。

(1)引导学生学习的问题设计

人们在认识世界的过程中，首先要解决世界的本原“是什么”的问题，解决“是什么”的问题先于且高于解决世界“怎么样”的问题，因为无论是辩证唯物地解决“是什么”的问题还是形而上学地揭示“是什么”的问题，都决定了解决世界的状况“怎么样”的方向。“马克思主义哲学在科学地探索和回答世界的本质‘是什么’的同时，也在科学地探索和回答世界的状况‘怎么样’的问题。前者是后者的基础，后者是前者的深化；二者不分割，共同构成哲学世界观与方法论的基本内容。”①

如果学校开展研学旅行活动缺乏选题课，学生没有研究课题，就更加要求我们的活动设计要注意每一个活动都用问题引导，用问题(可以是系列递进

① 萧前，李秀林，汪永祥：《辩证唯物主义原理(第三版)》，北京：北京师范大学出版社，2012年，第5页。

的问题)为学生搭建一个自主学习和思维发展的脚手架，引导学生辩证地认识事物。认识事物的问题首先是“是什么”，这类问题是认识事物、分析问题、解决问题的基础，解决“是什么”的问题需要学生通过细致观察，开展实践研究，从而认识事物的内涵与外延，在此基础上才能更深入地引导学生提出“为什么”“有何意义”和“怎么做”，这三个问题都可以归为“怎么样”的问题。如果不能深入研究“是什么”，不能辩证地认识“是什么”，学生就不能提出有深度的“为什么”问题，更难去深入思考其意义、作用、历史与现实的价值，站在时间轴上去分析思考“怎么做”。

引导学生学习的问题要符合学生的认知水平与需求。学生的自主学习建立在问题的基础上。当一个问题产生的时候，首先要认识这是什么样的问题，并分析影响这个问题的可能因素有哪些。研学旅行问题的提出要在学生的积极参与下进行，要能够引发学生深度开展实践研究活动，即引导学生深度、全面地观察，引导学生多元思维，引导学生分析问题，发展学生的批判性思维，发展学生元认知学习策略等。例如，让学生观察西安古城墙时，如果问学生“为什么城墙下面宽上面窄?”，就不是一个很好的问题。为什么这么说?怎样问才能引发学生动手动脑的实践活动?怎样设计问题能引导学生从历史、军事、社会等方面综合认识城墙?这些对设计者来说是需要思想高度的。

(2)活动与实施设计

要为学生设计好研学旅行阶段的考察探究活动，很重要的一点是为学生设计考察探究活动提供观察、测量、采样、统计、考察、实验、访谈等活动，或为学生设计研究方案中的探究活动提供条件，注意加强学生研究性学习方法指导的设计与实践的活动设计，通过活动设计为学生搭建一个研究性学习方法的脚手架，帮助学生获取研究性学习的一手资料。

活动过程与实施是研学旅行活动设计中的重要内容。活动过程包括研学旅行主题活动实施的环节，学生活动内容、活动方式及活动指导等内容。

活动过程指导设计内容包括：对学生的合作学习、人际交往以及资源利用方面的指导；通过问题引导学生全面、细致地观察，深入研究课题；对学生活动的各种方法的指导；进一步激发学生考察探究的动机与热情，以确保活动持续发展，让学习在真实需求下主动生发，促进活动深化；指导学生做好课题研究、各项活动资料的收集和活动过程的记录，记录感悟，为活动总结与评价提供依据；针对学生在活动中遇到的困难和生成的新问题给予必要的引导与帮助；通过即时评价，对学生个人生活、规则遵守、研究学习中的亮点、问题意识等进行激励、引导和指导。

研学旅行课程活动的过程与实施设计和综合实践活动设计略有不同，一般综合实践活动的设计者也是活动的实施指导者，所以活动过程与实施方案可以写得简略一些。研学旅行课程的设计者，往往并不是课程实施的指导者，研学旅行活动往往是一个年级的几百名学生同时进行的活动，活动的实施指导者，就是几人甚至十几人的辅导员团队。另外，研学旅行课程实施会涉及课程以外各方面的后勤保障人员。因此，活动过程与实施方案要详细，能够让指导团队依据活动设计方案进行实施指导。

案例分享：

“考察千年古盐田”活动过程设计与实施思考

京鹰国际教育科技(北京)有限公司

第一，围绕核心问题进行观察。盐农的晒盐方法是什么？他们的经济现状如何？学生带着这样的问题走近盐农，观察他们在盐田的劳作过程，依托前置课程在真实的学习环境中找寻真知。学生通过观察、访谈及资料的查找能够探究古法晒盐的过程与方法：利用潮汐现象及规律引水入盐田，犁地松土，让土地充分吸收海水，利用阳光蒸发泥土中的水分，多次利用潮汐与日晒让土壤盐度不断升高，就地取材制作过滤池，将含有盐分的干泥土中的盐过滤出来形成高浓度的卤水，将卤水放到火山岩制成的石砚中晒干获得结晶盐。

第二，启发思考，发现本质，实验验证。学生找到古法制盐的方法时，真正的课程才刚刚开启。当学生沉浸于找到晒盐方法的喜悦中时，引导学生关注细节，提出新问题。如：当地潮汐现象的规律是什么？如何更好地利用自然现象为晒盐服务？能晒盐的卤水达到什么浓度最有利于晒盐？一千多年前的盐农是如何发现与总结出这一规律和方法的？面对诸多新问题，学生需要组成小组，分析现有资源，再次开展社会调查及科学实验。教师和学生利用盐度测试仪器，开始实验研究。学习小组迅速进行人员分工、设计实验方法、选择实验用品、做好数据与现象的观察与记录。

第三，选取样本，亲身体验，验证结论。按照科学的探究方法，从设计与实施角度看，应该安排学生亲手晒一次盐，但是由于研学旅行的特殊性及活动的周期性，这样的体验活动往往无法完成，学生没有时间体验卤水真正晒成盐的过程。虽然可以让学生犁地、过滤、收盐、做盐焗鸡或盐焗蛋，但这些都不是解决问题的核心和本质。在此设计一个问题：什么样的体验活动有助于核心问题的解决及对事物本质的认识与理解？

第四，收集不同样本，做好标本采样。学生在不同的盐农家的卤水池里采集卤水样本，记录卤水浓度、形成时间等信息，为做出盐率的对比实验做准备。于是就有了晚上回到酒店，利用烧水壶煮水成盐的再次实验与探究。

第五，回归生活，发现规律，感悟智慧。一个好的研学旅行活动，应该是充分利用社会资源，利用真实的生活场景，通过科学的实验、考察、访谈、体验等学习方式开展的生活化学习，也可以说是基于运用的学习。在课程实施过程中，师生要一起不断地提出问题，拓展思考的广度，挖掘拓展思维的深度，形成思想的高度。将学生的思考点聚焦到挖掘盐农的智慧上来：松土增加吸水量，晒泥、滤泥收获卤水的原理，天然的盐度测试器——黄鱼茨的发现与运用，盐池制作材料的选择，晒盐池深度的确定，盐焗鸡、盐焗蛋的制作工艺及经济效益，卤水经济价值的开发等一系列跟人的生活息息相关的问题，能够促进学习活动的不断深入。一段小小的黄鱼茨在盐田周边顺手可得，当地盐农没有盐度测试设备，就根据一寸长的黄鱼茨茎秆在卤水池里是否能漂浮来判断海水的浓度，这是经验，也是科学，更是劳动产生的智慧。海水浓度实验与黄鱼茨茎秆对卤水浓度的判定，前者是科学实验，后者是实践经验。引领学生用科学实验对生活经验进行检验与判定，既培植了学生的科学态度，又促进了学生对劳动人民的智慧的深刻理解与内化，让学生真正经历经验向智慧的转化。人与自然和谐相处，就是在利用自然、改造自然的过程中对自然的保护，在这样的过程中，人不断发现现象，不断改进方式，最终形成经验，这就是智慧与创造。

第六，创意物化，促进传承与发展。一个活动，尤其是一个有目的的教育活动，其真正的目的绝不仅仅是获得知识与技能，因为知识与技能的学习方式很多，研学旅行的教育活动应着力于获取知识与技能的过程和方法，这是实践活动的重要目标。而情感态度价值观更不是靠说教获得的，所有学习活动的设计、学习方式的运用都是在为学生获得真实情感，形成科学的态度，树立正确的价值导向服务。在考察结束后，一个学生说要为盐农制作一个一年晒盐工作安排表。他说对海南洋浦的气候、降水量、日照、潮汐等自然现象进行科学分析后，一定可以为盐农做出晒盐的工作安排表，这样就可以不断地传承技艺、积累智慧。此外，有的学生为开拓盐的经济效益献计献策，还有的学生想帮助盐农积极推广网络运营模式，等等。

用综合实践活动的课程理念开发、设计与实施研学旅行课程需要很好地把握综合、实践、活动三者间的内在联系。下面的案例是一个活动实施的设计，将大型集体教育活动、学生的实践活动、在实践基础上的综合学习有机融合。另外，研学旅行课程设计要考虑旅行生活方面的细节，《研学旅行活动实施指南》设计案例注意了旅行生活中一些安全规则与自护能力教育内容的实施设计。

案例分享：

《研学旅行活动实施指南》设计

京鹰国际教育科技(北京)有限公司

一、开营仪式　　主持人：××

时间：×××

地点：侵华日军南京大屠杀遇难同胞纪念馆小广场

主题：铭记国殇　少年图强

安排：分班进入纪念馆进行参观学习，参观后在小广场集合。

开营地点见图(略)。

纪念仪式流程：

1. 按班列队，有任务学生单独站队。主持人开场，宣布研学开营仪式开始。

2. 祭奠遇难者，敬献花圈，默哀。

3. 为幸存者代表系红领巾、献花，与幸存者合影，聆听南京大屠杀幸存者发言。

4. 专家讲解南京大屠杀历史。

5. 学生代表发言。

6.“小交警”宣誓。

7. 少先队员代表宣誓。

8. 集体朗诵《少年中国说》。

二、专家讲座　　主持人：××

1. 地点：南京酒店会议室，提前进行实地考察，确认相关事宜。(酒店音响师要盯紧)

2. 专家介绍。

3. 主题引入：

为什么中国人偏爱江南？扬州、南京有多少故事流传！扬州是风雅的，还是没落的，南京是悲伤的，还是英雄的，还你一个扬州梦，解读新南京新金陵。同学们，今天我们将跟随顾问老师一起走进南京，品味扬州。

4. 学习分享(学生自主发言)。

5. 总结点评(主持老师)。

三、安全教育　　主持人：××

1. 酒店安全员讲解。

2. 辅导员强调要求。

3. 班主任与学生进行 5 分钟沟通。

4. 将学生分班带回房间，熟悉各楼层紧急疏散通道。

四、花之生命课程　　主持人：××

活动流程：

1. 整队集合(落实负责人)。

2. 课程导入(辅导员)：

同学们，昨天我们走进侵华日军南京大屠杀遇难同胞纪念馆，感悟人之生命的意义与价值。今天，我们来到素有"国际慢城"之称的高淳。身处油菜花海，不禁让我们想起杨万里的诗句：篱落疏疏一径深，树头新绿未成阴。儿童急走追黄蝶，飞入菜花无处寻。

今天，我们将要跟随老师们一起研花形，知花性，赏花景，赞花美。

下面我们的科学老师、美术老师、音乐老师、语文老师和体育老师将带领大家开启花之生命的探究之旅。

3. 按照课程设计由老师分别引领学生完成相应活动。

4. 课程分享：每班选一个学生代表参与集体分享。

5. 课程总结。

五、茶文化体验课程　石之生命课程　　主持人：××

活动流程：

1. 集合，明确活动要求(辅导员)。

2. 学生做好茶农装扮：女生——头巾、围裙、竹篓；男生——草帽、竹篓。

3. 采茶体验 1 小时，按照班级顺序交茶，然后分别去参观制茶车间。

4. 午餐(餐厅比较小，尽量让学生就座后不随便走动，注意用餐秩序)。

5. 考察玄武岩石柱地质现象。景区的讲解员讲解，讲解词中设计问题，开展有奖问答，本校科学教师补充并组织讨论。

6. 茶礼仪，敬茶。老师上台，选出 30 名学生为老师和来宾敬茶。

7. 扬州大学教授讲座(讲"植物的行军路线"，30 分钟)。

8. 发祈福牌(写下自己的心愿，约 10 分钟)，挂祈福牌，鹅卵石涂鸦(30 分钟，如果天气不好，活动安排在咖啡吧进行)。

9. 西线地质讲解(共三个地质点——捆石坡、雨花谷、青龙壁，共 30 分钟)，科学老师做相应补充。

10. 集体展示点评分享。

六、园之生命——个园活动　　主持人：××

1. 集合整队，介绍活动安排。

2. 参观园区，地接辅导员依据指导手册任务组织学习讨论。

3. 了解苏扇，跟着美术老师画苏扇。辅导员巡视，关注安全，照相。

4. 活动分享点评（辅导员组织），可以采用学生指派老师或辅导员进行点评的形式，活跃氛围。

七、朱自清故居　　主持人：××

活动安排：

1. 介绍朱自清其人(学生代表)。

2. 少先队员代表向朱自清铜像敬献红领巾。

3. 作品赏析《春》(确定3名学生朗读)。

4. 讨论交流(见指导手册思考"一、二"点内容)。

5. 分组参观朱自清故居。

6. 分享交流：我眼中的朱自清(在大巴车上进行)。

7. 活动小结(在大巴车上进行)。

八、扬州大运河　　主持人：××

1. 整队集合。

2. 介绍专家。

3. 专家讲解。

4. 乘船游河：辅导员介绍，组织完成指导手册内容，组织分享交流。

5. 活动结束。

九、结营仪式　　负责人：××

时间：×××

地点：×××

活动流程：

1. 宣布主题研学结营仪式开始，简单总结活动收获。

2. 观看活动回顾短片《金陵——我们牵手同行》。

3. 分享"我的研学故事"，建议每班推选2人上台分享。

4. 教师对此次研学活动进行总结。

5. 生日会。

10岁——永远的花季；感恩——连线诉说真情。

6. 学生读家书、写明信片，过生日的学生现场连线父母(1～2人)。

> 7. 感恩陪伴：请教师、辅导员上台。
> 8. 齐唱一首歌。
> 9. 宣布仪式结束。

从这个案例可以看出，在行中阶段，每个活动或每天活动后有展示交流分享活动，这个内容很重要，能及时巩固研学旅行考察成果，为后面的活动起到示范和引导作用。因此，在活动设计中，不要忽视展示交流分享的环节。

3. 行后阶段活动设计

成果展示交流、评价与拓展活动是行后阶段的主要内容。研学旅行课程展示交流与评价从时间上划分，包括每日的总结交流与研学旅行课程最后阶段的成果展示交流与评价；从课程内容上划分，包括研究成果的展示交流与评价和活动感受的总结交流与评价。学生研究成果的展示交流和活动感受的总结交流的方式内容多种多样。交流的材料可以包括：文本材料，如调查报告、活动记录(指导手册中含)、活动体验与感悟(指导手册中含)、研究论文；影像资料，如照片、录音、录像等；作品资料，如诗歌、绘画、乐曲等；实物资料，如制作的标本、模型、物化的研究成果等。交流活动的形式可以包括报告、表演、答辩、展示等。评价可以依据指导手册以及表现性量表进行自评、互评及辅导员评价。评价内容与方法详见第八章。

根据活动的进程和需要，在活动后期阶段，可以设计一些拓展活动，进一步强化活动效果，将活动推向更高的水平，也可以为开展下一个主题活动奠定基础。例如，根据考察内容，回校后开展文创产品设计、旅游纪念品设计、研学旅行成果汇编、为贫困地区经济发展出谋划策、社区宣传等活动。拓展活动包含很多创意物化内容，是发展学生创造能力，物化研学成果的形式。例如，某小学西安研学旅行归来，学生在研究西安美食的基础上，创意制作出适合儿童食用的肉夹馍。

值得学校注意的是，研学旅行活动结束不是学习的结束，而是新的学习的开始，因为学生在研学旅行活动中会发现新的问题，可以在后续的综合实践活动课程中继续深入研究(见第十一章相关案例)。

第三节　研学旅行不同类型活动设计

对于不同类型的活动，我们主要按内容进行分类，而不是按《指导纲要》中的活动方式进行分类。研学旅行课程设计与综合实践活动课程有共性，但不同类型的研学旅行活动，活动设计具有适应内容特点的独特性。在设计活动时，要在共性的基础上，注意内容的独特性，结合学生认知水平与特点和情感发展特点，设计活动内容、方式与活动序列。

一、红色文化类活动设计

红色文化类活动隶属于文化类活动内容，具有特有的目标，是研学旅行很重要的一部分活动，故作为一类活动提出。红色文化类活动设计要避免说教和简单的参观，不能一味地听红色文化历史讲解。随着社会变化和时代发展，很多内容通过说教很难触动青少年的心灵。活动(实践)与体验是研学旅行红色教育的重要形式，要达到树立共产主义信念的目标，只有真体验，才能有真感悟。特别要提出的是，活动不是内容的堆砌，也不是活动的随意组合，零散的知识不能形成智慧，凌乱的活动堆砌不是真正的教育。教育是有规律的，教育的对象是人，红色教育的目标是情感与价值观的提升，是共产主义信仰的树立，真正高效地做到这一点，是很困难的。研学旅行活动红色课程设计要有丰富深入的活动，更要注意活动内容与活动序列的设计，科学把握学生情感的发展，提高教育的实效性。

回顾上述资源分析中的案例“牢记历史，不辱使命，临高角上祭奠英雄”，活动可以围绕海边科考、参观解放海南临高角登陆纪念馆、参观烈士陵园、在纪念碑前举行祭奠英雄仪式、寻找战役的遗迹、考察古烽火台等内容进行设计。但简单地根据省时原则设计这些活动，不是最好的活动序列，根据第二节的资源分析中强调的深度挖掘资源内涵，从认知发展与情感发展线角度对活动设计进行思考，就会形成一个比较科学的活动序列：科考—海边寻找战役的遗迹—参观解放海南纪念馆—参观烈士陵园开展“读记烈士姓名，感悟烈士信仰”活动—纪念碑前举行祭奠英雄仪式—考察古烽火台。

学生在海滩科考，不会联想到战场、战役、牺牲、和平生活、民族独立的意义，也不会想到红领巾“是红旗的一角，是革命先烈的鲜血染成”[①]的含义。但这片海滩曾是解放海南时解放军登岛的战场，曾有上千个年轻的生命倒在海边，烈士的鲜血染红沙滩。海岸科考活动之后，在孩子们正沉浸在欢乐的情绪中时，辅导员告诉学生这里曾是解放海南的战场，这里的沙滩曾经被烈士的鲜血染红，会在情感上形成冲击，激起学生探究战役的欲望和对烈士的敬仰。在岸边寻找战役痕迹的活动把学生的心逐渐带入昔日战场。进一步参观解放海南临高角登陆纪念馆，深入了解战役历史，红色教育开始深入

① 出自《中国少年先锋队章程》(中国少年先锋队第八次全国代表大会部分修改，2020 年 7 月 24 日通过)。

学生的心灵。参观烈士陵园，学生会看到墓碑上上千名烈士的名字，在此基础上，开展几分钟的“背烈士名字”的活动，学生会发现他们背不下来几个名字。由此引导学生思考：这些烈士牺牲时只有20岁左右，他们没有想过要让后人记住他们的名字，没有谈过恋爱，更没有留下后代，留下的只有需要赡养的父母，他们为什么敢于牺牲自己的生命？这样一来，共产主义信仰的种子开始植入学生的心中。随着对革命烈士牺牲精神的理解与敬仰之情的深入发展，再进行瞻仰热血丰碑、举行祭奠仪式的活动，将学生对烈士的崇敬之情推向高潮，同时使学生真正理解红领巾“是红旗的一角，是革命先烈的鲜血染成”的含义。红色教育并不会就此结束，考察临高角灯塔，了解灯塔建立的屈辱历史，使学生进一步理解“没有共产党就没有新中国”，珍惜今天的民族独立，感恩祖国的昌盛，建立制度自信。从这个案例就可看出，在对资源深刻分析的基础上，就能发现资源之间的内在联系与内涵，由此通过一系列对活动的科学设计，在“欢乐”与“壮烈”的情感冲突基础上，开展系列活动；活动从地点场景考察，到红色历史学习，再到对人(烈士)信仰的解读，顺应学生的认知心理发展和情感发展；学生会理解幸福生活、牺牲、民族、国家、共产主义信仰的内涵。经过上述深度的资源分析，将资源序列转化为活动内容序列，进而设计活动，学生会对屈辱历史与民族独立、红色历史与幸福生活、共产主义信仰等建立内在联系的认知，自主构建知识，其情感会随着活动体验的深入开展自然生发、深入发展，其价值观会在有层次序列的实践认知过程中形成与提升，共产主义信仰的种子不是外在强行植入的，而是自己栽种到心田，自然生发。

二、自然科学探索类活动设计

在研学旅行过程中，自然科学探索是一类内容，这类活动设计是目前研学机构活动设计的弱项，在很多研学旅行活动中，自然科学考察内容设计较少，一些方案的科学性薄弱。究其原因，是设计者科学学习与开展科学教育的素养不够高。研学旅行中，自然科学探索类活动可以有如下几类。

1. 观察—考察型科学探索活动

这是一类置研究对象于自然状态，主要通过观察、考察、访问等形式获得研究材料(数据)，进而通过分析和研究，得到对事物的基本认识的科学探索活动。例如对自然现象的调查。

案例分享：

潮间带海洋无脊椎动物调查(节选)

京鹰国际教育科技(北京)有限公司

活动实施设计与过程：

1. 活动问题导入：什么是潮间带？我们看到的潮间带的环境特点是什么？

学生活动：学生实地观察并讨论。

2. 问题导入：在这片潮间带有哪些海洋动物？

学生活动：讨论，在已有知识基础上提出假设。

3. 引导学生讨论：调查采集潮间带海洋无脊椎动物的方法有哪些？

4. 安排潮间带科考任务：

以研究小组为单位，搜寻潮间带“神秘居民”，进行潮间带海洋无脊椎动物种类调查，完成小组任务单。

5. 辅导员讲解示范生物采样及微镜头使用的步骤和要点：

(1)在泥质滩涂画出约 30cm×30cm×60cm 的样方；

(2)用铁铲挖出样方，倒到 60 目的筛网中；

(3)将大块的树根或杂质挑选出来剔除；

(4)在海水等流动的水体中抖动筛网进行过滤，直至大部分泥沙被过滤掉；

(5)在留下来的生物中挑选出海洋无脊椎动物，并放进小水桶中，统计其数量和种类；

(6)统计完毕后将采集到的底栖生物放生。

6. 指导学生明确小组分工和任务，并发放科考工具。

提示活动安全要求：

(1)在老师指定的安全范围内活动，不远离团队，不超越安全线。

(2)做好个人安全防护，寻找动物时尽量使用工具，以免手受伤，务必穿着雨鞋或鞋套，避免划伤脚。

(3)注意保管好个人的贵重物品。

(4)爱护小动物，活动后放生采集的海洋生物。

调查过程中，辅导员要明确自己负责的小组，及时给予指导和引导。重点指导学生采集样方及用微镜头观察各种无脊椎动物的形态，进行比较。

7. 收集科考物料。

8. 组织学生小组分享讨论。

2. 实验研究型科学探索活动

所谓实验研究即是对研究对象进行有效控制，使受控对象的现象得以反复出现，从而更加有效地观察和分析其呈现条件及规律性。这一类活动以使用一定的仪器和设备，通过实验研究收集数据为特点。研学旅行过程中的实验研究不能牵强，一定要是问题的驱使与学生研究的需要。

案例分享：

“千年古盐田考察活动”中的实验研究活动设计

京鹰国际教育科技(北京)有限公司

活动一：古法检测——关于“黄鱼茨”茎秆测卤水浓度的研究

探究当地“黄鱼茨”茎秆测卤水浓度的方法。

在探究的同时请你思考：古法检测卤水浓度为什么选择“黄鱼茨”茎秆作为工具？不用其他植物作为测试工具的原因是什么？

活动二：科学检测卤水、海水与矿泉水的浓度

引导学生思考：如何检测卤水、海水与矿泉水的浓度？可以出示盐度计引发学生思考。引导学生思考操作步骤及要注意的影响因素。

1. 实验器材与材料：塑料量筒、盐度计、卤水、海水、矿泉水、纯净水。

2. 实验方法与步骤：比较研究

(1)将三个量筒编号。

(2)分别倒入等体积的矿泉水、海水、卤水。

(3)用盐度计分别测量三个量筒中的盐水浓度(思考测量顺序)，每测量一个量筒中的盐水浓度后，要用纯净水冲洗盐度计(为什么)。有条件的可以一个量筒配一个盐度计，从而免去纯净水冲洗的步骤。

(4)注意平视读取数值，记录数据。

3. 结果分析与结论

实验报告单

<table>
<tr><td>实验题目</td><td colspan="3"></td></tr>
<tr><td>日期</td><td></td><td>实验成员</td><td></td></tr>
<tr><td>实验器材与材料</td><td colspan="3"></td></tr>
<tr><td rowspan="3">探究过程</td><td colspan="3">提出问题</td></tr>
<tr><td colspan="3">猜想</td></tr>
<tr><td colspan="3">实验过程</td></tr>
<tr><td>实验结果、结果分析、结论</td><td colspan="3"></td></tr>
</table>

这个设计能在小学高年级和初中不同年龄段学生中实施，设计中注重用问题引导学生深入思考。在实施过程中，辅导员或指导老师针对学生不同的经验与认知水平，引导与指导的程度要有所不同。科学实验步骤要规范严谨，实验结果不等于结论，现象不是本质，要引导学生对结果、现象进行分析，发现规律，透过现象看本质，从而得出结论。实验研究型科学探索活动的方法步骤一定要科学规范。

3. 综合研究型科学探索活动

这是一类以问题解决为核心的科学探索活动，它常常综合了文献收集、调查研究、科学实验等多种方式和手段，因而真正可以称得上是综合研究。但对于小学生来讲，这种综合多是初步和有限的综合，研究探索的性质也仅是某种意义上的模拟，是不能要求过高的。例如："西双版纳热带雨林考察研究"是班级考察探究课题，可进一步细化为一系列小组课题，行前进行相关文献检索(植被、地理环境、气候等)，在考察中开展植被调查、土壤湿度检测、热带植物研究所人员访谈等活动，最终形成研究报告。

高中生的文献阅读能力、学科知识水平、研究性学习能力以及思维水平有了大幅提高，在高中生中开展综合研究型科学探索活动就要更加深入，甚至在专业人员的指导下进行。

三、文化类活动设计

传统文化是在朝代更迭和历史发展进程中形成的一个统一的价值体系，是从历史发展规律中总结提炼出来的文化，更多的是精神层面的内容，包括经济、文化、军事、政治体制、艺术等。传统文化表现出来的形式是多样的，如建筑文化、亭台楼阁文化、民俗民风、民族医学等。历史遗迹与传统文化不能分割，历史遗迹是人类有意识加工物化的成果，反映了人类的活动、智慧与传统文化。传统文化可以是龙、兵马俑、周庄、陶器；抑或是孙子兵法、端午等节日、琴棋书画与民族服饰……

学生通过考察历史遗迹会对传统文化有更鲜活的认识，历史是思想史、文化史，遗迹让思想与文化具象。历史遗迹与文化考察活动设计要有深度、高度。深度就是通过历史遗迹考察，能用历史唯物主义观点引领学生多维度认识理解历史文化；高度即是在考察体验中能够有真感悟，进而形成与提升价值观。运用好考察探究的学习方式，能使学生在自主学习和实践体验中感悟真、善、美，感悟民族精神，同时在理性认识中继承、发展、摒弃。

案例分享：

“探秘三星堆”活动设计

四川省广汉市实验小学　蒋昆

一、选题背景分析

1. 选题来源

四川省广汉市三星堆遗址，是中国西南地区目前发现的分布范围最广的古城、古国、古蜀文化遗址。三星堆博物馆作为全国首批“国家一级博物馆”，将古蜀国约5000年的历史囊括其中，其灿烂的文化是开展综合实践活动的天然教材。与学生一起去探寻它的秘密，是延续中华文化血脉的责任。

2. 学生情况

五年级正是学生初步认识社会、树立远大理想的时期，大部分学生已经具备一定的探究能力和合作能力。根据课前调查得知，所有学生对“三星堆”这个名字都耳熟能详，有三分之二的学生以前跟着家人去过三星堆博物馆，但受年龄和知识结构的局限，许多学生对三星堆的印象就是“神奇”二字，对其中蕴含的历史价值和文化价值知之甚少，这正体现了开展此次实践活动的必要性。

二、教学目标

1. 引导学生在活动中了解部分文物的特点和历史价值，培养学生搜索、整理信息及合作探究和语言表达的能力。

2. 通过不同的活动方式，解决自己想要探究的问题，并以不同的方式展示成果。

3. 体会古代劳动人民的智慧和高超的技艺，激发对三星堆古蜀文化历史的兴趣和民族自豪感；懂得在参观时应该遵守公共空间的基本行为规范。

本次教学的重点是让学生通过自己的独立学习与合作实践，解决自己想要探究的问题；教学难点是引导学生在小组内展开有效的合作，对所获取的资料能积极进行整理与展示。

三、活动方法

1. 阅读书籍；2. 查阅资料；3. 实地参观；4. 体验实践；5. 聆听讲解；6. 记录、整理等。

四、活动准备

活动前准备：教师进行实地考察，制定活动方案和安全预案，提前与博物馆相关工作人员联系，并安排好四名家长志愿者(包括一名医生)和班级一位科任老师随行。

活动用具准备：拍摄照片使用的相机或手机、记录用的笔及笔记本。

教师提供的资源：相关的主题活动网站、辅助研究的量表和样例。

五、教学过程

本次活动分 3 个阶段进行，活动为期 3 周，课内时间与课外时间结合使用，其中课内时间 6 课时。

第一阶段：激发兴趣，自主探秘

抓住五年级学生好奇心强、敢于探索的心理先谈话激趣，要求学生用一周的时间，通过上网查找资料或阅读书籍了解三星堆，做简单的读书笔记，并完成第一步——填写探秘需求调查表。【设计意图：基于学生知识储备不够的现实，给予学生一定的时间去了解三星堆，拓宽知识的广度和深度。在这一阶段，为了培养学生自主学习和收集资料信息的能力，不必推荐相关主题活动内容的网站或视频网址。】

第二阶段：分工明确，实地探秘

1. 根据学生第一阶段完成的探秘需求调查表，将 42 个学生分成四个组，分别是青铜神韵组、玉石灵韵组、祭祀礼仪组和文物修复组。在教师的建议下，每个小组各自推选一名组长、两名摄影师和一名记录员，并集体讨论决定本组要重点探寻的问题。【设计意图：重视学生自身发展需求，尊重学生的自主选择，激发学生学习的原动力。】

2. 学生统一乘车前往三星堆博物馆参观，聆听专业讲解员讲解。在出发前，教师先明确讲解参观博物馆的注意事项。【设计意图：培养学生从小做一个遵守规则的文明参观者。】

3. 参观结束后分组探究：四个小组根据自己的探究重点，到达青铜器馆、博物馆研究部、多功能厅等地方实践探究，并分别进行玉石切割、修复陶碗等体验活动。

4. 探究后在馆内的草坪集合，教师参与每个小组的讨论：①是否已经解决了自己想要解决的问题？②是否衍生出了新问题？③ 以怎样的方式汇报交流，才能有亮点，让其他小组听后也收获颇丰？同时，教师提醒组长组织组员拟订汇报方案、合理分工，并鼓励组与组之间相互交流，形成良性竞争的氛围，给学生推荐纪录片《如果国宝会说话》第 16、17 集等相关视频及主题网站，解决新产生的问题。

第三阶段：完善资料，汇报成果

给学生一周的时间整理、小结，每个小组用 5～8 分钟时间展示。【设计意图：展示是一种表扬，更能让学生达到互相学习、共同进步的目的。】

活动延伸，创意无限

出示日常生活中融入三星堆文化元素的各种图片，鼓励学生以自己喜爱的三星堆文物为原型，进行创新设计及运用，传播三星堆文化。

六、学习活动评价设计

为了让活动取得实效性，考查学生在每个阶段的变化与进步，在三个阶段都设计了相应的评价表，以学生自评为主，互评、师评、家长评为辅，通过评价让学生在现有基础上得到实实在在的发展。

三星堆博物馆对于小学生来说是一个研究起来很有难度的历史遗迹博物馆。从这个案例中可以看到，教师在行前通过激发兴趣，让学生做好研学的心理准备，通过开展资料学习，为参观考察做好知识准备，并化难为简，让每个小组只选择一项内容重点进行考察研究。在研究的过程中，教师继续用适合五年级学生认知特点的资料，为学生在深入实践研究基础上产生的新问题提供学习支持。这是针对小学生进行文化类活动设计的一个亮点。

四、国防教育类活动设计

2011 年 7 月 29 日，中共中央、国务院、中央军委下发了《关于加强新形势下国防教育工作的意见》，其中指出，国防教育是建设和巩固国防的基础，是增强民族的凝聚力、提高全民素质的重要途径。教育要从娃娃抓起，国防教育亦是如此。国防教育不等于对学生进行军事训练。国防教育要使学生懂得国家主权、领土完整、国家安全等内涵。国防教育的内容是广泛的，形式也是多样的。在研学旅行活动中进行国防教育，主要是让学生通过考察探究，在感性认识的基础上，了解我国国防装备的现代化，并深刻认识国防的意义。通过国防教育，培养学生热爱国防、献身国防的情感。

案例分享：

“走近潜艇，登上舰船，致敬海军南海舰队——考察三亚某南海舰队”活动设计

京鹰国际教育科技(北京)有限公司

一、活动目标(3～6 年级)

1. 深入参观基地，体验军旅生活，感受我国海军的强大实力，增强自豪感。

2. 登上舰艇，通过参观、体验、讲座、访谈等学习方式，学习舰船知识，了解其结构及功能，理解国防科技的重要性。

3. 客观认识我国基于国防安全视角的海洋权益及海洋经济发展状况，理解维护和平与捍卫海洋权益间的辩证关系，树立正确的国防观。

二、活动实施方式

1. 参观：参观海军基地以及航母港，了解军事港口的作用及功能。

2. 考察：近距离接触各类舰船，了解其结构及功能，感悟国防科技的重要性。

3. 体验：跟随海军战士，体验舰艇上的军旅生活，感悟责任与担当的内涵。

4. 探究：在专家的带领下，了解南海局势，正确理解海洋国防、海洋权益的关系。

三、自主学习

1. 自主参观中国国家博物馆举办的“伟大的变革——庆祝改革开放40周年大型展览”，深入了解我国海军装备发展状况。

2. 通过收集资料、阅读舰船杂志等方式，初步了解舰船的结构、功能、分类等相关知识，正确区分舰船编号及含义。

3. 看一部海军题材的纪录片或电影，简单记录感受。

4. 关注当下关于海洋国防的热点问题，形成自己的初步观点，提出疑问与困惑。

四、实践探究

1. 参观军营，感受军旅生活。

军营是部队战士生活、学习、训练的地方，因为部队肩负特殊使命，所以军营比其他场所多了一分威严与神秘。

(1)参观基地史馆，了解基地的光辉历史，让学生记录在基地发展的历史中最让人感动的2～3个点。

(2)参观战士的宿舍，请战士代表讲解内务整理的标准及要求，演示军被如何通过展、拉、铺、折、叠、压一套动作变成方方正正、有棱有角的“豆腐块”，在战士代表的指导下体验叠军被。认真观察室内物品摆放，会发现不同的“线”：杯子、鞋子、脸盆、毛巾、牙缸，甚至牙刷、牙膏都在一条线上。回到学校后试着制定教室内物品摆放的规范，让教室更加整洁。

(3)参观基地障碍训练场，请战士代表介绍各种障碍的名称及功能，演示通过障碍的动作，在战士的指导和保护下体验通过1～2种障碍，体验战士们平时训练的艰苦。

2. 听军事专家讲座，做好学习笔记。边听边思考，记录问题，并积极向专家提问。

3. 参观舰艇，知晓舰船结构。

军用舰船为了完成任务，一般由船体结构、武器系统、动力推进系统、观通导航系统、船舶装置系统以及其他特种装备设置等设备组成。

(1)参观171舰甲板上的船舶装置和武器系统，了解驱逐舰的基本设施和基本武器装备的名称及功能，针对感兴趣的装置和讲解人员进行交流。

(2)参观171舰的驾驶及指挥控制室，了解舰艇驾驶及指挥的基本方法，以班级为单位选出4～5名代表体验特殊情况处置指挥(如舰船行驶正前方发现暗礁，舰船左上方1800米高空发现不明飞行物)。

学习资料：

海军舰艇的分类

①按水面水下分类：水面舰艇和潜艇。

②按作战性能分类：战斗舰艇(如航空母舰、驱逐舰、护卫舰等)和辅助舰艇(如补给舰、远洋打捞救生船、靶船等)。

③按动力类型分类：常规动力舰船和核动力舰船。

"按照中国海军的有关规定：1字头为驱逐舰(其中105～113属北海舰队，131～134属东海舰队，160～171属南海舰队)；2字头、3字头为常规潜艇；4字头为核潜艇；5字头为护卫舰；6字头为反潜护卫艇(猎潜艇)；7字头为导弹护卫艇；8字头为补给舰、扫布雷舰；9字头为登陆舰。500吨以下的小艇以X字头编号，X1字头为导弹艇，X2字头为鱼雷艇，X3字头为护卫艇，X5字头为登陆艇。每一艘军舰都有正式名称，这个名称在海军里就是它们的编号，很醒目地用油漆标注在船舷上(因此又叫舷号)，是数字而不是汉字。"①

记录这次在军港见到的军舰编号，并分析其含义。比如，2008年12月赴亚丁湾、索马里海域执行远洋护航任务的"三舰客"的正式编号分别是169、171和887，请对其类型、归属单位、主要武器装备、主要作战性能、在海防中担负的主要任务等进行分析，以小组为单位，用思维导图的形式呈现出来。

4. 开展调研，了解海洋国防现状。

近日，"伟大的变革——庆祝改革开放40周年大型展览"在中国国家博

---

① 陈弋泽：《由舰艇命名规则　浅析中国首艘航母的舰名和舷号》，《现代舰船》，2012年第10期，第12—14页。

物馆隆重开幕，全方位、多角度展示了改革开放40年来的辉煌成就。其中，第四展区“历史巨变”的第六单元“全面推进国防和军队现代化建设巩固国防和强大人民军队”，持续吸引着公众关注的目光。请采访一位海军叔叔，和他聊一聊改革开放40年来我国海军的发展与变化。

(1)围绕主题，设计你的访谈提纲。

(2)团队协作，合理分配采访小组每名成员的工作内容及方式。

(3)对整个采访过程做不同形式的记录，确保资料收集准确、全面、客观。

(4)访谈结束后，请各小组对资料进行分析与整理，做好班级交流的准备。

(5)将在活动过程中的思考进行总结归纳，形成自己的观点。

五、合作分享

明代书画家王铎在《太子少保兵部尚书节寰袁公神道碑》中写道：“登莱吭也，去鼍矶岛四百里，逾铁山联广鹿岛，公(袁可立)设骁将一，守备一，兵三千，造艅艎为海防。”由此可见，从古代起，我国就有了海洋国防意识。结合今天的参观考察，请你简单分析我国海洋国防的发展历程。

六、拓展延伸

1. 1997年3月全国人民代表大会通过的《中华人民共和国国防法》中写道“国家的领海神圣不可侵犯”。国家加强海防建设，采取有效的防卫和管理措施，保卫领海的安全，维护国家权益。请为提高全民海防意识画一组宣传海报。

2. 试着做：2012年9月25日，在改革开放的第34个年头，我国第一艘航空母舰完成建造和试验试航，正式交付人民海军。经中央军委批准，这艘航母被命名为“中国人民解放军辽宁舰”，舷号为16。但仅仅一艘航母并不能形成战斗力，还需要其他各类舰艇及舰载机的配合才能形成真正的战斗力。结合此次研学活动了解到的海防及舰艇知识，依据我国舰艇现状，以图画或海报的形式设计一支航母编队，驰骋大洋，保卫海疆。

上述案例重点为学生设计了参观舰艇，学习与舰艇有关的军事知识，了解海洋国防等系列考察活动，这些活动设计细致、有序，问题引导与学习要求设计到位。

五、现代工业、农业基地考察活动设计

现代工业、农业基地考察活动属于社会考察活动范畴，在这类活动中，

学生通过探究、考察、体验获得对现代工农业现状与发展的认知，获得对职业的认知。现代工业、农业基地是对学生综合进行思想教育、科技教育、职业生涯教育的良好资源。设计这类活动，一定要从学生现实生活出发，以学生生活经验为起点，不要立足于宣传企业。

案例分享：

“牛奶从哪里来——走进北京三元绿荷奶牛养殖中心”实践活动设计[①]

北京市大兴区瀛海镇第一中心小学　钟珊

一、资源分析(略)

二、活动目标

(一)知识与技能

1. 了解奶牛的品种、奶牛的健康、奶牛的生活习性及牛奶的用途，认识养奶牛的重要价值。

2. 动手体验牛奶是怎样挤出来的，了解牛奶的生产和销售状况，展望奶牛业的发展前景。

3. 实地观察鲜奶、酸奶、果奶的生产过程，并学习如何制作。

(二)过程与方法

1. 通过本次活动了解奶牛场的经济发展状况，学生通过掌握观察、统计等探究方法，培养收集信息、处理信息的能力，培养探究能力、综合实践能力和创新能力。

2. 培养团结合作意识，学会主动与人交流，能大胆地发表自己的见解等。

(三)情感态度价值观

1. 在活动中，培养合作探究精神，增进对家乡养殖业的了解。

2. 激发对家乡的热爱之情和要为家乡的建设发展而努力学习的责任意识。

3. 通过此次活动，在与动物的亲密接触中体验关爱之情，学会珍爱生命，培养热爱劳动的品质，抒发对家乡的热爱之情。

三、活动内容和过程

(一)激发兴趣，确定基地活动计划

1. 确定学生想了解奶牛哪些方面的情况。

例如：

① 杨培禾：《小学综合实践活动课程与教学论》，北京：人民教育出版社，2015年，第222—225页。

问题一：现在中国有哪些种类的奶牛？国外有哪些种类的奶牛？我们去的奶牛厂主要有哪几个品种的奶牛？

问题二：我们想知道牛奶是怎样挤出来的，并亲自给奶牛挤奶。给奶牛挤奶时要注意哪些情况呢？

问题三：把一头小奶牛养成大奶牛，需要花费多少金钱和时间？把奶牛养大后，需要几年才能把成本赚回来呢？

问题四：我们到奶牛场后想拜访一下牛奶检验师，了解牛奶的营养成分和特点，牛奶有什么用途等。

问题五：各个种类的奶牛都有怎样的外貌特征？不同种类的奶牛的产奶量是否一样呢？哪个种类的奶牛产奶量最高？

问题六：奶牛的一天是如何度过的？奶牛主要吃什么饲料？

问题七：奶牛生病了，应该怎样治疗呢？奶牛一般会得哪些病呢？

……

2. 学生自由组合，分小组讨论去奶牛场前应该做的准备工作。

问：在进行基地实践活动前，我们应做好哪些工作呢？

小组讨论、汇报。

任务一：基地活动的时间。

任务二：基地活动的具体安排。

任务三：活动中应注意的问题。

任务四：活动中应携带的工具。

……

讨论得出结果后，每个小组领取其中一个任务并完成。

(二)基地活动项目

提示：

1. 项目一全体师生参加，项目二、三、四学生分组完成。

2. 学生收集资料的时候，调查访问的内容除了提前准备好的问题外，还可以是临时生成的问题。

项目一：参观奶牛场科普展区

全体学生一起参观奶牛科普展区。随着引导员的介绍，学生边听边记边收集资料。关于奶牛品种的问题，学生知道有荷斯坦奶牛、娟姗奶牛、更塞奶牛、三河奶牛、西门塔尔奶牛、新疆褐奶牛、草原红奶牛，而任庄奶牛场喂养的大部分是中国荷斯坦奶牛，有极少的娟姗奶牛。

项目二：了解奶牛的生活习性

1. 走进牛圈区参观。

2. 听工作人员介绍奶牛的生活环境、奶牛分月管理及喂奶牛的注意事项。

项目三：了解挤牛奶的过程

1. 参观挤牛奶的全过程。

2. 听相关人员介绍挤牛奶的注意事项。

3. 亲手体验给奶牛挤牛奶。

项目四：了解牛奶的营养价值及用途

1. 学生参观鲜奶、酸奶、果奶的生产过程。

2. 参观的同时，学生进行现场调查访问，收集相关资料并记录。

(三)活动后的整理、交流与评价

1. 小组自由讨论收获的新知识。

(1)每个组员在小组里自由发言，组长进行汇总。

(2)总结本次参观遇到的问题，找出解决问题的方法和新的发现，对一些没有采访到位的问题提出改进方案。

2. 全班进行汇报交流。

每个小组成员把收集的资料及基地实践活动的体会、遇到的问题及解决的办法进行全班汇报交流。

3. 总结评价。

学生汇总已经解决的课前提出的问题，并提出改进方案。针对基地活动的参与及汇报交流情况，小组同学填写基地实践活动评价表，各组之间进行互评，教师进行总评。

(四)基地活动的延伸

学生参观鲜奶、酸奶、果奶的生产过程后可以动手做一做奶制品。

四、活动评价(略)

牛奶是学生生活中常饮用的营养饮品，学生对牛奶并不陌生，这个活动设计以学生生活中对牛奶的经验为起点，以学生的问题“牛奶从哪里来”为主要内容线索，对牛奶的营养、奶牛的饲养、奶制品的生产进行探究，现代企业北京三元绿荷奶牛养殖中心为学生提供了考察探究的平台。

现代工业与农业基地考察探究类活动设计的思路就是使学生通过考察探究，对现代工农业企业、社会职业、我国工农业发展历程和趋势等获得感性认识，进而提升为理性认识，同时在价值观方面有所提升。

六、劳动教育类活动设计

在研学旅行课程中，劳动教育类活动设计经常会将劳动教育内容与传统文化内容相结合，在活动中通过体验与探究，对学生进行劳动知识与智慧认识的智育，开展欣赏与创造劳动美的美育，培养对劳动、劳动人民情感以及对劳动价值认识的德育。

案例分享：

“农之雅，糖之乐——走近义乌红糖，传承一代又一代的记忆”活动实录

浙江省义乌市上溪小学　金芬艳

一、选题背景分析

义乌由一个山多地少、土地贫瘠的小县城一跃成为一座闻名中外的商城，创造了令世人瞩目的经济奇迹。它的改变源于数千年历史文化积淀形成的宝贵精神——“勤耕、好学、刚正、勇为”。为了更好地传承这种宝贵精神、宣传地方特色，学校特意设立了“农之雅”综合活动课。“农之雅”综合活动课包括农作类（蔬菜园、中草药园、桃园、糖梗园）和手艺类（吴店馒头坊、传统糕点坊、拉面坊、豆腐坊）。

糖梗种植在义乌已有340余年的历史，糖梗可以榨制成红糖，而红糖又恰恰是所有义乌人甜蜜的记忆，走南闯北的“鸡毛换糖”的生活创造了如今义乌的奇迹。2014年，“义乌红糖”被列为国家级非物质文化遗产。红糖是一代又一代义乌人的记忆，是义乌人赖以生存和发展的重要纽带，是义乌的“金名片”，蕴含了义乌人“勤耕、好学”的优良传统。

开展“农之雅，糖之乐”活动，带领学生走近红糖，寻糖之乐，传承一代又一代的记忆。参加本次活动的是六年级的学生，已经可以掌握基本的劳动技能，有一定的查阅资料和语言组织能力；教学方式以自主探究和实践操作为主，且活动过程中的实践操作方式都是以先示范后操作为主，传授者均为经验老到之人，设备亦是齐全，这些都为本活动的开展提供了保障。

二、活动目标

1. 通过参观、调查、查阅资料等形式，走近糖文化，对糖文化有更深入的了解。

2. 了解糖梗的种植，熟悉糖梗的生长过程，掌握简单的劳作方法，锻炼劳动能力，培养吃苦耐劳的精神。

3. 亲身体验红糖的生产过程，对传统制糖技艺有更深入的认识。

4. 结合红糖美食分享会，宣传推广家乡特产，增进热爱家乡的思想感情，增强非物质文化遗产的活力，传承一代又一代的记忆。

5. 通过系列活动培养发现问题、收集信息、整理信息的能力，锻炼社会实践能力、与人交往能力，培养团队合作的精神。

活动重点：对传统制糖手艺以及义乌红糖发展之路的了解。

活动难点：通过系列活动增进学生热爱家乡的情感，传承义乌精神，弘扬地方特色，增强非物质文化遗产的活力。

三、活动过程

第一阶段：走近糖文化

(一)确定主题，展开活动

2014 年，“义乌红糖”被列为国家级非物质文化遗产，而红糖又是所有义乌人甜蜜的记忆，走南闯北的“鸡毛换糖”的生活创造了如今义乌的奇迹。从学生生活中发现问题，开展“农之雅”综合实践课，最终确定了活动主题：“农之雅，糖之乐——走近义乌红糖，传承一代又一代的记忆”。

(二)整合资料，小组汇报

1. 选择伙伴，成立小组

主题确定后就开始分组：七人一组，分成六个调查小组，根据个人兴趣特点进行分工，激发学生活动的积极性和主动探究的热情。

2. 深入社会，收集信息

为了更深入地了解糖文化，分成红糖文化溯源组、红糖商业文化组、红糖故事组、红糖风俗组、红糖情结组、红糖文化节组六个小组走近糖文化。通过上网、查阅报纸杂志、询问长辈等方式了解、收集相关信息。

3. 整理资料，交流反馈

小组成员相互配合，做好资料的分类整理工作，制成图文并茂的汇报表，全班进行交流反馈。

第二阶段：走进糖梗地

(一)糖梗历史我知晓

众所周知，好的糖梗才能榨出好的红糖。义乌糖梗的种植历史悠久，最早种植糖梗的大概要追溯到清代的贾维承了。早在清顺治年间，第五代传人贾维承(1604—1670)就从福建引进糖蔗种植技术，在这黄沙、红泥的土地上制成了义乌红糖。义乌人的甜蜜事业从未停下脚步，而糖梗的种植范围也随着时代和市场的需求不断变化。近代糖梗的品种也在不断更新。如今大面积种植的是俗称“糖蔗”的青皮甘蔗，虽然咬起来很硬，但是非常甜，这也是我们要种植的品种。

（二）糖梗种植我知道

1. 通过查阅资料，走访有经验的农户，了解糖梗的种植方法。

（1）好糖梗首先要选好种，种糖梗选用上年新植的、成熟的糖梗留下来的有芽且适合繁殖的部分，一般用糖梗梢头部分。

（2）开沟种植，将糖梗梢头埋入肥沃的土壤里，覆上地膜，有利于保湿保温。

（3）精心呵护，让糖梗茁壮成长。

2. 学习了解相关农具的使用。

（三）动手实践我能行

一切准备就绪后，在有糖梗种植经验的家长、老师、厨工的带领下开展种植活动。

第三阶段：走入红糖厂

天气渐凉，糖梗已节节高，收获的季节到了，师生一同走入红糖厂。

（一）了解制糖技艺

据《洋川贾氏燕里村谱》记载，义乌红糖古法制作技艺可追溯至清顺治年间，传承至今已有400余年的历史。义乌红糖古法制作技艺（木车牛力绞糖制作技艺）是以义乌本地所产的青皮糖梗为原料，用木车牛力绞取蔗水，用铁锅熬制红糖的一种传统手工技艺，主要分为选料、榨汁、煎熬和风干4个工艺流程，包含20多道技术工序。义乌红糖古法制作技艺使用独有的木糖车、饲糖斗、梅花灶（一字灶）等器具。20世纪50年代，义亭镇被称为"红糖之乡"并远近闻名，当地家家户户传承发展该项技艺，为推动当地的蔗糖经济做出了贡献，成为浙江省非物质文化遗产生产性保护基地的样板。

（二）亲身体验制糖过程

第四阶段：分享与推广

（一）红糖美食分享会

我们的综合实践活动出成果了！为了让更多的人品尝到红糖的甘甜，我们在榨糖现场制作了许多红糖小美食，如红糖麻花、生姜糖、红糖酥饼、红糖泡筒等。我们把美食带入校园，搭起展台，请校园里的同学、老师分享，还特意请了切糖师傅，让红糖与米融合成一种地道的传统小零食——麻糖，带给同学更多的美味体验。

（二）推广糖文化，增强"非遗"活力

红糖是我们的发家之本，也是我们的本土特色，它虽有了小名气，但是知道其中文化的人并不多，而且义乌红糖古法制作技艺主要靠口传心授的方式传承。由于红糖制作手工性强，且属于季节性生产，所以在年轻人中传承难度大。如何推广并增强非物质文化遗产的活力？我们举办了红糖文化展，让父母参与其中，认同并加入非物质文化遗产传承的队伍；我们还去红糖厂考察、宣传糖文化，呼吁更多的年轻人关注非物质文化遗产。

（三）评价设计（略）

（四）活动反思

本次活动开展顺利，学生此前对糖文化不知晓、不感兴趣，经过此次活动，他们对"非遗"红糖有了一定的了解，对传统文化、老手艺人、农民的敬意有所提升，与此同时，在体验劳作的艰苦的同时，在糖文化中领悟了义乌精神。通过了解、实践、体验、分享、推广等丰富的活动设计，引发学生对传统文化的关注。整个活动既推动非物质文化遗产的传承与发展，又提升了综合实践课程的内涵，让学生在实践活动中汲取多样性的文化知识。

第四节　研学旅行课程设计要注意的问题

目前的研学旅行课程设计与实施水平较研学旅行课程开展初期有了一定的提高，但还是普遍存在一些问题，具体表现在：重产品（课程）包装，轻课程深度研发；重时间与内容的安排，轻活动设计；重平铺线路，轻课程整体建构；重主题的表达，轻学习资源的深度开发；重活动形式，轻教育实效；重统一任务，轻自主探究；重旅游体验，轻研究性学习；重研学旅行过程，轻成果交流与评价；重既定的活动实施，忽视课程实施过程中的生成。

一、时间与内容安排（课程安排）不等于课程设计

在研学旅行方案中，一般有时间与内容安排，这样的表达，能够使人一目了然地了解活动的具体时间安排、活动主要内容，在课程设计中，这一项就如同一篇文章的概要。但这样的课程安排不能等同于课程设计，因为缺乏课程设计的一些要素，如上文论述的课程目标、资源分析、学情分析、活动设计、实施与指导、活动交流评价等内容。出现这一问题，就会导致活动目标不明确，使活动处于一种混沌状态，直接影响活动的实效性，使教育效果大打折扣。

二、活动设计要注意问题设计的质量

研学旅行考察活动中，学生除了有小组研究课题外，还有广泛的学习内容与考察活动。如果想避免学生走马观花，将研学旅行变为跟着导游去旅行，就要针对每项学习活动，设计有深度和高度、能引发学生兴趣与深度思考的问题，或对学生观察具有指导性或引导性的问题，用问题为学生思维走向深入搭建脚手架。问题设计的质量是目前研学旅行活动课程设计的一个弱项。

高质量问题的首要特征是引导学生思与研。思就是思考如何解决问题，即在收集事实资料的基础上综合运用知识多元分析，辩证思考；研是在思的基础上，去实践中收集资料并研究。思与研相伴相生。例如，同样是考察西安城墙，一个指导教师提出的问题是：你们知道为什么城墙下面宽上面窄吗？这个问题虽然有一定的价值，但对学生观察与深入研究的引导不够，作为引导观察思考的问题质量不高。这个问题可以换一种方式问：请同学们观察一下，城墙有哪些结构特点？你可以用什么方法进一步研究城墙的特点？这些特点与城墙的作用有什么关系？这样的问题能引导学生自主思考如何较全面地观察城墙的结构特点，综合运用已有的知识与技能(如测量、计算、绘三维结构图等)实践研究城墙的特点，并能引导学生用结构与功能相适应的思维方法认知城墙的功能及各部分的设计思想。这样的问题高度在于给予学生思维方法，深度在于引导学生用已有知识多方面观察事物，收集事实资料，培养学生的观察能力、深入综合分析问题能力，指导学生用唯物主义历史观多元认识问题。

再如，湿地考察引导学生观察思考：为什么芦苇等水生植物能净化水质？为什么在晚秋、冬季和早春，很多区域湿地会收割芦苇？第一个问题涉及生物知识及生物与环境的关系，第二个问题除涉及经济外，还引申对第一个问题的辩证思考与批判性思维，帮助学生更深层次理解生物与环境的关系。

高质量问题的第二个特征是开放性。开放性问题没有标准答案，设计这样的问题，不仅能引发学生多元思考，更重要的是引发学生的批判性思维，激发学生的创造性思维。例如，在研学旅行过程中，可以让学生思考：在考察活动过程中，你发现旅游文创产品最大的问题是什么？你能提供几点设计建议和设计方案吗？对于这两个问题，教师可以预期学生的部分答案，但无法全部预估，这种开放性问题会引导学生批判分析，同时激发学生的创造力。

在活动设计中设计高质量的问题，使实施者团队(教师、辅导员等)掌握引导学生学习的本质，是研学旅行活动中开展研究性学习，保证活动高质量实施的因素之一。

三、提高活动的质量与实效性

开展研学旅行活动，学校与家长都投入了大量的人、财、物的支持，占用了学生很多的学习课时，所以，研学旅行活动最好不要完全由研学教育服务机构设计。教育包括学生学习，是有规律可循的。研学旅行是校外教育，这主要是指教育资源包括教育场所在学校之外，虽然服务由校外机构提供，但课程设计与实施一定要有学校教师参与。学校教师要加强研究性学习体验与学生自主学习活动设计，加强研学旅行前段课程与后段课程的设计与实施，使研学旅行课程更加完整，保证研学旅行课程的质量与实效性。

四、活动设计顺应不同学段学生认知特点

不同学段学生的知识储备不同，生活经验不同，认知能力不同。对于同样的资源，研学旅行活动设计（含研学旅行学生学习指导手册设计）应有所不同。《指导纲要》在活动目标上进行了学段区分，这就是我们顺应不同学段学生认知特点进行活动设计的依据。再次强调，学情分析与目标设计不是摆设，是我们活动设计的基础与依据，要避免同一个研学旅行活动设计应用于中小学不同年龄段的学生。

案例分享：

“走近神秘火山　探寻奇特地质”课程设计（节选）

改自山西新方向国际旅行社有限公司　李芬

学情分析：

小学组：

小学生初步了解火山喷发这种自然现象，了解地壳运动可以导致火山喷发，可以在指导教师的指导下通过考察，初步认识大同火山群地貌。从感性到理性，形成对火山知识的认识。小学中、高学段学生已具备简单的生活自理能力，可以在教师的管理下，按规则统一外出集体生活，学习生活自理。值得注意的是，这个阶段的学生对安全隐患的判断能力较弱，因此对参观考察的安全要求要细致。

初中组：

初中生在小学的基础上通过学习地理知识，能够说出火山在世界范围的分布及其与板块运动的关系，学习了绘制地貌地形图；可以自行收集相关地理资料，进行相关地质地貌的解读及分析。学生可以在指导教师的引导下进行较深入的课题研究，分析问题和认识问题的能力明显高于小学生，能在感性认识的基础上更深入地进行理性思考。生活方面，学生已具备生活

自理能力，可以按规则统一外出集体生活，基本能有序管理个人事务，有一定的自理能力。这个阶段的学生有一定的对安全隐患的判断能力，但还要加强考察安全要求。

高中组：

高中学生通过地理知识的学习，较为系统地掌握火山地貌类型，火山喷发形成的原因与地球内部圈层结构、物质运动的关系，火山自然灾害的形成机制与危害，防灾减灾的措施等。很多学校在高中已开展了研究性学习，他们已经较好地掌握研究方法，发现问题与解决问题能力、批判分析能力、归纳能力都有较好的发展，在此基础上学生可以在指导教师的引导下进行深入的课题研究。生活上，高中阶段学生完全可以有序管理个人事务，做到生活自理。这个阶段的学生基本具备对安全隐患的判断能力，可适当提醒考察安全要求的学习。

课程目标：

小学组：

1. 价值体认

通过实地参观大同火山群国家地质公园，培养学生对火山成因的探究兴趣，从而增强对地理的兴趣，获得对自然有积极意义的价值体验。在参观活动过程中遵守公共空间的基本行为规范，初步形成集体主义思想和有组织、有纪律的观念。

2. 责任担当

能处理生活中的基本事务，初步养成自理能力和热爱生活的态度，具有积极参与实践的意愿。

3. 问题解决

走进大同火山群国家地质公园，登临老虎山观景平台，观察火山群地质地貌。

能在研学教师的指导下，发现并提出自己感兴趣的问题，能将问题转化为可做研究的小课题，学习与体验课题研究的基本过程与方法，提出自己的想法，形成对问题的初步解释。

4. 创意物化

通过对大同火山群遗址的考察，学习使用基本地理工具，初步掌握使用基本地理工具的技能。能用自己的方式表达地理现象。

初中组：

1. 价值体认

通过对世界唯一黄土高原的火山群、中国面积最大的火山群——大同火山群的认识，认同中国地貌的多样性，认识火山对环境保护及当地经济发展的重要性。能学会主动分享体验和感受，与老师、同伴交流思想认识，最终做到可以积极参加团队活动，加深有积极意义的价值体验。通过研学体验活动，发展兴趣专长，形成积极的实践观念和态度，具有初步的生涯规划意识和能力。

2. 责任担当

通过团队集体外出活动，培养独立处理生活事务的能力，增强自我管理能力。愿意参与学校研学活动，增强合作能力。

3. 问题解决

攀登至狼窝山火山口，观测火山口的植被，深入金山腹地，采集火山岩及火山土壤。

通过考察大同火山群的自然现象，深入思考并提出有价值的问题，将问题转化为有价值的研究课题，学会运用科学方法开展研究。能主动运用所学知识理解与解决问题，并做出基于证据的解释，形成基本符合规范的研究报告或其他形式的研究成果。

4. 创意物化

通过火山群实地观测与学习，能绘制出火山群地貌分布图。运用一定的操作技能解决绘制中的问题，将一定的想法或创意付诸实践。提高创意实践能力，通过学习实践，提高利用各种技能分析和解决问题的能力。

高中组：

1. 价值体认

认同中国地貌的多样性，认识火山对环境保护及当地经济发展的重要性。通过自觉参加研学旅行，深化社会体验，增强根据自身兴趣专长进行生涯规划和职业选择的能力。

2. 责任担当

关心同伴，能持续参与集体实践活动，关注研学活动中存在的主要问题，增强责任意识，形成主动服务他人、服务团体的意识，进而理解并践行社会职责，提高社会服务能力。

3. 问题解决

攀登至狼窝山火山口，观测火山口的植被，深入金山腹地，采集火山岩及火山土壤。

提出具有一定新意和深度的问题，能对个人感兴趣的课题开展广泛的实践探索，综合运用知识分析问题，用科学方法开展研究，增强解决实际问题的能力。能及时对研究过程及研究结果进行审视、反思并优化调整，形成比较规范的研究报告或其他形式的研究成果。

4. 创意物化

通过小组分组采集火山岩土壤，进行调查实验，得出火山土壤和普通土壤的区别，并进行分享及交流。积极参与动手操作实践，熟练掌握多种操作技能，增强动手操作和使用地理工具的能力。形成在实践中学习的意识，提高综合实践与寻求答案的能力。

五、加强课程的整体构建

整体构建思想是人认识事物的一种方式。主要表现为以系统化思想为基础，以整体化目标为支撑，以内容整合为依托，以规范化操作机制为保障。研学旅行的课程应在学校整体课程框架的基础上，依托综合实践活动课程及社会学习资源，为学生整体构建研学旅行课程系统。

1. 依托学校教育框架整体构建课程体系

研学旅行是学校的一种教育活动，也是综合实践活动课程中的内容，学校是研学旅行规划的主体，应对研学旅行课程进行整体设计，将学校的办学理念、办学特色、培养目标、教育内容融入其中，并嵌入学校整体课程体系中。目前，学校的研学旅行课程基本包含传统文化类、科技探索类、自然生态类、人文历史类(含红色历史)、劳动创造类等内容，其课程表现形式体现着大主题下的内容综合。如：北京市海淀区太平路小学围绕“明理求真爱自然”的教育目标，以生态教育为特色，凸显人与自然和谐发展的教育观。该校的研学旅行课程凸显生态体验教育这一核心内容，打造了“读行北京”的城市生态课程、“守护蓝色星球”的海洋生态课程、“多元视角看世界”的社会生态课程。带领学生走入沙漠、草原，接触湿地、海洋，开展自然生态考察；走入社区、城市开展社会调研，深刻理解城市生态，将人与自然有机融合，深化学校的生态教育内涵。

再如：北京理工大学附属中学通州校区，在总校区办学理念的引领下，挖掘地域资源，开发了“大运河”主题系列课程。学校依托大运河文化带建设理念，整体构建了初、高中阶段的大运河研学系列课程。

很多学校在开发研学旅行课程时，运用学科整合的思想，将学科活动、主题教育活动、科技艺术教育及学校特色进行整合，充分体现了整体构建、多学科融合的思想。

2. 挖掘课程资源的内在联系形成课程系统

对研学旅行课程设计的狭义理解，就是一次研学旅行活动的设计，即针对某一主题设计一次活动。在这个维度上，对课程的整体构建是对一次研学旅行各子课程的内容进行整体构建。从广义的课程设计概念认识研学旅行课程整体构建，即针对某一方面内容体系化的整体构建，如运河文化研究内容体系化，以政治国脉、经济动脉、社会命脉、历史文脉、生态水脉为主要内容，针对不同学段学生进行研学旅行课程内容体系的整体构建。

案例分享：

运河智慧研学内容体系

北京市通州区教师研修中心　苏金良　王洪霞

学段	研学主题	研学重点	研学内容体系
小学低、中年级段	跟着运河去寻桥	古桥中的建造智慧与艺术创造	1. 跟着运河去寻桥。 2. 杭州拱宸桥的艺术创造。 3. 杭州广济桥的功用与历史。 4. 最长苏州宝带桥的千年历史。 5. 宝带桥上古纤道的疏解智慧。 6. 嘉兴长虹桥的艺术创想。 7. 北京万宁桥、东不压桥的艺术审美与历史故事。 8. 长桥映月的八里桥故事。 9. 帆船智过八里桥的奥秘。 10. 运河石桥拱形设计的智慧探究
小学高年级段	跟着运河去寻仓	仓廒中的农耕智慧	1. 寻找北京仓廒遗址，探究北京历史。 2. 走进通州区图书馆，绘制京通十三仓分布图，探寻仓廒历史变迁。 3. 文献中解读仓廒设计中的科学。 4. 走进南新仓遗址，见证仓廒建筑科技。 5. 走进小博物馆，探秘仓廒防潮、防虫、防火、恒温恒湿的原理。 6. 大运河沿岸仓廒消亡的原因与社会发展探究。 7. 制作仓廒模型，在图书馆内举办运河文化小展览。 8. 走进东交民巷，寻找江米巷的历史与社会发展
初中	跟着运河探闸坝	闸坝中的工程科技	1. 走进郭守敬纪念馆，探寻运用海拔原理第一人如何进行京城水系沟通。 2. 探寻二十四闸入京城的工程智慧。 3. 开发二十四闸动漫，揭秘逆水行船的秘密。 4. 走进山东运河博物馆，了解鲁运河的开凿历史。

续表

学段	研学主题	研学重点	研学内容体系
初中	跟着运河探闸坝	闸坝中的工程科技	5. 走访山东会通河阳谷段的荆门上下闸与阿城上下闸，考察水流与设闸的地理位置。 6. 探究上下闸设计原理，破解漕运断流难题。 7. 淮安双金闸、扬州刘堡闸对运河水量控制方法调查研究。 8. 苏州盘门中水城门军事防御工程中的智慧。 9. 运河之心戴村坝的工程智慧探查。 10. 河北沧州谢家坝的漕运工程探究
高中	跟着运河探水系	水系沟通的政治智慧	1. 了解淮安的地理特点与发展历史。 2. 走进“淮安漕运总督部院”，从行政、造船、漕运三个方面探寻淮安漕运中心的管理智慧。 3. 走进淮安的中国漕运博物馆，探寻开邗沟、鸿沟、隋唐大运河、京杭大运河的历史发展脉络与水系沟通。 4. 走进淮安的中国漕运博物馆，在历史互动、文化体验、文物考察中探寻大运河水系沟通中国家的政治智慧。 5. 走进中国漕运博物馆，探究隋唐运河、京杭运河、浙东运河的历史功用，见证国家统一与海上丝绸之路。 6. 走进周恩来故居，感受淮安文化中的革命者。 7. 探寻国宴淮扬菜的历史变迁，见证漕运沟通南北的意义。 8. 在历史文物与社会体验中寻找燕赵、齐鲁、江淮文化的融合。 9. 我为大运河的新生献智慧

3. 运用系统思想整体构建研学旅行课程

在研学旅行中，重要的一点是培植学生认识事物的方法与能力。运用系统思想，整体构建研学旅行课程，对学生知识认知的系统思想方法有极大的促进作用。

目前研学旅行课程设计中，历史文化类课程占比非常大，尤其是北京、南京、西安、开封等文化古都内容是研学旅行课程的热点。如何让学生读懂文化名城，全方位认识社会，汲取传统文化的精髓，树立正确的世界观和人生观，成为课程设计运用系统思想整体构建研学旅行课程思考的内容。图 5-6

展示了京鹰国际教育科技(北京)有限公司历史文化系列课程的整体设计思路。

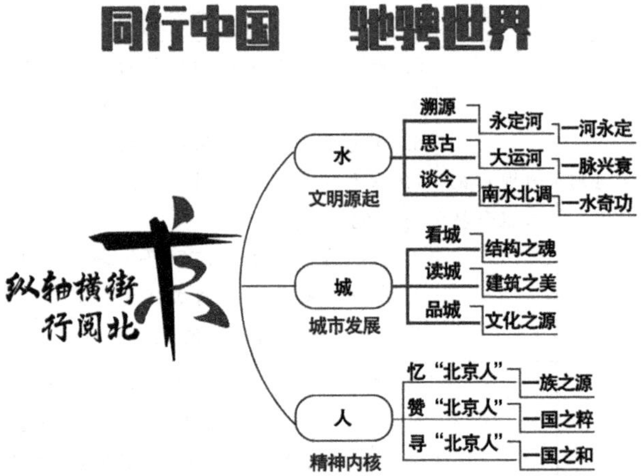

图 5-6 "同行中国　驰骋世界"系列课程之"读行古都"课程

综上所述，研学旅行课程的设计要在综合课程的理念指导下完成，既要有综合实践活动课程的共性特征，又要有旅行实践赋予课程的个性特点。设计应由研学旅行教育服务机构与学校两个主体共同承担。

探究与实践

在自己生活的城市寻找一个主题，设计一个研学旅行课程。

第六章　研学旅行学生学习指导手册设计

学习要点

1. 研学旅行学生学习指导手册设计的作用。
2. 研学旅行学生学习指导手册内容及案例。

研学旅行学生学习指导手册（以下简称“指导手册”）是研学旅行课程一个重要的文本资源。指导手册设计隶属研学旅行课程设计的范畴，与课程设计具有同等重要的地位。在研学旅行过程中，学生要走进社会、走进自然，需要遵守社会规则，完成相应的学习任务。学生在学习和生活上都需要具体指导，指导手册如同登山的“手杖”，帮助学生“行走”，为学生提供必要的基础性学习资料，为学生的研究性学习提供思维支架及方法指导，为学生的旅行生活提供帮助，为学生的行为规范提供指引。《指导纲要》在课程实施中明确指出：“教师要指导学生做好活动过程的记录和活动资料的整理，并对活动过程和活动结果进行系统梳理和总结，促进学生自我反思与表达、同伴交流与对话。”指导手册是对学生研学旅行生活全方位的记录，是评价的重要依据。因此，指导手册的设计至关重要。

第一节　研学旅行学生学习指导手册的作用

学生研学旅行每一天的考察活动内容都是丰富多彩的。对于“学什么”“怎么学”，学科教师通常会说“一课一得”。学生研学旅行每天应得到什么？这不仅是活动设计要考虑的问题，也是指导手册要承载的问题。因此，指导手册有着指导、引导、记录、评价学生学习等诸多作用。

一、研学旅行学生学习指导手册的指导作用

研学旅行中，学生的学习内容丰富，学习空间广阔，学习氛围更加自由。针对某一天的某一小主题，应考察什么具体内容？如何考察探究？在知识见识上应该获得什么？如何在旅行中自理？旅行中要遵守哪些规则？这些都要通过指导手册给予学生适度的具体指导。对于小学生而言，指导手册的内容

就需要更加细致明确。

例如，指导手册中有关长城学习内容的指导为：认识长城，探寻长城的建筑结构，画一幅长城的结构图，注明其关键部位名称，并思考长城的防御功能。

二、研学旅行学生学习指导手册的引导作用

指导是具体的，而引导是方向性的。指导手册的引导作用体现在对社会现象、文化现象、自然现象和事物等考察观察的引导，对考察观察到的现象和事物进行多元分析的引导，对体验后的感悟、认知与价值观提升的引导。例如：长城已经成为中国人的精神图腾，请说说你如何理解长城文化的精神内涵。

三、研学旅行学生学习指导手册的记录作用

俗语说“好记性不如烂笔头”，意思是记性再好也有可能遗忘，用笔记录是非常重要的。人类在学习与记忆的过程中，进入大脑的信息量是很大的，估计只有约1%能被较长期地贮存记忆起来，而大部分被遗忘了。能被长期贮存的信息都是对个体具有重要意义且反复作用的。信息的贮存记忆简略地分为短时性记忆和长时记忆两个阶段。在短时性记忆中，信息的贮存是不牢固的，但如果通过较长时间的反复运用，则所形成的记忆痕迹将随每一次的使用而加强，最后可形成一种非常牢固的记忆。因此，学生将每天学习到的知识、获得的体验及产生的感悟及时记录下来，会对其形成长时记忆起到重要的作用。只有长时记忆才能真正地储存在大脑中，成为掌握的知识和意识。特别要提到的是感悟，每天学生会对所见所闻、实践体验有所感悟，如果不及时记录下来，就可能被遗忘，失去进一步内化提升的机会。另外，学生获得的访谈内容、调查统计内容都需要及时记录，以供后续形成研究报告使用。

指导手册的记录作用还表现在填好的手册将成为学生综合素质评价的档案内容，是对学生研学旅行过程中的多种表现最真实的记录。

四、研学旅行学生学习指导手册的评价作用

指导手册的评价作用体现在两个方面：一方面是通过手册中的评价量表（学生自评、互评、师评等评价量表），在指导学生开展学习实践活动的基础上，开展研学旅行活动评价；另一方面，指导手册填写记录的内容（含手册中评价量表的评价），将成为学生综合素质评价的依据之一。

第二节　研学旅行学生学习指导手册设计原则及方法

有学者认为，指导手册是指导教师教学的载体，发挥着教案的作用，同时，指导手册也是学生开展学习的指导，起着学案的作用。笔者认为，指导手册是专门为学生设计的，是学生顺利完成研学旅行活动的保障，其更多意义是发挥“学案”的作用和功能；而辅导员及指导教师使用的文本应该是活动设计。

一、研学旅行学生学习指导手册的设计原则

指导手册虽然没有千篇一律、固定不变的格式，但是在编制过程中应该依据研学旅行的课程内容、目标和学习者的具体情况以及手册的导行、导思、导学的工具功能，科学严谨有序地开展设计。

1. 全面性原则

全面性原则要求指导手册要对研学旅行全过程起提示和指导作用，其内容包含研学过程中的行前、行中、行后涉及的所有研究性学习活动、旅行生活及安全保障等方方面面的指导。全面性原则还要突出课程的学习目标、学习内容、学习方式、学习评价等诸要素。

2. 指导性原则

指导性原则要求指导手册为学生适应旅行生活（吃、住、行）、遵守社会规则、开展研究性学习、记录体验与感受、开展交流评价提供指导作用，使指导手册成为学生的行动纲领，成为“不说话的导师”。

3. 趣味性原则

趣味性原则要求指导手册设计集旅行手账及学案的功能于一体，成为深受学生喜爱的生活学习文本。指导手册设计图文并茂，新颖独特，符合学生兴趣特点，有些语言具有时代感。小学生版、初高中版的指导手册的插图、排版、色彩、内容呈现方式均有差别，应考虑学生的年龄层次及兴趣爱好。

4. 自主性原则

学生是知识的积极构建者，拥有无穷的创造力，自主性原则要求指导手册不能等同于课本，在设计时要以学生为本，在设计上要凸显学生的主体地位，考虑学生个体的实际需求，做到学习内容有选择空间，学习方式及内容多样，记录方法彰显个性，评价方式及内容多元，注意为自主学习留空间，给学生留下张扬个性、展现自我的空间。

5. 实践探究性原则

综合实践活动强调实践探究，研学旅行是综合实践活动课程考察探究的

一项内容和活动形式，其指导手册设计要具有实践探究性，从而凸显对学生实践探究的指导，实现学习指导功能。指导手册应该以研学旅行活动设计方案为依据，进行实践探究部分内容的设计。

二、研学旅行学生学习指导手册的编制

1. 规范编写程序

目前，指导手册的编制主体一是学校教师，二是教育服务机构，有些学校还积极倡导学生参与到手册的编制与研发中。无论是学校编制还是教育服务机构编制，都需要双方相互沟通，积极协调，整合各自优势，共同开发出适合学习者使用的文本。笔者根据实际工作经验，制定出指导手册编制标准化程序（如图 6-1 所示）。

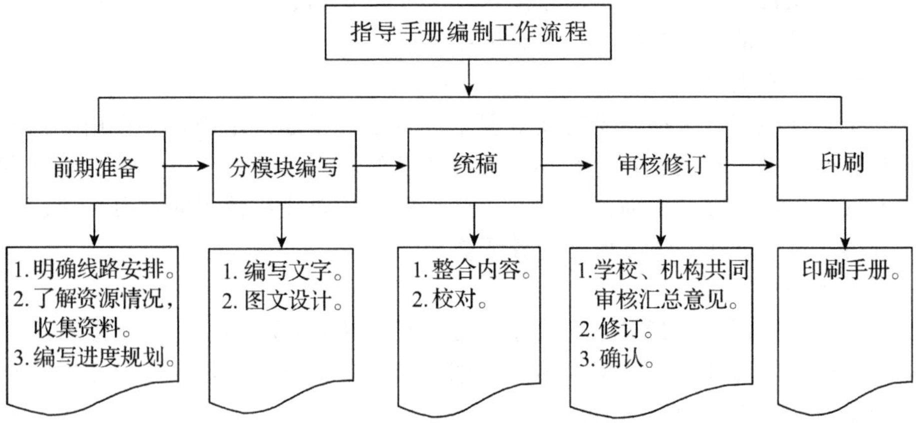

图 6-1　指导手册编制工作流程

2. 构建内容框架

编制指导手册首先要确定整体内容框架，就如同写文章编写提纲。一本完整的指导手册应该包含以下内容模块（如表 6-1 所示）。

（1）前言模块：前言、目录、自我介绍、手册使用提示、课程事项解读。

（2）旅行生活指导模块：旅行规划、财务规划、出发前注意事项、住宿注意事项、用餐注意事项、交通注意事项。

生活内容是研学旅行的基础内容，它贯穿研学旅行始终，为学生的研学旅行提供生活指导和服务，应涉及交通、住宿、饮食、心理、健康、活动等各个环节。

（3）学习指导模块：自主学习指导、项目研究、实践探究、合作分享、拓展延伸。

学习内容是指导手册中的主要内容，应该包括行前的知识储备、行中的实践探究、行后的思考感悟，每个阶段都涉及文化的汲取、知识的摄入和能力的培养。

(4)安全保障模块：安全提示、安全风险评估、紧急备忘与医疗救护。

(5)评价反馈模块：对学习过程的评价及终结性评价指导。

(6)附录说明模块：反馈表、火车座位安排表。

附录内容是指导手册的活动说明和补充部分，如火车的座次表等。

表 6-1　指导手册框架与内容

框架	内容
前言模块	1. 前言 2. 目录 3. 自我介绍 4. 手册使用提示 5. 课程事项解读
旅行生活指导模块	1. 旅行规划 2. 财务规划 3. 出发前注意事项 4. 住宿注意事项 5. 用餐注意事项 6. 交通注意事项
学习指导模块	1. 自主学习指导 2. 项目研究 3. 实践探究 4. 合作分享 5. 拓展延伸
安全保障模块	1. 安全提示 2. 安全风险评估 3. 紧急备忘与医疗救护
评价反馈模块	对学习过程的评价及终结性评价指导
附录说明模块	1. 反馈表 2. 火车座位安排表

随着实践教育的广泛深入开展，学生综合素养及多元能力的不断提升，指导手册的编制一定可以成为体验课程的一部分，由学生自主设计与研发。

今后一定会出现更具个性、更加多元、更具特色的指导手册。

附件：研学旅行学生学习指导手册案例(节选)

以下案例是京鹰国际教育科技(北京)有限公司为5～9年级学生设计编制的海洋意识教育科学考察活动学习指导手册，由于年龄跨度大，有些内容只要求中学生完成，关注了学生年龄导致的认知水平差异。

由于篇幅所限，案例学习指导模块只提供了两个主题活动；由于印刷问题，我们将案例中的彩图删除，将主要内容作为案例供读者学习参考。

守护蔚蓝星球，铸就海洋梦想——海洋意识教育科学考察

目录

我的档案(略)

手册使用提示(略)

学员公约(略)

实践课程解读

世界是一本书，现实是教材。此次实践活动课程设计，我们以带领学生找寻成长教材为核心，以社会考察的方式，让学生带着旅者的心态、学者的状态，以自己的视角，走进真实的生活。

考察目标

认识自我——在一次活动中最大限度地激发自我潜能；

主动交往——在一次活动中尽其所能地交到真诚朋友；

拓宽视野——在一次活动中如饥似渴地增长知识见识；

历练成长——在一次活动中倾其所有地展现团队风采。

主题活动要求

1. 开展一场主题讲座。

2. 走访一家代表商号。

3. 对话一位研究学者。

4. 参与一个项目研究。

5. 进行一次课题分享。

6. 撰写一份考察报告。

考察效果

1. 用坚定的理想信念，不断修正人生态度。

2. 充分开展社会调研，完善自己人生规划。

3. 深刻理解社会内涵，自觉担当社会责任。

实施方式

1. 充分体现学生主体，让学生参与活动设计、实施、拓展延伸等全过程。以项目研究的方式在学生中招募活动策划项目组，让学生全程参与活动的策划组织与实施，以达到培养人、锻炼人、影响人的目的。

2. 厚重前置课程，活动前充分开展丰富的准备课程。上好行前准备课，做实项目研究前期工作。

3. 丰富实践课程，通过参观考察，开展多种形式的调研，寻访普通劳动者，探访名胜古迹，感悟风土人情，强化社会认知。

4. 做实延伸课程，落实活动的“四个一”，即一篇调研报告，一份活动感悟，一场总结会，一个活动报道。

实践课程安排(略)

我是实践课程旅行规划师(略)

项目研究方案(略)

自我反思总结表(略)

设计调查问卷(略)

设计访谈提纲（略）

课程师资介绍（略）

每日学习内容

课程地点1：千年古盐田

课程主题：知古盐田前世今生，感劳动者聪明才智

课程目标：

1. 了解古盐田的历史，知晓盐田的地质地貌特点。
2. 明白古代劳动人民的晒盐方法，知晓盐池、卤水池以及过滤池的作用。
3. 感受劳动人民的智慧。

一、自主学习

1. 千年古盐田是________建造的。用来晒盐的石头是________石。你还知道盐有哪些作用？

2. 氯化钠（NaCl）是食盐的主要化学成分，古时盐的种类繁多，从颜色上分就有绛雪、桃花、青、紫、白等。从出处分：海盐取海卤煎炼而成，井盐取井卤煎炼而成，硷盐刮取硷土煎炼而成，池盐出自池卤风干，崖盐生于土崖之间。海盐、井盐、硷盐三者出于人，池盐、崖盐二者出于天。《明史》记有："解州之盐风水所结，宁夏之盐刮地得之，淮、浙之盐熬波，川、滇之盐汲井，闽、粤之盐积卤，淮南之盐煎，淮北之盐晒，山东之盐有煎有晒，此其大较也。"请你向父母请教，理解这段话的意思。

3. 我国有哪些盐场？查阅资料，了解基本晒盐的工艺。

4. 食盐在使用过程中应该注意什么？除了食用以外，盐还有哪些应用？

二、实践探究

考察项目书：

千年古盐田考察项目

考察内容	考察任务	思考的问题
千年古盐田的历史		
千年古盐田的晒盐工艺		
海水浓度测试		
影响晒盐的因素		
盐的用途		

考察记录：

考察报告：

考察一：探究海水晒盐的方法及原理。

1. 现在古盐田有 30 多户村民是制盐工，他们一直沿袭着 1200 多年来的古老制盐方式，代代相传，尽管在如今这个科技飞速发展的时代，和一些现代盐场相比，这样的制盐技术已显得相当滞后，但当地盐工依旧坚守和沿袭着老祖宗留下的传统晒盐技艺，这是对传统文化的传承和尊重。访问一位当地制盐工，设计你的访谈提纲。

2. 通过访谈，了解日晒制盐的流程及方法。（利用思维导图的形式记录晒盐过程）

写出制盐的步骤的名称：

（1）________________（2）________________

（3）________________（4）________________

（5）________________（6）________________

（7）________________（8）________________

3. 想一想：将海水晒成盐需要哪些自然条件？

考察二：采集样本，做浓度对比。

（1）取样盐池中的卤水和普通海水。

（2）运用实验工具进行浓度测试。

（3）盐工运用什么方法进行浓度测试？请你进行现场实验。你还有哪些方法测定海水浓度？

实验题目			
日期		实验成员	
实验器材与材料			
探究过程	提出问题		
	猜想		
	实验过程		
实验结果、结果分析、结论			

考察三：靠海吃海，有盐吃盐，盐工们运用自己的聪明才智研发出很多盐焗食品。请你调查有哪些与盐相关的产品，并了解制作方法。（用你喜欢的方式做记录）

三、合作交流

1. 古盐田晒出的盐能不能直接食用？为什么？

2. 今天你有什么收获？请与同学分享。

3. 为了完成你的课题研究，你还做了哪些实验？

四、拓展延伸

1. 调查一下我们身边的盐来自哪里。

序号	名称	种类	产地	备注

2. 中国是制盐大国，一年的盐产量超过 4000 万吨。我国有四大盐场，你知道都在哪里吗？

3. 解谜：溶解在海水里面的盐来自哪里？

课程地点 2：临高角解放公园

课程主题：行阅临高，追思历史，缅怀先烈

课程目标：

1. 参观革命公园，了解海南岛解放战役的历史事件。

2. 向纪念碑敬献花篮，表达对革命烈士的哀思。

3. 考察临高角海滩环境，感受海洋滩涂特点。

作为一名合格的科考队员，我们追寻着革命先烈的足迹，到达解放海南登陆点。我们将在这里献上花篮，向革命先辈们致敬！

一、自主学习

1. 扫描二维码，学习了解有关海南岛战役的历史及意义。

海南岛战役是 1950 年 3 月到 5 月发生在广东至海南岛的一场战役。

中国人民解放军第四野战军第 15 兵团 11 万多人从 1950 年 3 月初开始，陆续派遣小股部队进行横渡琼州海峡的试验，先后派出四批部队，都顺利登上了海南岛，站稳了脚跟。1950 年 4 月 16 日开始大规模渡海进攻，在岛上琼崖纵队的有力配合下，经过 15 天的激战，至 30 日大部敌军从榆林港乘船逃跑，余敌被歼灭，至此海南岛获得了解放。

2. 收集有关灯塔的知识，了解其历史发展与文化。

二、实践探究

学习体验一：参观革命公园，祭奠缅怀英烈

1. 举行庄严的纪念仪式，向烈士纪念碑敬礼、敬献花篮。

2. 走进临高角，重温红色情。

任务一：临高角是解放海南渡海登陆的重要登陆点之一，为纪念解放海南渡海登陆战争中付出血肉之躯的先烈，建造了烈士纪念碑。在热血丰碑的背面，那镌刻在石碑上的红色文字清楚地记载着当年解放海南登陆战的激烈，临高角的海浪还在拍打着那些礁石，但在这片沙滩上发生的那些惊心动魄的故事，却让人久久不能忘怀。

请说说你对烈士纪念碑设计理念的理解：________________________。

任务二：1950 年 4 月 17 日，英勇的中国人民解放军万帆齐发，强渡琼州海峡，成功登陆临高角，并于 1950 年 5 月 1 日解放了海南全岛。不为人知的是，在主力部队实施登陆作战之前，从 3 月 6 日起，中国人民解放军第四野战军 40 军、43 军曾分两批四次，先后派遣两个加强营和加强团成功渡过琼州海峡，积累渡海经验，增加琼崖纵队的接应力量。解放海南岛战役其他四个登陆点分别是：儋州白马井镇超头海滩、文昌东海岸昌洒镇赤水港、澄迈县玉包港、海口白沙门。

请你在下面的地图上标注这四个登陆地点。(地图略)

任务三：请你与小伙伴们在当年作战的海滩登陆点齐诵这首诗或其他可以抒发缅怀英烈情怀的诗歌。

红旗漫卷临高角，
将士鲜血染战袍。
解放海南立奇功，
热土铸史丰碑雕。

任务四：解放海南岛战役是名副其实的战争史上的奇迹，它开创了中国人民解放军渡海作战胜利的先河，创造了古今中外战争史上从未有过的用原始木帆船打败现代化铁甲兵舰的奇迹，冲破了陆、海、空立体防线，成功地实现了敌前登陆，在中国人民解放战争史上谱写了光辉的一页。与小伙伴一起去寻找当年作战的历史痕迹，并记录下你的发现。

学习体验二：探寻灯塔的航海历史

1. 了解海南五座灯塔的名字，我们今天参观的是__________。

临高角灯塔　　博鳌灯塔　　木兰灯塔　　鱼鳞灯塔　　锦母角灯塔

2. 寻访古老灯塔，领悟灯塔精神

灯塔由灯具与塔身构成。塔身可由各种建筑材料构筑，主要原则是适应和抵抗风浪等恶劣的自然条件，以保持自身的稳定性和耐久性。灯具由发光器和光辐射器两个基本部分构成。现代灯塔的发光能源主要采用电力，灯塔的射程可达 30 海里左右，灯光有闪光、定光和明暗光等。

小组讨论：灯塔的作用。

我的发现：临高角灯塔初建时，使用干电池作为照明能源，1969 年起改用乙炔燃气灯照明，1987 年开始用电灯照明至今。

3. 灯塔记录历史的变迁，叙述航海者的艰辛和护航者的豪迈。请你领悟灯塔守望者的精神，为今天参观的灯塔设计一张名片或设计一座新灯塔。

学习体验三：海滩科考

1. 采集小块火山石标本，完成科考任务

我们小组推理火山石来自：________________________________。

信息发布栏 样品采集人：			
火山石外形	火山石颜色	火山石软硬度	对比古盐田火山石找不同
我认为火山石形成的原理是：			

2. 海滩拾贝，认识海洋生物

以小组为单位开展临高角海滩生物多样性调查，收集生物样本，如贝壳、珊瑚、石柳等，与博鳌、天涯海角等地收集的海洋生物进行对比分析，完成你的科考记录。

小组合作完成海洋生物的采集任务，并进行生物分类。

海南海边生物考察记录表

采集物种名称（动物、植物）	生物分类	样品采集人	我的观察发现

学习体验四：我是海洋环保卫士

热爱海洋环境，保护海洋环境是我们的责任，开展海滩垃圾大调查。

1. 请你观察临高角海滩上的垃圾，并进行简单分类，分析垃圾的来源。

海洋垃圾调查统计表

学校名称：　　　　　　　小组成员：

日期：　　　　　　　　　城市名称：　　　　　　　地点：

垃圾名称					
垃圾重量(难以称重的试着估计一下)					
垃圾分类（按材料、是否有毒、是否易腐烂或是否可回收等进行分类）					
垃圾来源					

2. 以小组为单位展开关于垃圾的讨论。

话题一：说说今天收集的这些垃圾的来源。

话题二：统计小组垃圾总重量，想一想，这么多垃圾被丢弃后会对环境造成什么影响。

话题三：我们家里的垃圾最后到哪里去了？说说你所知道的垃圾处理方式有哪些。

话题四：我们怎样做能够减少垃圾？

尽自己所能，将能带走的垃圾装进垃圾袋，用实际行动保护海洋。

三、合作交流

临高角解放公园以热血丰碑雕像为轴心，与百年灯塔和解放海南战役牺牲烈士纪念碑相呼应，百年灯塔见证了中国百年的屈辱史，热血丰碑、解放海南战役牺牲烈士纪念碑体现了中国人民不屈不挠的奋斗和抗争。与同学分享交流参观解放海南临高角登陆纪念馆的感受或你所知道的解放海南岛战役的英雄故事。

四、拓展延伸

灯塔记录着“耕海牧渔，拓海而荣”的航海历史，灯塔是航海者的指引和守护者，“灯塔守望者”或许是世界上最孤独的人。但他们的温暖坚守，就像一盏不灭的灯，照亮了无数人的心灵航道。灯塔守望者存在的唯一理由，就是点亮灯塔。

向灯塔致敬，向灯塔守护者致敬！与小伙伴交流，说说你对灯塔精神的理解和认识。

反思总结（略）

调研报告

课题研究报告的格式

说明：课题研究报告没有固定模式，仅供参考。研究者根据实际情况撰写。

一、题目。要求明确、简练、醒目。一般不用副标题，字数不宜过多。

二、摘要。要求准确、精练地概括全文内容。

三、引言（或前言、问题的提出）。引言不是研究报告的主体部分，因此要简明扼要。内容包括：

1. 提出研究的问题。
2. 介绍研究的背景。
3. 指出研究的目的。
4. 阐明研究的假设。
5. 说明研究的意义。

四、研究方法。不同的课题有不同的研究方法。这是研究报告的重要部分。研究方法包括案例分析法、问卷调查法、讲座等。

五、研究结果及其分析。这是研究报告的主体部分，内容包括：

1. 用不同形式表达研究结果（如图、表）。
2. 描述统计的显著性水平差异。
3. 分析结果。

六、讨论（或小结）。这也是研究报告的主体部分，内容包括：

1. 本课题研究方法的科学性。
2. 本课题研究结果的可靠性。
3. 本课题研究成果的价值。
4. 本课题目前研究的局限性。
5. 进一步研究的建议。

七、结论。这是研究报告的精髓。文字要简练、严谨、逻辑性强。主要内容包括：
1. 研究解决了什么问题，还有哪些问题没有解决。
2. 研究结果说明了什么问题，是否验证了原来的假设。
3. 指出要进一步研究的问题。
4. 存在的问题。
八、参考文献。
九、附录，如调查表、测量结果表等。

学习笔记（略）

我的故事（略）

财务记录（略）

实践课程评价表（略）

医疗救护（略）

火车座位表（略）

指导手册需要系统化与连续性的设计，满足小学、初中全学段教学内容，课程方案应根据学生的年龄进行递进式设计。义务教育和普通高中各学段要按学期制定相应的研学实践课题。每次课程可以有不同的侧重点，课题结束后，可以达到相应的课程要求。

在每个研学实践课程的编写过程中，要根据不同学段学生的认知特点和水平，提出有针对性的研学实践目标和实施建议，区分活动和习题的难度，并对课程进行详细的指导。

指导手册要根据不同的研学项目进行不同的内容设计，根据不同的校情、学情进行有层次的编排，从学生的角度思考问题、思考世界，并引导他们正确认识世界。指导手册需要用同频率的语言和学生交流。

指导手册的设计，每一本都是独立的，都需要因地制宜、因人制宜、因时制宜；每一本都需要独立的设计思想，不能把上一本的想法全部应用到这一本中。

希望每一次研学旅行的指导手册都会成为学生成长过程中最珍贵的美好记忆，也让研学实践大放异彩。

探究与实践

1. 分析附录案例中各项内容突出体现对学生哪些能力与意识的培养。
2. 结合第三章设计的作业，配套设计指导手册。

第七章　研学旅行课程实施与指导

学习要点

1. 研学旅行中研究性学习方法指导。
2. 研学旅行课程的实施。
3. 研学旅行课程实施中需要注意的问题。

研学旅行课程的实施难度很大，可以说是一个系统工程。要完成好这个系统工程，不仅要在课程管理、资源开发与设计上下功夫，从实施的角度看，还要了解课程实施特点，把握学生学习方法的指导，关注学生的实践体验，重视学生价值观的生成。加强对实施过程的管理、流程规划与执行是课程实施质量的基本保障。

第一节　研学旅行课程的实施特点

研学旅行课程的实施与其他学科课程和校本课程的实施有着很大的区别，其特点是：内容广泛综合，文理交融，自然与社会交融；指导难度大，对指导教师要求高；实施效果的影响因素多，涉及的人员多，实施流程、内容繁杂；时间跨度长；安全性要求高等。这些特点使研学旅行课程的实施难度加大，对课程实施与指导的专业水平要求较高。

一、研学旅行课程实施的特点

1. 影响实施因素多

研学旅行课程的实施涉及诸多因素，如人、财、物、信息、时间、空间等方面。每个因素又包括诸多要素，对课程的实施有明显的影响。如人的因素，包括学校领导、指导教师、家长、研学旅行机构指导教师及后勤保障人员、校外专业人士、课程涉及的社会各类职业人员、学生自身等。物的因素包括许多方面，校内的如图书馆、资料室等，校外的如科技馆、博物馆、工厂、科研院校、研学实践基地、自然与社会中的各种资源等。

2. 实施时间安排要求准确，实施时间跨度较长

在研学旅行过程中，实施时间安排要求准确，如乘坐飞机、高铁的集合、接站时间，每天出发、返程、就餐、小组分散活动与集体活动、入住、就寝等时间安排都需要细致、合理、紧凑。

一个完整的研学旅行课程一般分三个阶段，行前阶段可能用一两课时，跨度要一两周；行中阶段一般五天左右，假期的科考营等可能持续的时间更长；行后阶段有交流、评价及拓展活动，一般也需要一两周时间，由此可见，时间跨度长是研学旅行课程的特点之一。

3. 活动场所广泛多样

研学旅行课程资源开发以及课程的开展包括学生与自然、学生与社会、学生与自我三条主线，活动主题也源于自然、社会、自我的范畴，活动场所多样、活动空间广泛。具体来说，实施研学旅行课程的场所有自然与人文景区、高校、工矿企业、科研机构、军事基地、农业基地等。

4. 活动方式多样化

研学旅行课程的实施方式是多种多样的，如参观、考察、调查、座谈、查阅资料、尝试体验、设计制作等。多样化的活动方式为学生开展实践学习、发展综合素质提供了条件。

5. 多元的自主性

研学旅行课程的资源开发和课程设计在很多情况下是研学旅行课程机构完成的，学校购买服务。但学校、教师以及学生在研学旅行课程实施的过程中都要体现自主性。

(1)教师自主性

学校教师，特别是研学旅行课程的教师要参与到课程的资源开发与设计过程中。在研学旅行课程实施的过程中，学校教师也要根据课程设计对学生学习进行指导，根据实施过程的动态发展自主地调整内容，起到课程组织者和学习指导者的作用，同时，还要关注和激发学生的主体意识，充分尊重学生的自主权利。

(2)学生自主性

学生自主性体现在活动开展中学生自主选择课题，自主进行研究方案设计、主动实践、体验与创造，充分享受过程的艰辛、探究的乐趣、活动的愉悦、劳动的充实、服务的快乐、创造的幸福，获得积极的生活体验，增强使命感和责任感。

6. 实施管理难度大

研学旅行课程具有自主性和开放性的特点。课程的活动内容与活动方式、活动涉及的场所、活动参与的人员以及活动的评价等都没有统一的要求和固定的模式，这给研学旅行课程实施的管理带来了很大的困难。

鉴于研学旅行课程实施的特点，研学旅行课程指导教师要综合考虑各方面的因素，深入理解课程目标，充分理解课程设计，有效指导。

对研学机构的挑战是缜密安排行程，深度挖掘资源，注意与学校综合实践活动课对接，积极与学校保持各方面沟通。

在课程实施的过程中，涉及的众多人员都需要协调统筹安排，使他们各司其职，各显其能，各尽其责。有些人员之间的工作要无缝对接，如送机、送车、接机、大巴交通、酒店入住、餐厅就餐等。

7. 活动安全性要求高

研学旅行课程由于活动内容涉及面广，活动方式方法多样，活动场所多，活动涉及人员庞杂，活动涉及交通问题突出，因此带来了学生在研学旅行过程中的安全问题。小学生尚处于身心发展的未成熟阶段，判断安全隐患的能力、自控能力、应对突发事件的能力、身体抗病能力、心理承受能力都较成年人弱，这也使研学旅行课程中的安全问题上升为研学旅行课程实施“第一位”的问题。因此研学旅行课程的组织者应当高度重视安全问题，注重调动一切因素为学生安全地开展实践活动提供切实的保障。

二、研学旅行课程实施的主体与作用

研学旅行课程实施的主体很多，主要包括学校、研学旅行机构、教师、学生等。在研学旅行课程的实施中，不同主体所承担的任务是不同的，作用也自然不同。学校的主体作用是主导管理课程，学生和指导教师作为课程实施主体中最核心的部分，其作用与表现影响着研学旅行课程实施的效果，决定着研学旅行课程目标的达成。校外研学旅行教育机构任务的重点在于“保证课程落地”，承担的责任重大。

1. 学校的主体作用

学校在研学旅行课程开展中承担具体规划设置、教师安排、课程管理评价等工作，起着规划、决策与管理的作用。学校要成立研学旅行课程领导小组，承担起课程实施规划、组织、协调与管理等方面的责任，参与制定并落实学校研学旅行课程实施方案。

2. 教师的主体作用

学校综合实践活动课程教师要参与课程资源开发、课程设计及研究性学习活动过程指导、课程实施评价等工作。学校参与研学旅行课程实施的其他教师，也要参与学生课题的研究指导和对学生活动的组织管理工作，保障课程的顺利开展。

校外研学旅行教育机构提供的辅导员（研学旅行指导教师）应视为教师群

体组成部分，在研学旅行活动实施过程中，他们指导和组织学生开展广泛的研究性学习活动，参与管理学生的旅行生活，发挥着重要的作用。

3. 学生的主体作用

学生是课程的主体，不仅是教育的对象，也是研学旅行课程的具体实施者。学生根据自己的兴趣选择课题、查找资料、参与活动过程、展示活动作品、进行自我评价等，是研学旅行课程活动的直接受益者。

4. 校外研学旅行教育服务机构主体作用

校外研学旅行教育机构是开展研学旅行课程的重要合作伙伴。校外研学旅行教育机构要为研学旅行课程资源开发、课程活动设计做大量工作，要承担学校研学旅行课程实施的服务保障工作。故校外研学旅行教育机构也应视作课程的主体。

第二节　研学旅行中研究性学习方法指导

卢梭明确地告诫人们："问题不在于教他有各种学问，而在于培养他有爱好学问的兴趣，而且在这种兴趣纷纷增长起来的时候，教他以研究学问的方法。毫无疑问，这是所有一切良好教育的一个基本原则。"[①]开展研究性学习，是要让学生能够像科学家那样去研究问题，因此，根据学生年龄特点，逐渐教授学生规范的研究方法是十分必要的。

一、自然科学与社会科学的研究方法

长期以来，社会科学与自然科学形成了各自相对独立的体系。两个体系中学科分科不断细化，促进了研究的深入发展。自然科学在20世纪突飞猛进，它所取得的许多划时代成就，既大大地促进了技术的发展，也发展了许多行之有效的研究方法，极大地丰富了科学方法。人类社会与自然的同一性，决定社会科学的研究可以也应当借鉴自然科学研究的某些方法。社会科学根据其独特性，有条件地采用行之有效的自然科学方法，是很有益处的；同时，社会科学研究方法的进一步发展，也会使自然科学受益。这些都意味着二者的方法论不是毫无共通之处。复杂的问题往往需要跨学科、跨领域、多学科的研究，汇聚不同科学领域的研究方法是解决复杂问题的趋势。

研学旅行中的研究性学习就是综合实践活动课程中的考察探究活动，包括自然考察、科学探究活动和社会考察与调查。学生在研学旅行过程中遇到

① 卢梭著，李平沤译：《爱弥尔(上卷)》，北京：商务印书馆，1991年，第223页。

的现实生活中的问题是真实复杂的，需要运用多元的方法解决。因此，在学习和解决问题的过程中，要学习各领域的各种研究方法。

自然科学的研究方法主要包括：观察、实验、模型、假说、归纳、演绎、分析、综合、类比等。

社会科学的研究方法一般分为定量和定性两大类，还可以进行量化与质性研究结合的质性研究。常用的定量研究方法主要是内容分析、控制实验、问卷调查等。定性的研究方法也叫作质性的研究方法，常用的有深度访谈、实地研究、焦点小组、田野调查等。

二、学生研究性学习常用的研究方法

1. 文献研究

这里写“文献研究”而不是“文献研究方法”，是因为学界对此有很大的争议，其原因是思辨与实证两大研究范式问题。从上述对自然科学研究方法与社会科学研究方法的内容表达中，我们也没有看到“文献综述方法”一词。在社会科学研究方法中，质性研究有一种称为“研究整合法”的研究方法，这是一种文献综述的方法。

文献研究的作用就是继承与借鉴，文献研究是实现利用前人劳动成果的重要方式，也是了解目前人们特定领域问题研究的现状动态与前沿进展的重要方式。研究文献使研究更高效，少走弯路，通俗地说就是“站在巨人的肩膀上做事”。

在研究性学习中，学生确定了研究课题后，一般都要查阅相关的文献资料。文献研究就是根据选定的研究方向或研究课题，对相关的文献资料进行收集、整理、分析，从而全面、正确地了解要研究的问题，并且发现文献资料中规律性、本质性的内涵，或者形成新的观点和认识的方法。文献研究可以为学生提供更加丰富的研究背景资料，向学生提示对当前研究有帮助的思路和方法，告诉学生此研究范围内前人已经完成的工作，帮助学生进一步具体地限定要研究的方向和内容等。

在进行文献收集的过程中，学生首先需要尽可能多地收集与主题相关的资料。此后，学生要认真阅读收集到的文献资料，并且进行分类和整理。学生通过阅读研究资料，应该能够从中发现一些问题，并对这些问题有所思考，提出自己的观点和想法。

学生在开展文献研究的过程中经常出现收集不到有用的资料；收集到太多资料；书籍资料缺乏整理、加工和筛选；将文献中的资料简单地堆积在一起，却没有通过对文献的阅读和学习提炼出自己的观点等问题。

针对这些常见的问题，在进行文献收集的过程中，教师要提示学生先尽可能多地收集与主题相关的资料。收集资料时，教师要指导学生学习一些文献检索的基础方法，并且为学生提供一些基本的资料来源，提示学生通过文献资料的题名、关键词、作者姓名、出版时间、地点等特征进行检索。可以采用人工目录检索，也可以通过设备进入专业网或机构网进行检索。在学生进行文献收集的过程中，教师要提示学生随时记录信息资料的来源，便于日后再次查阅相关的内容，同时也让学生养成良好的学术道德，尊重他人的研究成果。

此后，教师要提示学生认真阅读收集到的文献资料，进行分类和整理，并对不同来源的资料进行比较和筛选。学生通过各种途径收集到的资料，需要经过甄别与筛选，去粗取精，去伪存真，才能应用到活动成果中。教师要经常提示和指导学生对资料进行筛选和鉴别，使学生最终形成的研究成果更加科学合理。最后，教师要提示学生通过对资料的阅读研究，提炼出自己的观点，而不能仅仅停留在对资料被动地学习和接受的状态。

案例分享：

“关于家长参与小学生家庭作业的情况调查”文献整理案例

北京市海淀区民族小学　姜沛池　熊楚玥　指导教师：于佼月

在阅读了几篇文章后，我们发现家长参与小学生家庭作业的方式大概分为以下几类。

(1)三分法：直接参与、自主支持、排除干扰。

(2)六分法：家长在家中创造环境支持正在上学的子女、家校沟通、家长作为志愿者义务参与学校工作、家长在家参与学习活动、家长参与学校决策制定与管理、家长与社区合作。

(3)八分法：为孩子完成家庭作业提供物质和心理上的支持、与教师交流家庭作业情况、对孩子的作业过程进行监督与检查、回应孩子的家庭作业表现、直接参与孩子的作业任务和过程、设计使孩子的技能水平与任务要求相适应的策略、通过互动加深孩子对作业的理解、设计有助于提升孩子学业成绩的学习策略。

我们感觉有些分类比较抽象，理解起来比较困难，有些又不太适合我国现状，而八分法比较全面、细致，更接近现实情况，所以我们将八分法作为理论依据来设计问卷。

主要参考文献：

[1]张克旭，郑东辉．家长参与家庭作业行为及效果的调查研究——基于Z省1402份数据[J]. 上海教育科研，2019，(1).

[2]李云，桑青松，凌晨．家长参与学生家庭作业的类型及其价值[J]. 黑龙江教育学院学报，2011，(4).

上述案例虽然不是研学旅行的案例，但是这个案例很好地展现了学生在文献阅读的基础上，对文献进行筛选、分析、归纳和整理，并能够结合课题的研究内容和具体情况，选择最适宜课题研究的文献内容作为进一步研究的理论依据，为后期研究中的问卷设计提供参考依据。

2. 观察研究法

观察是人们对周围事物、现象和过程的认识。“观”即看，“察”即深刻细致地观看和研究。观察是人们有意识、有目的地感性认识问题的活动，是人们有目的、有选择、积极主动地反映事物的过程，常同积极的思维相结合。观察过程要全面地把握事物的各种属性，常需要借助一定的手段，按一定的要求进行。观察作为人类最早认识世界的最基本的手段，如今已经独立地成为科学的观察研究法。同时，观察又常常作为基本的要素，成为构成其他科学研究方法的有机组成部分。观察研究法即以人们的感观活动作为先决条件，与积极的思维相结合，通过系统地运用感观或借助工具或仪器，对自然状态下的事物进行感知、理解的一种科学研究方法。

观察是人们有计划的认知活动。通过观察，敏锐、准确、全面地把握事物的特点，除了需具备必要的知识外，还需要掌握科学的观察方法。观察有许多不同的分类方法，如直接观察和间接观察，参与观察和非参与观察等。用于学生研究性学习的观察，主要是不使用仪器的直接观察。在对自然现象的研究中，通常只能使用非参与观察的方法。在对社会现象的研究中，需要加入观察对象的活动中以达到观察目的时，才有可能涉及参与观察。

观察法有许多优点，如运用方便，随时可以进行，可以保持观察对象的自然状态，直接获得第一手资料等。但观察法也有其局限性：其一，观察法只能发现“是什么”和“有什么”这类问题，不能说明“为什么”这类具有因果关系的问题；其二，观察是主观对客观的感知，观察过程中，观察者个人的意识形态、价值观念和感情色彩可能会影响对观察资料的记录和整理；其三，观察法取样小，可能会受一些偶然因素干扰，观察研究获得的推理结论过多，就会降低研究信度。

结合具体事物，教师要引导学生学习观察的一般方法，使观察活动能够有条不紊地进行。组织观察法的研究活动，教师事先需要引导学生拟订观察提纲并明确观察的程序，要明确观察的时间、地点、范围、方法和形式。对于一个特定事物的观察要由整体到局部、由表及里、由形态到结构、由颜色到气味、由本体到环境等。观察研究收集的资料，需要加以记录。记录内容要详细、准确，有些专业的内容还要使用规范的格式记录。学生在观察时最容易出现的问题，一是懒于记，二是不会记，教师有责任帮助他们解决这些问题。

3. 调查研究法

调查研究法是通过一定途径，采用一定办法，有计划、有目的、系统地收集资料，认识和了解自然、社会和生活中的各种问题的科学研究方法。调查作为了解情况的方法之一，在日常生活中是经常用到的。正如普通的“看”并非科学的观察法一样，一般的“了解”也不属于调查研究。使用科学的调查研究法，广泛地收集第一手材料，不仅为解决特定的现实问题提供依据，还可以突破时空的界限，将其用于比较研究和纵向发展研究。

调查研究法的突出特点是调查手段的多样性，如问卷、访谈、座谈、测量等。使用调查研究的方法，可以有针对性地在较短的时间内取得第一手材料，为解决问题提供事实依据，同时又能较好地培养青少年收集信息、分析问题和解决问题的能力。因此，调查研究的方法在学生的考察探究活动中得到了广泛的应用。

无论哪一种类型的调查研究，都包含确定调查任务、选择调查对象、划定调查范围、制定调查方案、组织实施过程、分析调查资料、撰写调查报告等几个环节。

为了比较深入地了解研究对象的特征，对于较小的选题自然可以进行全面调查，对于涉及面较大的选题，则可以从总体中抽取部分作为“样本”做详细调查，并用统计学的方法对调查结果加以分析，用样本所具有的属性反映总体的属性。

实施调查研究不仅要确定明确具体的目标，通常还需要审慎地设计适用的调查提纲，在社会调查中则常使用调查问卷。样本的选择和问卷的编制，在调查研究中具有特殊的意义，且技术性较强，要求较高，需要认真学习和对待。

(1)问卷

使用问卷调查的方法，教师要指导学生规范地编制问卷，一般一份完整的问卷包括标题、指导语、问题与选项四部分。有些问卷可能在问题之前设置了解答卷人自然情况的问题，以便对问卷中的问题做相关性分析。

问卷编制的一般程序为：其一，根据调查目的，确立总体目标体系及问卷的理论框架(维度)，如小学生性健康教育情况调查，其理论框架由性生理发育知识方面，性心理发展引导方面，异性交往、性自护知识与技能学习方面，性自护意识培养方面，艾滋病知识与预防等部分构成；其二，围绕目标体系把研究问题具体化，把大问题逐层分解为一个个小问题；其三，针对问卷征求意见，进行小范围测试，并酌情进行修改。

问卷设计的问题分为开放式、封闭式和综合式三种形式。开放式问题只提出问题，不给答案，适用于深层次研究的问题，由于答案多样且复杂，一般问卷中开放性问题不宜过多；封闭式问题是指研究者提出问题的同时，提供与该问题相应的若干个可供选择的选项，这类问题答案标准化，易于统计处理；综合式问题也叫半封闭式问题，是前两种形式的组合，即研究者提出问题并给出针对问题的几个选项，同时，还给一个“其他”选项，由填写者自行决定填写相关的内容。根据问卷设计问题的形式，问卷呈现相应的类型。

在设计问题时，教师要引导学生对问题进行规范表述，即问题表述要简明扼要，问题要客观、中立，措辞要委婉。

在问卷中，对于问题的排列要注意先易后难；事实性问题放在前面，知识性问题、意见性问题放在后面；封闭性问题放在前面，开放性问题放在后面；带有时序性的问题按时间顺序排列；性质相同的问题尽量排列在一起。一份问卷的填写时间因对象的年龄而定，一般不要超过 30 分钟。

问卷回收后要做统计工作，首先要统计问卷的回收率和有效率，回收率在 70％以上的问卷可以作为研究结论的依据。

利用抽样法获得的信息，了解的多是一般“面”上的情况，许多反映事物历史和发展动态的鲜活材料从调查问卷中是难以得到的。另外，从问卷中可能发现的典型的人和事，也需要进一步追踪和了解，这就需要运用访谈和文献调查的方法。

(2)访谈

访谈即访问和交谈，既可以用开调查会的方法，请当事人或与研究内容相关的人开会调查，当面收集情况，征询意见，集思广益；也可以请个别人做深入交流。两种情况事先都要认真做准备，拟订适用的调查访谈提纲，邀请适宜的访谈对象，访谈过程还须认真记录。

(3)文献调查

文献调查可以作为直接调查的补充，也可以用于调查某些难以直接调查的内容，还可以收集相关问题的背景材料。文献调查通过检阅报刊、文献资料、记录档案等，收集与问题相关的资料。

调查研究的目的是收集材料，解决问题。通过实地调查、问卷调查和访谈得到的大量材料需要收集、积累、整理、分析，才能从中引出必要的结论。调查过程中随时获得的各种文字、数据和实物材料等，如实地调查收集到的标本、样品，观察和测量的记录等；社会调查回收的问卷、访谈记录，以及调查过程中收集的照片和录像等，统称为即时资料。整理这些即时资料的关键在于及时。

调查工作结束后就可以在综合分析(量性和质性分析)各项材料的基础上，完成从感性到理性的飞跃，撰写调查报告了。至于调查报告的规格，不同内容的调查研究项目会有不同的要求。对于学生的调查研究活动的总结，还要根据实际情况区别对待，对不同学段的学生分别提出不同的要求，逐步提高他们撰写报告的能力和水平。

(4)田野调查

田野调查是社会科学研究范畴人类学的一种研究方法，也可纳入调查研究方法的范畴。田野调查要在实地进行，调查要有严格定义的时间与空间范围。研究者到实地生活较长时间，对观察对象的日常生活、所思所想(通过交流)、各种文化活动、自然与社会环境等各方面进行观察、调查、访谈等，在细致采集信息的基础上，分析撰写研究报告。有的研学旅行内容是带领学生去某一贫困地区，与当地学校学生同吃、同住、同学习、同劳动，在体验的基础上进行扶贫项目设计；也有的是带领学生到一个少数民族村寨居住几天，深度考察、调查村寨群众的生活、文化、艺术等，了解民族文化，研学旅行后写出专题研究报告。其实，这些就是在学生认知和能力水平层面的田野调查研究，通过和调查对象同吃、同住、同劳动、同学习，体验更深入，采集的一手信息更真实，撰写的研究报告中的理性思考建立在大量数据分析的基础上，这对于学生将来从事社会学一些领域的研究是一种方法的学习、兴趣的激发和职业生涯的启蒙。

4. 实验研究法

实验研究法是人们根据研究的目的，运用一定的手段，主动控制、干预或模拟事物发生发展的过程，从而获取科学知识，揭示因果关系，探索事物规律的一种研究方法。实验研究法是随着自然科学的诞生和发展逐步形成和发展起来的，目前不仅在自然科学领域，而且在社会科学领域得到了广泛的应用，成为与观察法和调查法一样，从现实中获取信息，发现科学真理的基本手段之一。与观察法和调查法相比，科学的实验方法更能够揭示事物的因果关系，受到人们越来越多的关注。

影响事物发展的因素很多，科学实验时特别给予这些因素一定的含义，称为变量。变量又分为自变量、因变量(二者合称实验变量)和无关变量。自变量是实验中由实验者操纵其变化的因素或条件；因变量是实验中由于自变量的改变而导致的相应的变化和结果；无关变量则是在实验中会影响实验结果的其他因素或条件。所谓的无关变量，并非与实验无关，它们还是会对实验产生影响的，只是不是该实验要研究的内容。科学实验本质上就是一个操作自变量，控制无关变量，关注因变量变化的研究过程。三者结合得越好，实验的效果也会越好。

在研究性学习中，教师对研究方法的指导要注意如下两点：

第一，观察记录信息(数据)要细致。如观察人物，在特定的情况下，他的言谈举止甚至表情等信息都要注意观察记录；观察传统老建筑，不仅要对其整体结构、外观色彩、技术工艺、设计思想等进行观察和信息采集，还要注意采集在这个老建筑中生活过的人给老建筑留下的活动痕迹的信息；观察生物，不仅要观察该生物的形态特点、生活习性，还要观察其生活环境的特点和生物与环境之间的互动。

第二，记录的数据要真实。我们通过观察、调查、实验、考察等获得并记录下来的信息统称为数据，这些数据在记录和作为证据使用时，都要真实，尽量不要加入主观色彩。

第三节　研学旅行课程的实施

与学科课程相比，研学旅行课程的实施如同一个庞大的工程。如前所述，研学旅行课程从学习内容角度划分，包括课题(项目)研究、广泛的考察活动、旅行生活；从课程主体角度划分，包括教育服务机构、学校、学生、家长等；从工作保障内容划分，包括课程活动设计与实施、后勤保障等。本节重点从学习内容和课程主体两个角度讨论研学旅行课程的实施。

一、研学旅行课程实施过程概览

一个基本的、普适的研学旅行课程实施框架，能帮助实施者整体地、简要地明确实施的流程及各主体的职责，有利于课程的有效实施。为表达方便，将研学旅行课程的实施框架分为行前阶段、行中阶段以及行后阶段三张表格，供学习者参考(如表 7-1～7-3 所示)。

表 7-1　研学旅行课程实施行前阶段基本过程及内容

教育服务机构	学校	学生	家长
确认各项工作 做好物资准备 召开行前会 共建组织结构 实施前置课程 辅导员培训 沟通资源单位 提供家长咨询	构建整体课程 建立领导小组 实施前置课程 指导旅行安全	准备学习研究 准备旅行生活	提供生活保障 进行心理引导 做好学习指导 告知学生情况

表 7-2 研学旅行课程实施行中阶段基本过程及内容

教育服务机构	学校与教师	学生	家长
做好生活保障 关注动态生成 确保活动安全 规范学习流程 做好学习指导 组织过程评价 处理突发事件 协调资源单位 每日总结反馈	开展交流评价 重视生成与指导 生活管理	开展研究性学习 记录一手资料 交流体验感悟 培养自护能力 提高自理能力 践行社会公德	提供专业支撑 做好心理疏导 指导学生消费

表 7-3 研学旅行课程实施行后阶段基本过程及内容

教育服务机构	学校与教师	学生	家长
参与学校展示交流 参与学生活动评价 指导学生拓展延伸 进行活动反思总结 开展辅导员评价	提供展示交流保障 加强学生评价管理 引导学生拓展延伸 组织进行多元评价	物化探究成果 交流体验感悟 拓展创意物化	关注学生成长 固化自理成果 协助社区拓展

二、研学旅行课程行前阶段课程实施

1. 研学旅行教育服务机构

研学旅行教育服务机构是课程组织的主体，在整个课程实施过程中起到桥梁和纽带的作用。行前准备阶段，研学旅行教育服务机构要在学校、家长及地接方甚至活动资源方之间进行大量的沟通与协调，做好前期准备。其工作内容如下：

(1)与学校确认各项工作事宜。研学旅行教育服务机构与学校确认课程设计、组织实施方式与行程安排、生活保障等各项工作事宜。

(2)做好物资准备。依据课程内容，做好研学旅行课程实施的物资(如实验器材)准备，并提前向所有参与实施人员(包括学生)发放相应的物资。

(3)协助学校教师召开学生行前说明会(含家长会)。行前说明会主要包括：介绍活动内容、行程安排及注意事项、行李准备等。

(4)共建组织结构。与学校共同建立研学旅行课程实施管理的组织结构，落实人员安排，制定课程实施方案。

(5)协助实施前置课程。如为学生提供自主学习资料；协助教师进行项目研究前期指导，确定研究课题，开展课题论证等。

(6)开展辅导员培训。组织研学导师、辅导员集体备课，理解课程设计意图，明确教与学方式，读懂课程实施方案，为落实研学旅行活动课程的实施指导做好知识及方法上的准备。

如西安大明宫探究活动是为北京学生设计的，在学习方式上主要采用比较研究。有些研究项目要求引导学生对西安大明宫与北京故宫博物院、圆明园等相应内容开展比较研究，这对辅导员的知识准备要求比较高。

案例分享：

辅导员知识准备要求

京鹰国际教育科技(北京)有限公司

1. 地接辅导员知识准备

(1)了解大明宫的建造历史及其整体建筑特点、建筑布局、建筑功能及重要历史事件。

(2)对比丹凤门和天安门的建筑风格，深度解读唐朝时期的建筑特点，及其反映的当时的政治文化特征。

(3)解读大明宫含元殿的建筑风格、特点及主要功能。

(4)了解西安市对历史遗迹保护的现状和相关政策，理解历史遗迹保护的历史意义和社会价值。

(5)了解大明宫的建筑特点和北京故宫博物院建筑特点的关联性，分析二者体现了哪些中国传统文化精髓。

(6)掌握指导手册课程内容的知识。

2. 研学旅行教育服务机构辅导员知识准备

(1)了解北京故宫博物院三大殿的建造背景、建造风格、建造功能及三大殿间的关联性，及其体现的政治环境和文化特征。

(2)了解北京市对历史遗迹保护的现状和相关政策，理解圆明园遗址保护的历史意义和社会价值，圆明园复建的社会导向和不复建的原因。

(3)了解指导手册课程内容和学生小组探究课题的相关知识。

(4)了解考察探究的学习方法——社会调研、访谈、测量实验、分享交流，了解学习方法的具体操作和注意事项。

(5)了解大明宫的建筑特点和北京故宫博物院建筑特点的关联性，分析二者体现了哪些中国传统文化精髓。

(7)与各资源单位进一步沟通，落实好课程实施过程中的各项工作。

(8)为家长提供咨询，做好解释指导等工作。

2. 学校

学校是研学旅行活动课程的实施主体，是课程设计与实施的核心，须对课程的设计、实施、评价等全过程进行监督、指导与管理。虽然很多学校在研学旅行课程中采用向第三方(研学旅行服务机构)购买教育服务的方式，但这不等于其主体地位发生转化。研学旅行的核心在学校，研学旅行课程的实施主体更应该是教师和学生。

(1)对研学旅行课程进行整体构建。依据教育内容确定研学旅行的整体方案，学校要将研学旅行课程与综合实践活动课程的常态课程进行整合与连接，将学校的主题活动、团队活动、特色活动、学科实践活动与研学旅行课程有机融合，整体构建研学旅行课程框架，主导编写课程方案，实现研学旅行的实践育人功能。

(2)成立研学旅行活动的领导小组。由于研学旅行课程的特殊性，学校应与研学旅行服务机构共同构建研学课程实施的管理组织系统，成立领导小组，专人负责，分工明确，确保整个实施过程中人员安排无缝对接，形成教育合力，为课程的有序实施做好组织保障。

(3)实施前置课程内容。依据活动内容为学生提供专家讲座、研究性学习指导、学习小组建设、旅行生活指导以及安全风险防控等多方面的前期课程内容，如研学旅行生活指导课、项目研究方法指导课、行前准备妙招分享课、安全风险评估课、自主学习交流课等，为后期的出行做好生活准备、学习准备、心理准备以及评价准备。

(4)做好旅行安全指导。学校及教师要通过各种形式与学生一起学习或制定各项规章制度，让学生明确研学旅行中的各项突发事件的应急处理方法，保证研学旅行的生活安全。

(5)发挥行前课程对学生能力的培养作用。学校与教师应充分发挥行前课程的作用，结合行前相应内容，培养学生的自主合作能力、自理能力、研究能力和创新能力，为行中课程进一步培养学生的各项能力做好基础工作。

3. 学生

(1)做好学习与研究的准备。在项目研究方面，学生按照研学旅行课程设计方案，在教师的指导和引导下完成选题，组建项目研究小组，在教师的指导下制定、修改与交流研究方案，收集、筛选有关研究课题的文献资料，听专家报告或对专业人士进行访谈，学习研究方法，制定活动过程与活动成果评价方案，有条件的学校可以举办开题论证会等。总之，师生应为进一步收集一手资料，高质量实施研学旅行课程做好学习与研究的准备。

(2)做好各项旅行生活准备。如物质准备、学习安全守则、学习文明旅行规则、旅行心理准备。

4. 家长

家庭是研学旅行活动的有力保障，为学生参与研学旅行活动提供物质基础及全方位支持。

(1)生活保障。家长要协助学生做好出行前的物品准备，引导学生在准备相关物品的过程中，提升生活能力和自我管理能力。家长要根据学生的具体情况，如生活习惯、体质状况、饮食特点等，结合研学旅行活动做好安排，为其能适应研学旅行生活做好前期的引导与指导工作。

(2)心理引导。指导学生做好集体生活的心理准备，引导并教育学生遵守社会公德，遵守活动中的各项规章制度。结合自身的生活经验，帮助学生做好出行过程中的安全风险评估，做好迎接集体旅行以及旅行中遇到的困难的心理准备。

(3)学习指导。指导学生做好学习上的准备，督促与协助学生完成行前课程，如行前课程中的自主调研、文献资料收集与分析等，针对相应课程内容和学生一起制定研学旅行的学习攻略，为学生顺利有效地完成相关课程做好充分的准备。

(4)如实告知学生情况。家长是最了解自己孩子的人，由于研学旅行活动的特殊性，家长要向学校或服务机构说明学生的身体和心理方面的特殊情况，对学生能否参与研学旅行活动做好评估，签订责任书，确保学生人身安全。

三、研学旅行课程行中阶段课程实施

研学旅行课程行中阶段的课程实施是研学旅行课程实施的主要阶段，是学生广泛与深入接触自然与社会，在实践与深刻体验的过程中，获得对自然、社会与自我联系的深刻认识的重要阶段。这一阶段，课程各主体的积极参与对课程实施、保证课程质量都发挥着重要作用。

1. 研学旅行教育服务机构

研学旅行课程行中阶段的实施，对研学旅行教育服务机构服务的专业性要求很高。研学旅行教育服务机构的服务质量直接影响研学旅行课程实施的质量。

(1)关注出行细节，做好生活保障

我们常说旅游就是吃、住、行、游、购、娱，这六要素构成了旅行生活的主题。建立在旅行生活基础上的学生研学旅行活动同样离不开这几大要素，特别是作为生活保障的吃、住、行。研学旅行教育服务机构作为研学旅行活动的组织与实施主体，首先要做好出行过程中的各种生活保障。同时，一定要根据学生的年龄特点，细致做好特殊人群、特定活动的旅行生活保障。如实施过程中乘坐飞机、高铁的组织既要高效，保证准时、有序、安全地将一个团队送上飞机、高铁，又要考虑学生的实际体力以及团队对公共环境的影响，不能过早集合，以免候机(车)时间过长。乘坐的大巴车要保证各方面安全有效，设备与措施完善。住宿安排尽量集中，协调酒店准时、高效办理团队入住。落实对房间内自费及成人物品进行清理、对房间进行无烟处理等细节。合理分配住宿房间，全方位考虑班级管理方便、学习交流便捷、教师和辅导员管理及时等各种因素，确保学生与本班教师和辅导员同楼层住宿，对紧急出口、楼梯口、拐角处等特殊区域做特别安排。严格落实安全演练，确保出现突发事件时，能有效应急，及时到达相应岗位，所有人员各负其责，保证师生安全。

就餐安排要注意餐厅的选择、菜品的搭配、就餐环境等，既要方便行程安排，又要确保食品安全。要在保证食品安全的基础上，合理搭配营养，菜品中尽量避免易引起过敏的食物，如腰果、海蟹等。

(2)抓住教育时机，关注动态生成

教育无处不在，研学旅行课程资源是丰富的，很多也是动态的。综合实践活动课程要求在活动实施过程中注意动态生成，指导教师要抓住教育时机(有时一些机会是稍纵即逝的)，抓住动态出现的资源，机构要能够积极与学校协调，适度增加或调整活动设计内容与活动方案。

案例分享：

“南京雨花台革命烈士陵园纪念活动”的临场设计

京鹰国际教育科技(北京)有限公司

南京雨花台革命烈士陵园，是新中国规模最大的纪念性陵园。很多学校都会选择在这里举行纪念活动。2019 年 11 月，来自北京理工大学附属中学通州校区的 180 余名师生早早就来到这里，将在这里举行一场隆重的纪念活动。在经过雨花台革命烈士陵园广场时，我们无意间发现几位身穿军装的爷爷，随即跑去与工作人员沟通，了解到他们是来自安徽省滁州市光荣院的退伍老战士，在这里纪念老战友。我们觉得这是真实的教材，比原先设计的纪念活动更生动，教育更深刻。随即与工作人员沟通，征得爷爷们

> 的同意后，我们取消原定活动，让学生在现场与老战士们开启了一场生命的对话。
>
> 爷爷们有的参加过解放战争，有的参加过中越边境自卫反击战。有位爷爷名叫李书祥，今年87岁，参加过中国人民解放战争渡江战役和淮海战役。孩子们静静地站在爷爷身旁，有几个学生主动搀扶爷爷。爷爷眼含泪花地为我们说起那段让中国走向新生的艰苦历程……
>
> 淮海战役是我国解放战争三大战役中解放军最重要的一次战役，也是伤亡人数最多的一次战役，指挥官是刘伯承将军。在这场战役中，爷爷失去了他亲爱的战友，自己的耳朵也被炸聋了。新中国成立后，爷爷到滁州当地的公安局工作，但因为听力受限，爷爷觉得自己不适合公安工作，不想给单位添负担，主动离开了公安局。爷爷一生孤独一人，退休后住进滁州市光荣院。爷爷胸前有4枚沉甸甸的军功章，学生们竟然不敢上前触摸，因为那是用热血换来的！
>
> 活动结束时，有的学生红了眼睛，有的学生流下了眼泪。学生们表情凝重、严肃，充满敬意地向爷爷们深深鞠了一躬。学生们说："他们是我们新中国的缔造者，是新中国的荣耀者，我们向他们致敬！"
>
> 这是用生命影响生命的教育！

这个案例告诉我们，作为课程的实施者，要有敏锐的观察力和强烈的资源意识，要有教育智慧，要有责任担当。在活动实施过程中，要随时发现资源，善于抓住教育时机，在没有产生重大影响的情况下，敢于调整方案，给学生提供触及心灵的实践体验活动。

(3)做好组织协调，确保活动安全有序

研学服务机构作为研学旅行活动实施的主体，对整个活动过程中的组织安排、课程实施、资源协调、整体调控等承担管理责任和实施责任。在课程实施过程中，特别要进行整体把控，协调课程环节中的诸多要素，确保活动内容的有序落实以及活动之间的有序衔接。在课程的组织协调过程中，同样要注重发挥学生的主体作用，创造更多的体验机会，让学生参与组织协调，锻炼学生多方面的能力。

(4)规范学习流程，确保课程高质量实施

研学旅行课程行中阶段开展的考察探究、实践活动，是研学旅行课程的核心环节。一个好的学习活动应该有其固定的学习流程。有些教育服务机构或学校已经形成了自己的学习体系，将每一个课程的基本流程分为自主学习—提出问题—实践探究—合作分享—拓展延伸等环节，而对每一个学习环节也有明确规范的要求，以确保研学旅行课程高质量实施。

(5)做好学习指导，促进研究性学习

研学旅行过程中，工作人员应按照课程实施方案中各人员分工及工作细则完成相应工作。如总领队要做好整个活动的组织协调；研学导师或辅导员要与学校教师一起做好课程实施，帮助学生顺利完成课程学习内容，及时解答学生提出的问题，为学生提供学习帮助，全面进行学情分析，不断调整教与学方式，与学校教师一起做好学习指导，促进研究性学习的开展。

(6)组织过程评价，强化活动过程管理

辅导员应对学生的学习生活等诸方面进行过程性评价，并收集相关材料；做好每天的活动小结分享，与教师一起对学生进行个别指导，组织学生评价，发挥评价的激励与导向作用。

(7)有效处理突发事件

遇到突发事件，应严格按照应急预案的要求开展工作，确保人员职责明确。如遇到学生伤病等个体事件，由校方和机构共同处置，做好家校沟通，确保及时救治；如遇团队整体问题，应由双方领队共同协商解决，尽力减少影响与损失，一切以学生为重。

案例分享：

团队遇突发公共卫生事件(新冠肺炎疫情)的应急处理

京鹰国际教育科技(北京)有限公司

2020年新冠肺炎疫情的暴发对各行各业都是一个极大的挑战，也检验了研学旅行教育服务机构对突发事件的处理能力。1月17日至22日，京鹰国际教育组织开展了一年一度的海洋意识教育冬令营。200多人的团队在湛江、珠海等地按照安排，有序开展相关课程。19日，我们发现新冠肺炎疫情的消息不断从网络传出，虽然官方没有给出应急要求，却引起了公司领导的高度重视。公司总经理以多年组织学生活动的经验做出判断，在北京发起召开冬令营领导小组紧急视频会议，统一组织部署，并做出如下严格要求：

1. 及时调整行程安排，不惜一切代价确保师生安全。
2. 控制团队接触人群，有效切断一切可能的传播途径。
3. 全面排查学生身体状况，发现身体不适者及时隔离就医。
4. 紧急采购防疫物资，确保物资保障。
5. 不过度宣传，避免引起恐慌。
6. 做好学校、家庭的组织沟通协调工作。

随后，公司各方按照应急预案的要求有序开展相关工作，活动领队与公司活动保障部门对后期活动进行风险评估，及时调整行程安排如下：

1. 取消有公共卫生安全隐患的活动。公司果断取消游览海洋王国活动。

2. 将博物馆参观人员与学生团队隔离。公司及时联系海上丝绸之路博物馆，了解客流情况，协调学生参观的线路，缩短参观学习时间。

3. 协调酒店。阳江的酒店只有我们一个团队，且该酒店是海景度假酒店，环境优美，活动空间大，餐厅、客房等相对独立。为了确保学生的安全和学习生活质量，公司决定在阳江多住一晚，退掉珠海酒店。将原计划就餐的餐厅全部退掉，调整为在住宿酒店用餐。这一决定，意味着公司要承担很大的经济损失。由于当时酒店、餐厅和景点的工作人员都没有意识到事态的严重性，公司毅然承担了全部损失。

4. 依据行程调整课程。公司组织课程设计人员及辅导员对后续课程内容连夜进行重新架构与设计，做到内容有变，活动质量与效果不变。

5. 紧急配送防疫物资。公司后勤保障部在北京紧急购置口罩等防疫物资，第二天一早，总经理带着所有物资从北京赶到阳江，确保所有学生和教师在后续行程中佩戴口罩，乘机时佩戴双层口罩；餐饮前用酒精消毒液进行手部消毒。

6. 健康状况普查。对于团队中身体不适、感冒发烧的学生，以随队医生为主导进行初步排查，在酒店隔离或单独乘车出行，避免与团队接触。

7. 及时与家长沟通。领队与教师一起积极做好家长工作，及时通报相关决定，反馈学生的生活和学习状况，赢得了家长的理解与支持。

8. 与航空公司沟通，为师生安排特殊通道登机。短短两天，国内疫情事态发展严重，公司及早联系航空公司，上报团队行程，争取特殊通道，确保师生的回程安全。

9. 落实家长接机，避免与旅客接触。团队在武汉封城前一天到达北京，疫情形势紧迫，公司对家长在机场接机做出具体要求与提示，分散接送地点，避免大规模聚集，缩短在机场与旅客接触时间，把 200 多名学生交到每一位家长手中。

随后的两周，我们没有松懈，依然持续关注师生的身体状况，坚持实行社交软件群打卡汇报制度，体现了教育服务机构应有的责任担当，凸显了教育服务机构的教育情怀。

这个案例反映了研学旅行教育服务机构在应对突发事件时的专业性与责任担当。

(8)提前协调资源单位，为活动保驾护航

研学旅行是以集体出行的方式开展的，团队人数较多，地点变化也较多。为了增加有效学习时间，在活动实施过程中要提前做好安排与规划。如减少买票等待的时间；提前分配房间，减少入住酒店的等待时间；减少等待就餐的时间等。这就要求教育服务机构提前对接相应资源单位，做好周密的安排，落实实施细节。例如，现在很多酒店入住时都要刷脸实名认证，这样的规则不能打破。遇到这种情况，可以利用就餐时间合理分流，在晚餐时完成分房、发放房卡工作，餐后进行安全教育。依据酒店具体情况(如同时提供几台刷脸仪器)，分期分批前往酒店，办理入住相关事宜。组织其他学生开展相应的学习分享交流活动，以确保所有人员有事可做，有节奏做事。

(9)坚持每日总结反馈

作为活动实施的主体，研学旅行教育服务机构应严格落实活动当天的工作总结与反馈，及时对整个活动进行调整。每天召开研学导师、辅导员会议，交流评价一天的工作情况，部署下一步工作。召开学校领队及教师协调会，征求学校及教师的意见和建议。每日通报与提示相关工作(如第二天的时间安排、注意事项等)。关注活动家长的反馈(一般情况下，教师与家长沟通，将信息反馈给领队，由领队与辅导员沟通)，及时解答家长的疑问，做好协调工作。

2. 学校与教师

虽然课程实施过程中，很多学校以机构提供的辅导员为主指导学生考察探究，但学校管理课程实施，学校教师参与课程实施指导也是非常重要的。

(1)开展交流评价

正所谓教学有法，教无定法，研学旅行课程因其特殊性，需要辅导员与教师灵活运用教学与指导方法。同时，研学旅行课程实施不能让学生走马观花、流于形式，更不能每天完成课程实施后“狗熊掰棒子，边走边丢”，指导团队要根据研学旅行课程实施的内容，每天引导学生交流。

在活动实施过程中，教师及辅导员要按照活动设计方案对学生学习进行指导，引导学生开展考察探究活动(广泛的研究性学习)，注意每日开展小组交流，让学生在真体验的基础上表达真感受、真发现，交流学习与感悟，促进学生情感提升。教师与辅导员要注意每日督促学生完成指导手册，及时记录所见所闻所感，并适时进行展示交流评价。教师与辅导员要注意加强对学生学习过程的即时评价，保持学生的学习兴趣，调整学生的学习状态，通过即时评价有效指导学生深入学习思考。

(2)重视生成与指导

学校教师重点要监控学生的课题研究活动，引导课题研究方向，在学生收集一手资料时，注意方法的指导，在学生进行课题研究遇到困难时提供必要的帮助。

在考察探究过程中，教师和辅导员要注意课程的动态生成性。在生动、真实、复杂的旅行考察过程中，学生会遇到各种各样的情况与问题，教师与辅导员要能针对遇到的新情况和真问题，丰富或调整原有课程设计方案。例如，学生乘大巴车途经南方某城市，一个学生(小学生)发现这个城市骑电动车的人特别多，信号灯下停的大片电动车很是壮观，便问辅导员：为什么这个城市有这么多人骑电动车？辅导员立刻意识到这是一个好问题、一个综合性问题、一个需要学生深入观察和多元思考的问题。辅导员随即在表扬提问学生的基础上，引导全车学生细致观察电动车多这一现象，研究引起这个现象的综合因素。

除了学习上的指导外，辅导员在行中阶段还要落实学生旅行过程中的吃、住、行管理与指导工作，确保研学旅行课程有序、安全进行。(详见第八章)

3. 学生

(1)积极开展研究性学习

前文对研学旅行进行了内涵界定，学生的研学一方面是课题研究，另一方面是在辅导员的引导与指导下，进行广泛的考察学习(这里暂时不谈旅行生活中的学习)。在行中阶段要突出“研”，在“研”中学。学生要按照行前阶段的课程方案进行课题研究，在研究中学习运用各种研究方法获取事实资料(数据)，在“研”的过程中和广泛考察的过程中，不断产生新的问题，将学习引向深入。

(2)及时记录一手资料

学生学习考察要避免走马观花，注意充分收集课题研究的一手资料，并将资料及时记录下来；每日及时完成指导手册，记录考察探究中学到的重点知识、新鲜见闻、体验与感悟。尤其是学生的感悟，有时离开一定的场景或过一段时间后就会淡忘，需要及时记录下来。

(3)交流感悟，促情感提升

活动过程中，要及时让学生交流体验感悟，有效促进学生情感的发展与价值观的形成。另外，在交流中要进行学生指导手册的展示，用榜样的作用引导学生掌握好的学习方法，端正学习态度。

(4)培养自护能力，提高自护意识

在旅行生活中，要培养学生判断危险的能力和自我保护能力，加强学生的自我保护意识。如第一天入住酒店，让学生集体演练消防紧急疏散；每到一个大型室内场所，让学生养成看紧急疏散图的习惯。

(5)学会生活自理

学生离开父母开展旅行生活，要学会生活自理，懂得互助。采取适合自己的财务安全措施，并保证财物安全，不丢三落四，避免给团队制造麻烦。

(6)践行社会公德

学生在研学旅行过程中，进入各种公共场所、各类自然生态环境都要自觉遵守各项规章制度，践行社会公德。

4. 家长

(1)为学习提供专业支撑

家长在各行各业工作，具有不同职业和专业的技能与学识。在研学旅行过程中，家长也可以对学生团队、课题研究小组乃至学生个人在研学过程中遇到的问题提供专业知识支撑、问题咨询与方法指导。目前，这一点在综合实践活动课程中受到一些教师的重视，但在研学旅行过程中还有待加强。

(2)做好心理疏导

作为家长，一方面要在学生生活有问题时做好学生的生活指导，做好教师的帮手；另一方面要积极关注学生的心理变化，做好问题协调和心理疏导工作。家长应严格遵守相关要求，在学习时间不影响学生生活，在每晚9:30学生报平安时，认真倾听学生的心声，疏导学生心理，鼓励学生面对各种困难，给予学生积极的心理辅导。

(3)指导学生消费

家长要引导和合理控制学生的消费，不随意给学生的手机转账，培养学生规划和使用零花钱的能力，提高学生的财商。听到学生对旅行生活的抱怨，家长要积极与教师或辅导员沟通，多方了解情况，客观评判与处理。

四、研学旅行课程行后阶段课程实施

研学旅行课程行后阶段课程实施是研学旅行活动成果物化、情感价值观进一步提升、学生创造能力培养的关键阶段。

1. 学校

(1)为展示交流提供各项保障

在学校组织的研学旅行课程实施过程中，行后阶段绝对不能忽略与轻视。学校要为学生研学旅行课程行后阶段的实施提供展示、交流、评价的时间、场地和组织保障。如在礼堂为各班学生提供成果展示交流的区域，保证课时，让各班学生以各种形式展示研学成果。

(2)加强评价管理

学校要加强研学旅行课程的评价管理，将研学旅行的学生评价纳入学生综合素质评价，进一步促进学生在研学旅行课程中综合素质的提高。

2. 教师

(1)引导学生进行活动拓展延伸

教师要引导学生完成课题的研究报告，安排研学旅行课程的成果交流(含体验感悟与拓展创新)，引导学生在活动拓展延伸过程中创意物化、开展社区宣传等，以促进学生的研学成果物化。这样才能使研学旅行课程向更高层次发展。如北京十一学校一分校在每年的课程成果展示中，将研学旅行成果也作为一项重要的内容加以呈现。教师在校园内做了鲁镇旅游推介会；运用3D、VR、手工、绘画等形式复原了大明宫；在校园内建成“昆虫之家”等。很多学校组织的研学课程成果汇报在很大程度上起到了固化课程成果、促进学生成长的作用。

(2)组织多元评价

研学旅行课程行后阶段很重要的一项内容就是学生评价，教师要根据评价方案落实学生评价活动，在评价过程中，不仅要做到评价内容多元、参与评价的人员多元，评价标准也要多元。要促进学生个性的发展，使研学旅行课程的效益最大化。

3. 学生

(1)物化成果，展现团队与个人风采

研学旅行归来，学生要根据课题的研究方案，对获得的资料积极进行数据分析，形成结论或对研究问题进行探讨，撰写研究报告。积极参与交流活动，在交流展示的过程中，将团队研究成果与个人在研学旅行中的风采(如经典照片、素描、诗歌、手工制作等)展示出来。

(2)交流体验感悟，强化情感与价值观的提升

学生通过实践体验，会产生触及心灵的感悟和强烈的情感变化。在交流阶段，学生要积极地将情感发展表达出来，汇聚正能量，强化情感与价值观的提升。

(3)拓展延伸，创意物化

在拓展延伸阶段，学生会将研学旅行期间获得的灵感进行创意物化。例如，西安研学旅行考察归来，学生自主研发了适合儿童口味的肉夹馍；喜峰口研学旅行归来，学生为老区设计红色文创产品等。

4. 家长

研学旅行归来，家长要在各方面关注学生，为学生开展研学后段的成果物化与拓展提供咨询或帮助。

(1)关注学生成长

研学旅行归来，家长要认真倾听学生的体验感悟，如果有条件，还可以

参加学校的交流活动，关注学生的成长。

(2)给学生提供生活自理空间，固化自理成果

学生参加集体旅行，离开了家长在生活上的细致呵护，生活自理能力得到了极大的锻炼与提升，家长要趁热打铁，继续给学生提供生活自理的空间，在生活上固化学生的自理成果。

(3)家校结合，社区拓展

综合实践活动课程的一项内容或学习方式就是社会服务。研学旅行成果，可以通过到社区宣传进行社会服务展示。例如，海淀区枫丹实验小学学生研学旅行归来后，以"感悟生命的意义和价值"为主题，家校结合，在家长的协助下，组织宣讲团，在社区及学校进行全方位宣讲，加深学生对生命的理解。

5. 研学旅行教育服务机构

(1)参与学校组织的学生展示交流活动

研学旅行归来，学校会以不同形式开展研学成果展示交流活动。研学旅行教育服务机构作为研学旅行课程实施的主体之一，可以参与学校的成果展示交流活动。由于研学旅行教育服务机构的业务对象分布广泛，可组织不同学校、不同城市的学生进行同一个主题的研学旅行；在交流阶段，也可组织一些学校通过网络进行校际之间跨区域的学习交流。

(2)参与学生评价

研学旅行活动的学生评价是学生综合素质评价的依据之一，研学旅行教育服务机构的辅导员与学生朝夕相处一周，对学生各方面的表现了解比较全面，他们是评价的主体之一，应在学生评价中发挥作用。

(3)指导学生拓展延伸，促进学校研学成果物化

研学旅行教育服务机构应在活动之后指导学生课程拓展与创新，进一步深化学生学习与思考的结合，在形成成果和成果整理方面给出清晰的指导和说明，包括材料数据的整理、缺失材料的补充、成果的形成与展示等。帮助和建议学生采用合适的形式呈现成果，如小组 PPT 成果汇报、小组制作主题手抄报、小组合作编写文明游览的宣传册、班级成果汇编等。例如，某学校研学后组织研学汇报展示，学生用各种方式展示研学成果，邀请家长、其他年级的老师和学生参加。成果展示使学生获得最大程度的发展，更有利于培养学生的创新意识与能力，有效提升学校研学成果。

(4)进行研学课程反思，提升课程教育品质

研学活动结束后，应充分发挥研学旅行教育服务机构和学校的作用，及时开展深入的反思和总结，针对研学课程提出更多有价值的措施和指导性意见。应先反思学生和老师在研学课程中的收获，再反思课程内容设计与组织

实施方面的不足，通过不断地反思和总结，逐步规范研学旅行课程内容，加强研学旅行课程资源建设，完善研学旅行课程评价机制，提升研学旅行课程的教育品质。例如，某学校连续三年组织学生开展徽州文化研学活动，京鹰国际教育(北京)有限公司在每次活动结束后与学校进行 2～3 次活动总结和沟通，针对课程内容和组织实施进行评价和反思，改进课程的设计与实施方案，辅助学校逐步建立研学课程体系，形成学校的特色课程。

(5)开展辅导员评价交流，提高辅导员专业能力

研学旅行教育服务机构应针对课程的组织实施，对辅导员进行整体评价和交流，从学生管理、活动组织、学习指导、团队协作、责任担当、教育智慧等方面进行评价，解决辅导员在研学旅行中的共性问题，提升辅导员的综合能力、课程和项目研究的指导能力，共同推动研学旅行标准化、课时化和研学导师专业化发展。

需要强调的是，在研学旅行课程的各个阶段，一定要结合活动指导学生正确使用指导手册。

第四节　研学旅行课程实施中需要注意的问题

研学旅行课程实施是一个历时较长、在较复杂环境中开展的过程，要把学生的实践学习引向深入，就要关注学生的学习兴趣、学习方法、个体差异，关注学生的体验感悟，注意动态生成，抓住教育时机，促进学生价值观的形成。

一、关注学习过程，引导学生深入学习

研学旅行各方面的指导教师，在开始接触学生时要注意利用问题了解学生基础和知识储备情况；通过问题激发学生的探究意识和学习热情；提出问题，引导学生积极实践、深入思考；利用问题引导学生使用恰当的学习方法与方式进行研究。

布鲁纳(J. S. Bruner)曾申明："如果我们要展望，对学校来说什么是特别重要的问题，我们就得问，怎样训练几代儿童去发现问题。"[①]研学旅行中要重视考察活动过程的引导与指导，要引导学生发现问题，学生只有能发现问题，才能够使深层次的研究学习成为可能。

教师和辅导员要能根据学生活动中所产生的问题给予相应的指导，以利

① 布鲁纳著，邵瑞珍、张渭城译：《布鲁纳教育论著选》，北京：人民教育出版社，1989 年，第 371 页。

于活动的顺利开展。指导内容包括对学生的合作学习、人际交往以及资源利用方面的指导；对学生研学活动的各种研究方法与思维方法的指导；在学生提出问题的基础上，进一步通过问题将学生的考察探究引向深入；进一步激发学生的活动动机与热情，以维持活动的持续发展，促进活动的深化；指导学生做好活动资料的收集和活动过程的记录，为形成研究成果与评价提供依据及资料；等等。

教师和辅导员在学生学习过程中的作用如图 7-1 所示。

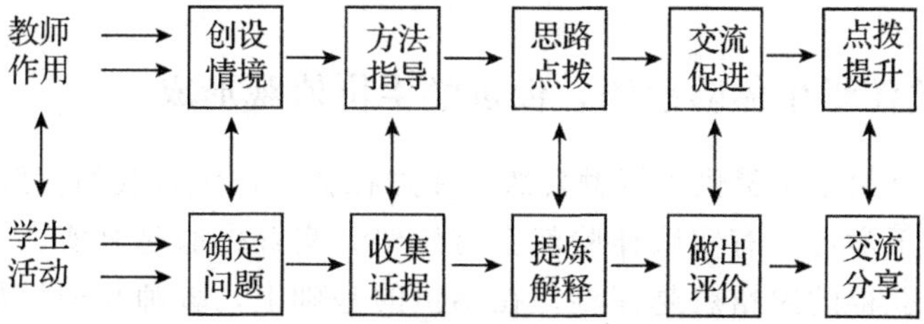

图 7-1　研究性学习中教师的作用(引自陈树杰 PPT)

二、展品知识故事化

考察探究过程中，特别是参观博物馆，学生遇到的每一件展品都蕴含着一段历史，凝聚着前人的思想智慧甚至生命。这些展品已经不是单纯的物，而是历史的诉说、艺术的结晶、劳动智慧的凝聚，更是一种生命力的展现。讲解员面对学生这样的受众，要顺应学生兴趣与认知特点，提前与课程设计者沟通，将展品知识故事化，依据课程的设计要求详略得当、综合生动地讲述展品的故事。展品的故事会涉及时间、地点、社会历史的政治经济背景、人物、科学与技术、展品形成的场景及其对今天的影响等。故事可长可短，可完整、可续写(学生研学完成)，引导学生深入地研究学习。

三、组织合作学习，关注个体差异

在研学旅行过程中，要注意发挥研究小组的作用。小组学习既要分工明确，又不能各自为战，避免小组整体性学习交流的缺失。有些学生善于表达，甚至有过于强势的问题，教师要避免小组出现话语霸权或研究活动(包括实验)中独断专行的现象，要让这样的学生学会倾听与合作。还有一些学生在小组活动中缺乏责任担当或缺乏自信，表现为小组活动不作为或盲从，教师和辅导员要引导这类学生积极地投入到小组学习活动中。

学生的智能是多元的，各种智能发展是不均衡的。因此，在学生研学旅行过程中，教师与辅导员要给学生适当提供个性化学习与个性发展的空间，不要过于强调团队学习和“一刀切”式的学习管理模式，忽视学生的个性发展。如有些学生喜欢用诗歌表达自己考察过程中的所闻、所见、所感，有的学生喜欢用画笔记录下深受感动的场景，对于这样的学生可以适当放宽完成指导手册的要求，适当给他们提供时间保障，满足他们的特殊需求。

另外，研学旅行中，学生不仅要进行广泛的考察学习，还要完成一个小组研究课题。每个小组的课题不同、内容不同，收集资料的侧重点也不同。在每天的活动中，教师要尽量关注有特殊数据采集需求的小组，尽量给予相应的支持。

四、关注学生体验感悟，促进学生价值观形成

研学旅行给学生提供了接触自然、接触社会、认识自我的实践体验机会。在真实情境下学习，有实践体验就会有感悟，实践体验越真实、越接近学生生活，学生获得的感悟就越深刻。在感悟的基础上，教师与辅导员要有针对性、有高度地引导学生进一步思考与交流，促进感悟进一步内化为“认识”和“意识”，促进学生价值观的形成与提升。

上述内容侧重于研学旅行课程活动的指导与实施。参与研学旅行课程实施过程的众多人员都需要协调统筹安排，各方面人员之间的工作要无缝对接，如送机、送车、接机、大巴交通、酒店入住、餐厅就餐等都要有工作流程与要求。安全问题是研学旅行的首要问题，关于实施过程中的组织工作与安全工作，详见第九章。

探究与实践

1. 在一个研学旅行教育服务机构提供的研学旅行产品的基础上，细致讨论课程各阶段实施方案。

2. 探讨研学旅行课程对指导教师素质的要求。

第八章　研学旅行课程评价

学习要点

研学旅行课程评价的价值取向、理念、内容及方法。

课程评价对课程的实施具有诊断、反馈、指导以及导向作用。由于研学旅行是综合实践活动课程的一项内容，因此研学旅行的课程评价应秉持综合实践活动课程评价的理念对应的目标、内容、方法与实施等方面进行系统的整体评价，以此保证研学旅行的高质量实施，达到学校教育的总体目标要求。本章重点论述研学旅行课程中的学生评价。

第一节　研学旅行课程评价概述

什么是评价？为什么要进行评价？研学旅行课程评价的理念与价值追求是什么？厘清这些问题之后，即可在研学旅行课程中有的放矢地开展评价，发挥评价的作用。

一、评价与评价的作用

(一)评价

“人的认识活动有两种。一种认识活动称为认知，是揭示事物的属性和规律，去寻求世界是什么的认识活动。这种认识活动中人们力求摆脱主观因素对认识过程的影响，使人们对客观世界的认识接近真实。因此认知，包括感觉、知觉、记忆、思维等心理活动，这种认识活动不包括情感与态度。”[①]

人的另一种认识活动就是评价。评价是揭示世界的意义和价值，寻求世界对人意味着什么、有何价值的认识活动。这种认识活动是建立在寻求世界是什么的认识基础上，去发现价值的认识活动。“人类的一切活动，都是为了发现价值、创造价值、实现价值和享用价值，而评价，就是人类发现价值、

① 杨培禾：《小学综合实践活动课程与教学论》，北京：人民教育出版社，2015 年，第 267 页。

揭示价值的一种根本的方法。”[①]所以说，“评价是一种认识活动，是人把握客体对人的意义、价值的一种观念性活动。”[②]因此，评价是揭示世界的意义和价值，寻求世界对人意味着什么的认识活动。简言之，评价是对价值进行判断的活动，目标是揭示主体与客体之间的价值关系，是对客体满足主体需要程度的价值判断活动。“评价不能创造价值，但评价可以揭示价值的存在，使人们意识到价值的存在，是价值实现的重要途径。”[③]

（二）价值

马克思认为：“价值这个普遍的概念是从人们对待满足他们需要的外界事物的关系中产生的”[④]，价值“是人们所利用的并表现了对人的需要的关系的物的属性”[⑤]。由此可见，价值这一概念与人的“需要”有密不可分的关系。“需要”这一概念有三层含义：其一，“是一种摄取状态，是主体有目的的活动动力”；其二，“总是与不足和缺乏联系在一起的”；其三，“是在主体生存发展过程中产生的，具有动态性”。[⑥] 由此可见，价值为人“需要”而存在。评价主体在特定的观念中，会构建一个价值世界，通过评价，去追求其构建的价值。某一客体价值如何，不取决于客体本身，而取决于不同的评价主体对客体价值不同的判断，而这种判断，基于评价主体的价值取向和价值观念。

由此我们可以看出，一个客观事物是不是有价值，完全取决于人们的主观意识。一块石头躺在河里，它没有价值；当它被人发现，摆在货架上时，它的价值就开始呈现。

（三）价值取向与价值观念

对于客体的价值，不同主体有不同看法，表现出不同的倾向性，这种倾向性一般称为价值取向。

还是上述的石头，有人看到它，没有什么感觉，或者觉得花钱买块石头不如买首饰；有人看到它，发现它独特的美，通过它看到了大自然的磨砺，觉得它比首饰更美。这两种人没有孰对孰错，只有价值取向不同。

价值观念是“关于客观对象的作用、意义，以及客观对象价值的总观点、总看法”[⑦]，“价值观念是评价主体关于客体世界（人生、社会、自我）价值的根

① 冯平：《评价论》，北京：东方出版社，1995年，第2页。

② 同上书，第1页。

③ 同上书，第23页。

④ 马克思，恩格斯：《马克思恩格斯全集（第19卷）》，北京：人民出版社，1965年，第406页。

⑤ 同上书，第139页。

⑥ 陈玉琨：《教育评价学》，北京：人民教育出版社，1999年，第2页。

⑦ 袁贵仁：《价值学引论》，北京：北京师范大学出版社，1991年，第379页。

本观点。它是评价主体的心理背景系统的核心”①。所谓心理背景系统，“是评价者在一定的文化背景和社会关系中通过一系列特定的社会活动所形成的需要社会系统”②。因此，主体价值观念受其生活生长经历、所处社会环境的文化背景及其在其间的社会关系等的深刻影响。俗话说，只有经历苦难的人才会更加珍惜生活。这就是成长经历与自然、社会的影响所造就的。

人在主体价值观念的作用下，形成价值取向，以多种形式作用于评价，其中主要是以评价准则与标准的形式作用于评价。

评价作为概念，在人们的日常生活中不会经常被提及，但人们每天都会伴随着活动进行评价，在人们的意识活动中，评价是频繁进行的活动。当我们选择研学旅行路线时，我们要评价这条路线内容的教育价值，评价它的经济支出。人在不同价值观念的作用下，形成价值取向，对价值为我“需要”进行判断、预测、选择。评价最核心的作用就是对人们的行为起着导向与指导作用，对人们价值观的形成也起着导向与指导作用。

二、教育评价及教育评价的价值追求

“在社会的发展过程中，社会对各个职业领域不同层次的人才有不同的‘需要’，每个人生存‘需要’一定的职业技能或谋生的能力，成为社会‘需要’的人才，这都表现出社会及社会生活中的个体对教育的‘需要’，这种‘需要’就形成了教育的价值。”③由此，我们可以认识到教育评价的本质：“教育评价是对教育活动满足社会与个体需要的程度做出判断的活动，是对教育活动实现的(已经取得的)或潜在的(还未取得的，但有可能取得的)价值做出判断，以期达到教育价值增值的过程。”④教育评价是伴随着学校教育的出现而产生的，教育评价的发展是在社会发展过程中随着社会以及个体对教育“需要”的变化而发展的。

现代教育评价发展有几方面的特点：评价的方法从简单的纸笔测验到观察学生表现；评价的内容从单一的考查学生记忆知识的情况转向侧重考查学生问题意识、解决问题的能力以及创新能力的发展情况；评价的理念从重视传统的语言智能和数理逻辑智能的评价到关注学生不同智能发展的评价，从单纯的知识与能力的考查到包括认知、能力、情感、态度、价值观等方面的综合的发展性评价；评价的主体从一元到多元。总之，现代教育评价的发展对综合实践活动课程的评价理念，包括课程中研学旅行活动的评价有着重要的影响。

---

① 冯平：《评价论》，北京：东方出版社，1995 年，第 61 页。

② 同上书，第 66 页。

③ 杨培禾：《小学综合实践活动课程与教学论》，北京：人民教育出版社，2015 年，第 269 页。

④ 陈玉琨：《教育评价学》，北京：人民教育出版社，1999 年，第 7 页。

三、研学旅行课程评价的价值取向

研学旅行课程评价的价值取向，对研学旅行的教育功能的有效发挥起着决定作用。从教育部为各学科课程标准制定的三维目标——知识与技能，过程与方法，情感、态度与价值观——的顺序中可以看出，知识与技能排在首要位置。这说明，在学科课程中，对学生知识与技能掌握情况的评价虽然不是唯一的，但仍然是一项不可动摇的主要内容，构成了学生学业的基础。而对于研学旅行课程来说，《指导纲要》中表述的课程总目标是“学生能从个体生活、社会生活及与大自然的接触中获得丰富的实践经验，形成并逐步提升对自然、社会和自我之内在联系的整体认识，具有价值体认、责任担当、问题解决、创意物化等方面的意识和能力”。从这个总目标可以看出综合实践活动课程的价值取向有别于学科课程目标。综合实践活动课程评价淡化继承性学科知识技能掌握的评定，突出知识的综合应用与理解，突显学生综合素质发展水平的判断，这是综合实践活动评价的总体价值取向，研学旅行活动评价的价值取向要与综合实践活动课程总目标与课程特点相吻合。

1. 情感、态度与价值观的价值取向

综合实践活动课程目标中要求的价值体认和责任担当，是评价的情感、态度与价值观的取向。在研学旅行过程中，要评价学生参与课题研究的态度，学生的合作意识，旅行中学生的互助精神，参观考察中学生的规则意识与学生的环境保护意识，学生在活动中通过行为表现与感悟所外显的价值观，学生对传统文化的认识、对家乡和祖国的热爱、对党的热爱，等等。情感、态度与价值观的价值取向是研学旅行课程评价价值取向最重要的组成部分。

案例分享：

几位学生通过西安研学旅行获得的感悟摘录

北京市朝阳区某学校学生　提供者：马丽英

走在西安的大街上，我感到自豪，华夏儿女的聪明能干，中华艺术的博大精深，中华民族悠久灿烂的历史文化值得我们骄傲。

本次西安研学，激发了我对历史学习的兴趣，使我切身感受到三秦大地的万里河山与传统文化。

通过这次研学，我学到了许多东西，认识到我们的祖先多么聪明强大，我觉得我们现在应该做的就是好好学习，让我们的祖国更加繁荣富强！

每一粒土，每一块砖，每一片瓦后都有上千年的历史，我顿时觉得中国人真是很伟大！

我爱西安！

从这个案例中，我们看到学生通过研学旅行所获得的民族自信、文化自信、制度自信，从历史文化认同转化为爱西安到爱祖国的情感发展。这就是研学旅行活动评价追求的重要价值取向。

2. 体验与感受价值取向

体验与感受价值取向是综合实践活动评价独特的价值取向，是综合实践活动评价中过程与结果统一的体现，这是学科课程评价很难具备的。研学旅行课程中的体验与感受价值取向可以体现在学生的主题探究活动中、考察参观工农业基地与各类场馆活动中、与自然和社会的接触中。总之，研学旅行使学生在融入自然和社会的活动中获得很多鲜活的体验，在每一天或每一次活动的总结反思交流阶段，学生都要与大家分享自己的体验与感受。这就体现了研学旅行课程评价的体验与感受价值取向。

案例分享：

辛苦与劳动快乐的体验

北京市第八十中学 宋佳航 刘明睿

在这里，我们体验到了采茶的辛苦与劳动的快乐，我们感受到了哈尼族人民的热情与勤劳。这一天，尽管我们过得很辛苦，但是获得了快乐，还有远比快乐更珍贵的精神。

3. 能力价值取向

综合实践活动课程目标要求学生要有问题解决能力和创意物化能力，这决定了研学旅行课程评价的能力取向。在研学旅行课程中评价学生的问题解决能力，即评价学生在研学旅行课程中，通过与自然、社会以及生活的接触，能够发现问题、确定问题的性质并将问题转化为课题、制定解决问题或课题研究的方案、收集与问题有关的信息、筛选及分析信息、做出判断、形成相对合理的解释，并对解释的合理性进一步验证等多种能力。例如，学生通过考察古盐田，获得一手古法制盐的资料；通过水质测试实验，获得矿泉水、海水与制盐的卤水浓度数据；通过访谈盐农与小贩等社会考察活动，了解地方经济生活与生产劳动的相互作用。在这些研学旅行活动中，学生的综合能力获得提升。创意物化能力在能力要求中属于高阶能力，在解决问题和形成成果的过程中，评价学生的创意物化能力，也是非常值得重视的。如：喜峰口研学旅行考察后，学生开展了“喜峰口红色文创作品设计与制作”活动；西安研学旅行归来，在交流活动中，有的学生销售自创的儿童口味肉夹馍。这些都是研学旅行活动中创意物化的实例。

研学旅行课程评价的能力价值取向要促进学生在研学旅行课程实施过程

中问题解决能力的提升，在研学旅行成果展示交流活动中创意设计与制作能力的提升，在研学旅行拓展延伸阶段服务社会的综合能力等的提升。

4. 知识与技能的价值取向

在《指导纲要》的学段目标中，关于知识与技能的要求放在了“问题解决”这项目标中。虽然对不同学段的学生，问题解决的要求水平不同，但对知识与技能的要求明显高于同学段的各学科课程。这是因为综合实践活动课程中的知识与技能已经不是单纯意义上的学科性的知识与技能，而是高度综合的多学科的知识与技能，它并不是要求学生能够熟练背诵学过的学科知识与简单地了解相应的技能，而是要求学生能够在活动中主动灵活地运用这些知识与技能来解决问题，要求学生在问题解决过程中自主地构建新的知识与技能。《指导纲要》中提出“学生能从个体生活、社会生活及与大自然的接触中获得丰富的实践经验，形成并逐步提升对自然、社会和自我之内在联系的整体认识”，是对知识与技能评价的价值取向定位。研学旅行活动作为综合实践活动课程中考察探究活动的一项内容，在知识与技能这一价值取向上与综合实践活动课程是完全一致的，一定要在学生解决问题、考察探究的过程中评价学生综合运用学科知识与技能的水平以及通过实践构建知识的情况。

四、研学旅行课程评价的理念

研学旅行课程评价强调突出评价学生的发展价值，突出评价理念对课程教育价值的追求、研学旅行课程评价的要求与原则制定、课程评价实施的指导作用。其评价理念具体表现在以下几方面。

（一）评价要贯穿研学旅行课程始终

研学旅行课程的实施过程要把学生的学习和评价融合，使学生的学习过程与评价成为一个有机整体。学生评价要融合在学习活动过程始终，成为学习活动过程的一部分或一项内容渗透到活动的各个环节，让学生在研学旅行活动学习的不同阶段、各项学习活动的不同阶段，通过评价了解自己的进步，监控自我发展，认识自我优势与不足，从而使学生评价与学习活动形成一个有机整体。

评价要贯穿研学旅行课程的始终，关注过程与结果相结合。有些研学旅行课程的设计者、实施者和指导教师认为研学旅行要评价学生的学习过程，就在总结交流阶段设计对学生学习活动过程的评价内容，认为通过这些内容对学生的学习过程进行评价，就是把对活动过程的评价与对活动成果的评价相结合。笔者认为这样的认知是片面的。评过程不等于在过程中评，有对研学旅行活动过程的评价，不等于把评价贯穿活动始终，在活动总结评价阶段使用评价表评价是正确的，但不能忽视活动开展过程中的评价。

如何将评价贯穿研学旅行课程始终？我们可以在研学旅行各阶段进行多种方式的评价，将评价贯穿活动始终。例如，在行前阶段，师生共同制定评价标准，通过评价标准的制定引导学生在活动中的发展方向；在研学旅行过程中，针对学生在生活中和每项活动过程中的表现，指导教师给予学生即时评价，或引导学生互评和自评，要对学生在活动中的突出表现、闪光点进行分析点评，引导学生在交流评价活动中，探讨研究问题的方法、研究思路、获取信息的途径以及各项规则的遵守等方面存在的问题，为后续活动的调整提供参考；在总结交流阶段，对整个学习过程与成果进行评价。只有这样，才能真正实现评价与学习过程的有机融合，使评价贯穿研学始终。

研学旅行指导教师的评价要从指导教师对课程的理解、活动实施与指导(含学生评价)等方面进行。伴随着课程的开展与学生学习活动的深入，指导教师要不断进行自评和阶段性的他评与交流，提高课程的实施与活动指导能力。研学旅行指导教师评价的过程，既是课程有效实施的保证，又是指导教师成长的过程。研学旅行课程评价要成为师生共同成长的过程，促进课程发展。通过课程实施过程中每天对实施亮点与问题的评价，提供反馈信息，并实践于教学，通过评价促进师生反思，使教师、学生及课程整体发展。

(二)评价要突出促进发展的观点

树立评价是为了促进发展的观点是研学旅行活动评价的根本价值取向，促进发展要体现在学生、教师、课程等诸方面。《指导纲要》中指出：“各学校和教师要以促进学生综合素质持续发展为目的设计与实施综合实践活动评价。”针对评价促进学生发展的问题，《指导纲要》还进一步指出：“坚持学生成长导向，通过对学生成长过程的观察、记录、分析，促进学校及教师把握学生的成长规律，了解学生的个性与特长，不断激发学生的潜能，为更好地促进学生成长提供依据。评价的首要功能是让学生及时获得关于学习过程的反馈，改进后续活动。要避免评价过程中只重结果、不重过程的现象。要对学生作品进行深入分析和研究，挖掘其背后蕴藏的学生的思想、创意和体验，杜绝对学生的作品随意打分和简单排名等功利主义做法。”因此，研学旅行活动的学生评价要建立在发展观的基础上，创造适合学生的教育评价，倡导评价的全面化，注重体现通过对学生的综合评价，促进学生的全面发展。具体来说，研学旅行课程的学生评价，不仅要关注研学旅行课程实施各阶段学生的表现与发展，还要通过活动评价，关注学生的未来发展，关注个体面向社会的需求、未来发展的需要。每个学生都有独特的精神世界和心灵体验，都是一个独立自主的人，研学旅行的学生评价要关注学生情感、态度与价值观在活动中的形成，关注学生成长过程中心灵深处的兴趣、态度、意志、毅力等非智力因素和精神领域的价值观的评价。

案例分享：

学会自立，懂得感恩

北京市第八十中学　高畅　胡宇轩

在这次考察活动中，我们真正地独立了，父母不在身边，没有人帮忙收拾行李，没有人给洗衣服。在这里，只能靠自己独立生活。回想起在哈尼族山寨当地人民家里寄宿的那个夜晚，我们在睡觉时还要提防蚊虫的骚扰，通过破旧的窗户看到湛蓝天空中的点点疏星。俗话说“只有失去之后才知道珍惜”，我们突然意识到城市生活的幸福，意识到父母的好。而生活在交通方便、有父母陪伴左右的环境中，我们却总是抱怨，抱怨环境，抱怨父母的唠叨，总认为自己的生活不够完美。比起那些只能生活在深山中，没有受到书籍滋养的孩子们，我们应该懂得满足、懂得感恩、懂得回报。离开家的这些天，每到夜深人静的时候，我们就会想起家庭的温暖。所以，我们给父母写了很多话，通过信件，表达了对父母的感激之情，诉说了一直埋藏在我们内心深处的东西。

从学生的感悟中，我们看到学生自理能力的提高和内心深处情感的变化，他们懂得了感恩，有了责任担当。这就是学生评价的一个重点——通过评价为学生的发展指明方向。

《基础教育课程改革指导纲要(试行)》中针对教师评价指出：“建立促进教师不断提高的评价体系。强调教师对自己教学行为的分析与反思，建立以教师自评为主，校长、教师、学生、家长共同参与的评价制度，使教师从多种渠道获得信息，不断提高教学水平。”指导教师评价与学生评价一样，要着眼于指导教师的发展，研学旅行课程要求指导教师具有课程资源开发意识和能力，在课程设计与实施过程中，指导教师与学生共同成长，与课程共同发展。

发展观也体现在课程的发展上，《基础教育课程改革指导纲要(试行)》中明确指出：“建立促进课程不断发展的评价体系。周期性地对学校课程执行的情况、课程实施中的问题进行分析评估，调整课程内容、改进教学管理，形成课程不断革新的机制。”因此，在对研学旅行课程的设计、实施与课程资源开发等方面进行评价时，也要注意树立发展的观点。研学旅行课程资源来自学生的生活世界，来自现实社会，来自自然，开发研学旅行课程资源及实施研学旅行课程是一个动态发展的、不断完善的过程。在评价研学旅行课程实施时，要站在发展的角度，通过评价促进研学旅行课程的不断优化和课程资源进一步整合与开发。

总之，研学旅行课程的评价要根据学校、指导教师、学生不同发展阶段的发展需要，对课程设计管理与实施、学生、指导教师进行客观评价，不断优化课程，为学校、指导教师和学生提供充分发展的条件和空间。

(三)实现评价的多元化

在研学旅行中要注意实现评价多元化，无论是对学校和课程设置管理的评价，还是对指导教师的课程实施和学生的评价，都强调多元化。多元化表现在评价的价值取向、评价标准、评价主体、评价方法和评价内容等方面的多元化。

1. 评价价值取向与评价标准多元化

研学旅行课程评价同综合实践活动课程评价一样，强调多元价值取向和多元标准。对于同一个被评价者，评价主体不同，对价值的认识不同，标准也不同。例如，学生参加研学旅行在自理方面的评价标准，有些家长与教师就有所不同，有的家长觉得学生能安全回来就好，丢点东西没关系，而教师对学生的评价标准高于家长。

对于不同的被评价者，评价中对价值的认识、标准也不尽相同，这与学生个体学业发展水平与智能结构有着密切关系，我们不能用一把尺子衡量学生。例如，对研学旅行内容与感悟的表达，有些学生喜欢用日记的形式，有些学生喜欢用诗歌的形式，还有些学生喜欢用绘画的形式。学生的基础发展不同，对于同一种形式，表达的水平也不尽相同。研学旅行学生评价价值取向有能力与方法(含知识的综合运用与自主构建)价值取向、情感态度价值取向等，评价中的价值标准也因学生个体差异及发展情况呈现多元化。

总之，在研学旅行学生评价中要肯定学生与世界交往的多元方式。学生具有多元的认知风格和学习策略，不仅表现为学生群体之间具有多元的认知风格和学习策略，还表现为同一学生个体在不同的发展领域具有多元的认知风格和学习策略。学生不仅可以有不同的解决问题的方案，而且表现的形式也可以丰富多样。教师应该特别注意评价学生在解决问题和创造产品的过程中所体现出来的多样化的认知风格和学习策略。在学生评价中，要认识到学生的成长和发展是多方面的，要对学生个体多方面的发展做出评价，从不同的视角对学生的发展进行评价，通过评价更加真实地反映学生发展的全貌。

2. 评价主体多元化

在研学旅行学生评价中还要积极提倡评价主体的多元化，评价主体可以有学校管理者、研学旅行指导教师、学生、家长以及参与学生活动的人员乃至有关课程指导的专家、工匠。多元的评价主体，其背景、思维角度和思维层面不同，提供的评价信息将是多样的，但每种评价信息都会对学生的全面发展产生促进作用。这种评价是在主体之间相互理解、相互信任的基础上进行的。评价主体多元化，使研学旅行评价活动不仅局限在学校内和师生之间，还吸纳社会一切可以利用的人力资源参与评价学生的学习活动。这样的评价，才能满足学生成长的需要以及社会对人才培养的需要。

3. 评价方法多元化

在评价促进学生发展的理念下，评价的方法是多样的，不同的活动、活动的不同阶段采取的评价方法可以是多样的。如对学生的评价可以采用量表的表现性评价、即时评价、档案袋评价、描述性学生评价等。研学旅行学生评价方法的多元化，一方面有利于真实地描述学生在实践活动过程中的表现与进步，使学生更加全面地看到自己的成绩与不足，以积极的心态更好地参与研学旅行活动；另一方面可以及时调整学生的学习方法、活动内容以及研究方向等细节，把研学旅行中的学习引向深入。

4. 评价内容多元化

研学旅行课程的评价内容是多元的。研学旅行评价内容包括：学生的知识学习与构建、解决问题的能力与方法、情感态度与责任担当等。

对于学生知识学习的评价，不是看学生通过研学旅行学到了多少知识，而是看学生如何综合运用知识去解决问题，在研学旅行中，如何在原有知识基础上构建知识，丰富自己的知识体系。因此，研学旅行课程对学生知识学习的评价内容，有别于学科课程。

对学生能力与方法的评价内容可以从两条主线看，一条是学生的学习能力、研究能力以及学习与研究的方法；另一条就是旅行生活中，学生的自理能力和解决生活问题的方法。概括来说就是学生解决问题的能力与方法。

对于学生的情感态度与责任担当，主要通过学生的行为表现来评价。换句话说，意识、情感与态度乃至价值观是心理思想层面的，但可以通过行为外显。对学生情感态度与责任担当的评价，是通过对行为表现内容的评价实现的。例如，可以通过学生是否乱扔垃圾、是否能在自然考察中主动捡起自然环境中的垃圾来评价其环境意识。

（四）实现对过程评价与对结果评价并重

研学旅行学生评价要重视学生的活动过程，重视学生在活动过程中的表现以及他们在研究性学习过程中解决问题的方法，在知识学习中的自我构建，在解决问题的过程中、学习考察的过程中情感的变化和表现出的责任担当。比如，学生获得结果前的思考与推理、假设与猜想、方案设计与实验论证，在解决问题过程中付出的努力，对待失败的态度和补救失败的应对措施，访谈陌生人时对心理障碍的克服，在获得结果过程中的各种体验与感受等。研学旅行评价要秉持过程评价与结果评价并重，从宏观上说，评价中重视过程是相对于以往只重视结果而言的，并不是说重视过程就不用重视结果。评价不仅应关注学习的效果，还应关注学生学习过程中的动机和方式。学生在学习过程中表现出的动机和情感态度、学生在学习中所采用的学习策略，都是学习过程中的动态表现。要关注学生在活动过程中产生的困惑、痛苦、欣喜、挫折感等生命的体验与感悟，关注学生在这一过程中的探究与协作、实践与反思，这些都是学生成长的收获。

例如，学生在参观广东海洋大学，听珍珠养殖研究专家的报告后，填写了指导手册。一位学生交流发言后，辅导员说："我观察他听报告的时候不仅特别认真地听，还能够认真地做笔记。"辅导员展示了这个学生的指导手册，不仅有记录的文字，还有结合文字的配图。辅导员评价道："他听得很认真，你们看他结合专家 PPT 中的照片，给记录的文字配流程图，他的指导手册完成得非常好。"

这是研学旅行过程中，辅导员在乘大巴时组织学生交流的一个小环节。在这个组织学习的小环节，辅导员通过语言评价(即时评价)，评价了学生学习的过程、学习的结果以及学习方法。

从这个案例可以看到，教师关注了学生参与活动的过程。在活动中一定要有积极的参与过程，有了积极的参与过程，一般都会有好结果。这个案例凸显了研学旅行课程过程评价与结果评价并重的价值取向。

第二节 研学旅行课程评价原则及内容

研学旅行课程的评价原则和内容，应该主要依据《指导纲要》中"课程的规划与实施"及"课程管理与保障"的主要内容制定，这样可以保障研学旅行课程评价原则和内容主体与综合实践活动课程评价的一致性、科学性及有效性。

一、研学旅行课程评价原则与作用

研学旅行课程是综合实践活动课程的一项内容，在实施上，也具有课程的系统性。如何规划研学旅行课程？如何有效实施研学旅行课程？什么样的研学旅行活动才是优质的综合实践活动视域下的研学旅行活动？判定的依据除了《指导纲要》外，主要就是课程的研究者和实施者对课程的实践经验及其在实践基础上的理论思考。研学旅行课程的开发和有效实施，有赖于建立符合素质教育思想的课程评价制度，形成评价主体多元、评价内容多元、评价方式多样的发展性评价体系。需要制定符合课程特点，确保课程评价理念得以实现的评价原则。

《指导纲要》明确指出："教师要以促进学生综合素质持续发展为目的设计与实施综合实践活动评价。要坚持方向性、指导性、客观性、公正性等原则。"这四项原则不仅是学生评价的原则，对课程的评价、指导教师的评价、学校课程管理的评价同样适用。课程评价是对课程意义和价值的判断活动，也是对课程价值的追求活动。在遵循评价原则的基础上，通过评价，实现课程实施的反馈、改进、激励和导向等作用。

（一）方向性原则

突出发展导向就是综合实践活动课程评价的方向性原则。评价的核心就是导向作用。评价的导向作用就是我们通常说的"指挥棒"作用。在研学旅行课程评价中，评价的导向作用是在评价理念指导下，在评价的方向性原则基础上，通过评价的目标、准则、标准以及程序与方法实现的。研学旅行课程评价强调将课程实施、指导教师评价、学生学习活动融为一体的整体观，将评价过程视为学生学习的过程、指导教师指导的过程和课程实施的过程，通过评价引导课程的发展方向和学生的发展，同时也引导指导教师的发展。研学旅行课程评价的方向性原则，是以发展观作为支撑，以评价促学生发展、促教师提高，通过评价引导被评价者成长发展的方向。

方向性原则在学生评价方面体现在：关注评价内容中影响学生发展的因素，关注学生在研学旅行活动过程中的行为表现，透过学生的行为表现发现其在情感、态度和价值观方面的提升；关注学生在获得研究性学习成果的过程中，创造性地解决困难的方法与克服困难的意志品质；另外，对于学生研学旅行后的成果作品的评价，不能停留在对作品本身的评价，要注意挖掘作品背后蕴藏的学生的思想、创意和体验。让学生在评价过程中能够获得积极的体验与感受，从而有效激发其学习内在动机，提升自我效能。这种激励作用，既是师生发展的需要，也是课程有效实施的需要。学生评价的内容和方法要适合学生所处的发展阶段，考虑学生的年龄特点及个体差异，关注学生群体发展的同时，重视学生个性的发展，通过评价信息的反馈与激励作用，引导学生今后努力与发展的方向。

教师评价的方向性评价原则体现在：给予教师在研学旅行活动课程设计与活动实施指导水平方面的建设性意见反馈，促进教师形成对自己课程实施情况的客观认识，不断完善和提高课程实施的水平。

学校评价的方向性评价原则体现在：基于学校所处地区的教育发展水平，根据学校的具体情况来评价学校对综合实践活动课程管理规划和实施的动态情况，促进学校对综合实践活动课程的管理与实施。

(二)指导性原则

现代教育评价理念下的评价目的不在于证明，不是给学校、教师或学生评一个等级，而是要充分发挥评价的指导作用。通过评价，不仅及时向被评价者乃至参与评价的群体反馈评价的信息，还要对评价中发现的被评价者的问题给予指导性建议，通过评价，指导改进。

指导性原则对于学生而言，就是在研学旅行过程中和研学旅行的每个阶段、每个环节和活动后，肯定学生在活动中表现出的积极因素，及时地通过评价给予学生指导性建议，使学生了解自己在活动中的问题与不足，转换角度看待问题，分析问题产生的原因，找到改进的方法，引导学生深入开展实践活动。

指导性原则也适用于对指导教师的指导，在研学旅行实施过程中，每天晚上指导教师例会，都要对当天出现的问题进行反思，通过讨论(互评)，促进指导教师随后工作的改进，提高指导教师在活动中对学生实施活动的方法指导水平和引导能力。

(三)客观与公正性原则

保证研学旅行活动评价的客观与公正，需要做好以下几方面的工作：第一，兼顾结果，注重过程。不仅要关注学校、教师和学生在活动过程中取得的结果，而且要关注被评价者在开发和实施课程活动中获得结果的过程，如课程资源的整合是否合理，实施过程中是否能根据一些具体问题对实施形式等进行动态调整。第二，发挥研学旅行课程多主体民主协商的综合评价功能，被评价的对象在评价过程中都享有充分的发言权，体现评价的客观公正性，如面对迟到的学生，要了解迟到的原因，也许背后隐藏着一个感人的故事。第三，多种方法、多种手段、多角度、多层次地进行综合评价，如即时评价、利用量表的表现性评价、描述性评价及利用学生研学旅行中的生命叙事(故事)的评价等。第四，准确及时地收集评价证据。《指导纲要》要求课程评价做好写实记录。教师要指导学生客观记录参与活动的具体情况，包括活动主题、持续时间、扮演的角色、任务分工及完成情况等，及时填写活动记录单，并收集相关事实材料，如活动现场照片、作品、研究报告等。活动记录、事实材料要真实、有据可查，为研学旅行评价提供必要的依据基础。课程评价的客观与公正建立在真实可靠的依据的基础之上，由于活动是一个不断生成与发展的过程，课程活动的实施者和参与者的行为表现、体验和感受、态度和情感也在不断地发展和变化，有的甚至是稍纵即逝的，因此，要做好写实记录，指导学生记录活动的具体情况，建立档案袋，及时收集事实资料，这样的评价就具有客观公正性。在学生评价时，一定要防止发生“晕轮效应”，即对于外向、讨老师喜欢或学习一贯很好的学生，教师的评价高于其实际表现，甚至对某些问题视而不见，这就有失客观，导致评价不够公正。

对于学校和教师，都要做好研学旅行活动的管理、实施、指导以及主要成果的档案建立、资料收集和整理工作，为客观评价促进课程发展留下资料。

二、研学旅行课程评价的内容

综合实践活动课程是国家规定的面向全体中小学生实施的一门必修课程，学校、教师和学生都是这一课程的开发、组织、实施和管理的活动主体及课程教育效能的实现者，研学旅行课程作为课程的一项内容，在实施过程中是多主体的。学校是课程组织管理实施的主体，学生是课程学习的主体，教师是学习指导的主体，研学旅行教育服务机构是协同学校和综合实践活动教师进行研学旅行课程资源开发与课程设计的主体，而旅行社是课程实施落地的保障主体。因此，研学旅行课程评价的对象包括学校、指导教师和学生乃至配合研学实施的旅行社或教育服务机构等。

(一)学校研学旅行课程管理与实施的评价

学校是课程组织管理实施的主体，学校的办学理念与对综合实践活动课程理念的理解与整体实施是评价的首要内容。

学校作为课程的组织管理者，要建立综合实践活动课程管理预教研制度。针对教师研学旅行活动设计与指导能力开展全员培训，以综合实践活动课程教师的教研带动研学旅行活动学校的全员教研，使各学科教师协助综合实践活动教师对学生的研学旅行课程进行指导；要建立档案管理制度，提升课程管理水平；要建立安全保障制度，确保课程实施；对于研学旅行成果要进行深入广泛的交流，开展班级的、年级的甚至全校的交流；将学生研学旅行课程评价纳入综合素质评价中。这些都是对学校的评价内容。

研学旅行课程作为学校综合实践活动课程的一项内容，要以课程方式系统、整体地实施。所谓系统，不是简单的学生年龄的大小、行走距离的远近，而是从认识家乡、爱家乡到认识祖国、爱祖国，再到认识世界，研学旅行的系统体现在内容的系统性以及与综合实践活动课程内容系统相统一。所谓整体实施，即研学旅行按照综合实践活动课程的活动目标与活动方式要求进行整体实施。要把研学旅行成果交流活动推动成为学校文化塑造的一项内容。

(二)研学旅行课程方案与实施的评价

对于研学旅行课程方案与实施的评价基于发展的观点，主要评价课程是否基于学生已有经验进行设计，是否能突出实践性，是否能突出学生的体验指导与感悟引导，活动设计是否突出学生自主学习的特点，是否有研究性学习的课题引导，把实践学习引向深入。

另外，要评价活动方案设计是否做到主题突出、内容系统、教育综合等，是否能扣住课程培养总目标与学段目标有效实施；评价实施是否能够关注动态生成。实施应能够把活动引向深入，不搞形式化，避免为活动而活动、为德育教育而德育教育，对学生的教育要润物细无声地自然生发于研学旅行实践的各项活动中，顺应学生的认知与情感发展规律。

总之，在评价基础上，课程的不断优化是有教育规律和课程评价理念支撑的，通过课程评价，研学旅行课程、指导教师，特别是学生都得到很好的发展。这样的课程所实现的教育如同大地孕万物，润物细无声，春光百草萌。促进发展观点的理念，不是靠喊口号落实的。

(三)研学旅行课程指导教师的评价

综合实践活动课程中，教师的角色发生了根本性的转变。与此相适应，对综合实践活动课程教师的评价，是从活动设计、组织、指导、监控对教师自身素养水平及其发展的需要出发，进行的全方位、多元化的综合评价。但是，研学旅行课程规模较大，很多学校向机构购买服务，研学旅行课程指导教师有学校综合实践活动教师、校外辅导员(研学导师)等，因此，我们重点要对学校综合实践活动指导教师和校外辅导员(研学导师)进行评价。评价的目的不在于简单判定教师是否优秀，而是在于与教师一起分析其在研学旅行活动实施过程中体现的对课程理念的理解和实施的经验，提出改进建议与努力方向，促进教师及辅导员的专业化发展。评价的主要内容包括教师对课程的理解与把握程度，教师对学生活动的组织、管理、协调和应变等能力，教师及辅导员对学生综合实践活动的指导情况，教师及辅导员自身再学习的态度和教育科研的能力与水平，对以新型的人才观、价值观为基础的课程评价激励机制的掌控情况。

(四)研学旅行课程学生的评价

综合实践活动课程最根本的目的是促进学生全面发展。对学生参与研学旅行学习的态度和发展水平的评价，是研学旅行价值判断最重要的依据。其评价的内容包括学生在活动中发现问题的意识和能力，学生在活动中收集信息和分析信息的能力、解决问题的能力，学生的活动规划能力，学生对研究方法的运用情况，学生参与研学的主动性和积极性，学生在活动过程中的体验和感受，学生在活动过程中的合作学习情况，学生活动技能的运用状况与创新表现，学生对文化的理解和审美，学生在参观考察中对社会规则的遵守，学生自理自立能力与意识的提高，学生人际交往能力的提高，学生自我认识的提升，学生科学观、价值观的发展及学生的学习成果等。

在本章中，我们将重点介绍学生评价，力图使学习者通过本章的学习，较好地把握学生评价的内涵，掌握学生评价的实施方法。

第三节　研学旅行课程的学生评价目标、内容、方法与实施

研学旅行活动与综合实践活动一样，其学生评价的价值取向就是促进学生发展，在明确评价的内涵、理念以及评价原则即“是什么”之后，就要解决“评什么”和“怎么评”的问题。评价目标与内容解决“评什么”，评价方法与实施解决“怎么评”。

一、学生评价概念与方法概述

在现代教育评价中，我们会遇到一些评价的概念或术语，如发展性评价、终结性评价、形成性评价、过程性评价、表现性评价、真实性评价、档案袋评价等。如何理解这些概念？这些概念之间有什么联系？厘清这些问题，有助于在研学旅行课程中有效地实施学生评价。

(一)发展性学生评价

“在众多的评价方法及手段中，评价对学生学业的作用是改进与激励，其终极目标或价值取向是促进学生发展，而不是选拔、甄别甚至是逐利的评价，这种学生的评价都可以认为是发展性评价。因此，我们可以认为，所谓发展性评价，它不是一个具体的评价方法，而是以促进学生发展为评价理念、价值取向及终极目标的评价。”[①]这种评价的特点一是依据课程目标，使学生在评价中不断认识自我，提高自我，促进学生在原有的基础上，各方面不断提高；二是评价主体、内容与方法是多元的，通过多元评价，更全面、客观地给予学生评价，指明学生努力的方向；三是注重评价过程，有机地将形成性评价与终结性评价结合起来，在评价中关注个体差异，注重学生在学习过程中的体验与感受、情感发展的心路历程。

---

① 杨培禾：《小学综合实践活动课程与教学论》，北京：人民教育出版社，2015 年，第 285 页。

研学旅行活动学生评价的理念与价值取向就是发展性评价。

(二)终结性评价、形成性评价与过程性评价

终结性评价“是对教学目标达成程度的判断”[①]，通常是在一个单元、一个模块或一个学期的教学结束后对学生最终学习的结果进行的评价。在综合实践活动学生评价过程中，适当地使用终结性评价对学生各方面的成就进行评价是有必要的，但终结性评价要注意学生个体存在的差异，要以质性评价为主，运用好终结性评价同样可以促进学生的发展。

形成性评价是相对于传统的终结性评价而言的。美国密歇根大学的斯克里文(Scriven)教授最早区分了形成性评价与终结性评价，认为“形成性评价是指通过诊断教育活动与过程中存在的问题，为正在进行的教育活动提供信息，以提高教育活动质量的评价”[②]。之后，美国著名教育心理学家布鲁姆(Bloom)进一步将这一区分扩展到课堂教育教学评价中，认为“形成性评价就是在课程编制、教师教和学生学的过程中使用系统性评价，以便对这三个过程中的任何一个过程加以改进”[③]。从上述对形成性评价的描述中可以看到，形成性评价是从教育教学和学习过程的角度强调对教育活动和学生学习的信息反馈与改进，以期调整教育活动和学生的学习的评价方式。

在综合实践活动课程评价中，常会强调过程性评价。过程性评价不能等同于形成性评价，过程性评价是针对活动课程被学者提出的，过程性评价是在学生学习过程中不断地反馈给学生各方面的信息，是对学生学习过程中的表现、所取得的成绩以及所反映出的情感、态度、策略等方面的发展做出的全面评价。过程性评价内容比形成性评价内容更丰富。就学习过程而言，过程性评价有利于明确活动运行中存在的问题和改进的方向，及时修改或调整活动计划，评价可以与学习过程融合，成为学习过程的一个有机组成部分。综合实践活动中的过程性评价是基于对学生活动全过程的持续观察、记录做出评价，评价重视学生获得成果过程中的情感态度以及学习策略等方面内容，有利于引导学生深入思维、深刻体验，在解决问题的过程中发挥创造性；学生可以参与到评价过程中成为评价的主体；这样的评价会在学习的过程中不断激励学生、修正学生，促进学生的发展。因此，我们可以认为这样的过程性评价属于发展性学生评价理念的范畴。

笔者认为，研学旅行课程学生评价要综合应用这三种评价，即评价要

---

① 陈玉琨：《教育评价学》，北京：人民教育出版社，1999年，第57页。

② 霍力岩，黄爽：《表现性评价内涵及相关概念辨析》，《西北师范大学学报(社会科学版)》，2015年第52卷第3期，第76—81页。

③ 同上。

多元。

(三)表现性评价、真实性评价与档案袋评价

表现性评价"是指教师在学生完成一项具体的学习任务过程中，对学生的认知、情感、技能和学习成果进行的实际考查"①。斯蒂金斯(Stiggins)1987年指出"表现性评价为测量学习者运用先前所获得的知识解决新异问题或完成具体任务能力的一系列尝试"②。哈特(Diane Hart)提出"表现性评价是基于学生的表现或表现样本及既定的标准而进行的直接、系统的观察评价"③。我国教育部在《新课程与学生评价改革》一书中，将表现性评价定义为："教师让学生在真实或模拟的生活情境中，运用先前所获得的知识解决某个新问题或创造某种东西，以考查学生知识与技能的掌握程度，以及实践、问题解决、交流合作和批判性思考等多种复杂能力的发展状况。"④从这些描述中我们可以看出表现性评价是在学生完成任务的真实情境中对学生在认知、情感、技能和学习成果等方面进行的综合评价，并且这个评价是基于标准的。表现性评价可以认为是从评价内容角度表达的一种评价概念，它也属于发展性学生评价范畴。

真实性评价是对学生运用所学的知识和技能去完成真实世界或模拟真实世界中一件很有意义的任务过程的评价。真实性评价更强调完成任务及完成任务的情境的真实性。所以有人认为，表现性评价和真实性评价的实质是相同的，只是侧重点不同；也有人认为，真实性评价是表现性评价的一种类型。

档案袋评价可以认为是从记录方式角度提出的评价方法。关于档案袋评价各国学者有不同的表述，概括地说，档案袋评价是通过收集学生个人在学习过程中各方面的成就、持续进步的表现信息、经历记录、作品等对学生成长进行的评价。档案袋可以视作一个收集积累学生各方面信息的工具，还可视作一种以档案袋为收集信息形式的具体评价方法。运用档案袋评价，评价的是学生完成一个学习任务或一段时间的学习活动的成长过程与表现，所以，可以认为档案袋评价是表现性评价的一种具体形式。

另外，在众多的评价概念中，我们还会看到即时评价、描述性评价等，这些评价概念是从评价的时间点、评价的表达方法等角度形成的。其最终评价的还是学生的表现，目的还是促进学生发展。所以，这些评价我们都可以

---

① 蔡敏：《当代学生课业评价》，上海：上海教育出版社，2006年，第155页。

② 崔允漷，王少非，夏雪梅：《基于标准的学生学业成就评价》，上海：华东师范大学出版社，2008年，第141页。

③ Diane Hart 著，国家基础教育课程改革"促进教师发展与学生成长的评价研究"项目组译：《真实性评价——教师指导手册》，北京：中国轻工业出版社，2004年，第176页。

④ 教育部基础教育司、师范教育司：《新课程与学生评价改革》，北京：高等教育出版社，2004年，第70页。

看作表现性评价的范畴。

表现性评价相对于传统的笔试而言有很多优势，它使学生的学习由被动的反应转变成积极的意义构建；在真实的学习情境中，把学生所学内容和生活实际密切联系起来，使学生直接面对有价值的学习任务，运用已掌握的知识和技能解决实际问题，强化学生解决问题的能力；学生在解决问题的过程中，会遇到各种困难和挑战，表现性评价会更真实地反映学生在情、意方面的发展；完成任务的方法不是唯一的，所以对学生的评价标准也是多元的；表现性评价是开放的，会更好地促进学生创造力的发展；表现性评价针对完成任务的全过程，学习过程也是评价的过程，评价信息采集充实，能更全面地反映学生的发展，在评价中学生是评价的积极参与者，更易达到教育目标。

在研学旅行活动过程中，我们强调学生在真实情境中开展实践性学习，这是基于任务的学习活动，这样的学习活动注重实践、体验与感悟。《指导纲要》中强调“综合实践活动情况是学生综合素质评价的重要内容”。这就要求对学生表现进行全面评价，通过评价促进学生情、意、智与技能的全面发展。

二、研学旅行课程学生评价的目标与内容

研学旅行课程的学生评价目标与评价内容的制定依据是什么？这是一个根本问题。我们不妨先从综合实践活动课程目标层面去理解，操作上可以先解构课程目标，找到评价点，重新构建评价目标体系。

学生评价内容是通过评价目标体系体现出来的，评价内容与评价目标之间有高度的一致性，从课程的教育目标到学生评价目标，再细化到每个活动内容的评价准则与指标，是一个评价内容具体化的过程。研学旅行课程评价内容与学科评价内容分类有一致性，如知识内容，能力结构内容，情感、态度与价值观等，但评价的侧重点是不同的，研学旅行课程的学生评价目标与内容更侧重能力结构内容、情感态度内容，对知识的评价不在于学习多少新知识，而在于如何综合运用知识以及通过研究性学习自主构建知识。

表 8-1 《指导纲要》学段目标解构与评价目标内容

	小学	初中	高中	评价目标内容
价值体认	通过亲历、参与少先队活动、场馆活动和主题教育活动，参观爱国主义教育基地等，获得有积极意义的价值体验	积极参加班团队活动，如场馆体验、红色之旅等，亲历社会实践，加深有积极意义的价值体验	通过自觉参加班团活动、走访模范人物、研学旅行、职业体验活动，组织团队活动，深化社会规则体验	在亲历实践中获得体验

续表

	小学	初中	高中	评价目标内容
价值体认	理解并遵守公共空间的基本行为规范，初步形成集体思想、组织观念			社会规范与集体、组织观念
		能主动分享体验和感受，与老师、同伴交流思想认识		分享
			初步体悟个人成长与职业世界、社会进步、国家发展和人类命运共同体的关系	体悟自我与周围世界的关系
		通过职业体验活动，发展兴趣专长，形成积极的劳动观念和态度，具有初步的生涯规划意识和能力	增强根据自身兴趣专长进行生涯规划和职业选择的能力	兴趣专长、劳动观念与职业规划
	培养对中国共产党的朴素感情，为自己是中国人感到自豪	形成国家认同，热爱中国共产党	深化国家认同、文化自信；强化对中国共产党的认识和感情，具有中国特色社会主义共同理想和国际视野	四个自信、对国家与党的情感、国际视野
责任担当	围绕日常生活开展服务活动	观察周围的生活环境，围绕家庭、学校、社区的需要开展服务活动	关心他人、社区和社会的发展，能持续地参与社区服务与社会实践活动；关注社区及社会存在的主要问题，热心参与志愿者活动和公益活动	开展服务活动
	能处理生活中的基本事务，初步养成自理能力、自立精神、热爱生活的态度	增强服务意识，养成独立的生活习惯		个人生活能力与热爱生活的态度
	具有积极参与学校服务的意愿	愿意参与学校服务活动，增强服务学校的行动能力		服务学校的意愿与能力

续表

	小学	初中	高中	评价目标内容
责任担当	具有积极参与社区生活的意愿	初步形成探究社区问题的意识，愿意参与社区服务	形成主动服务他人、服务社会的情怀；提高社会服务能力	参与服务社区、社会生活的意愿与能力
		初步形成对自我、学校、社区负责任的态度和社会公德意识，初步具备法治观念	增强社会责任意识和法治观念；理解并践行社会公德	责任意识、公德意识与法治观念
问题解决	能在教师的引导下，结合学校、家庭生活中的现象，发现并提出自己感兴趣的问题	能关注自然、社会、生活中的现象，深入思考并提出有价值的问题	对个人感兴趣的领域开展广泛的实践探索，提出具有一定新意和深度的问题	提出问题
	能将问题转化为研究小课题	将问题转化为有价值的研究课题	综合运用知识分析问题	将问题转化为研究课题
	体验课题研究的过程与方法	学会运用科学方法开展研究	用科学方法开展研究，增强解决实际问题的能力	开展研究
			能及时对研究过程及研究结果进行审视、反思并优化调整	成果审视、反思与优化
	提出自己的想法，形成对问题的初步解释	能主动运用所学知识理解与解决问题，并做出基于证据的解释，形成基本符合规范的研究报告或其他形式的研究成果	构建基于证据的、具有说服力的解释，形成比较规范的研究报告或其他形式的研究成果	形成解释与研究成果
创意物化	通过动手操作实践，初步掌握手工设计与制作的基本技能	运用一定的操作技能解决生活中的问题，将一定的想法或创意付诸实践，通过设计、制作或装配等，制作和不断改进较为复杂的制品或用品	积极参与动手操作实践，熟练掌握多种操作技能，综合运用技能解决生活中的复杂问题	动手操作实践、综合运用技能解决问题

续表

	小学	初中	高中	评价目标内容
创意物化		发展实践创新意识和审美意识，提高创意实现能力	增强创意设计、动手操作、技术应用和物化能力。形成在实践操作中学习的意识，提高综合解决问题的能力	创意物化能力、创新意识、审美意识、学习意识
	学会运用信息技术，设计并制作有一定创意的数字作品。运用常见、简单的信息技术解决实际问题，服务于学习和生活	通过信息技术的学习实践，提高利用信息技术分析和解决问题的能力以及数字化产品的设计与制作能力		信息技术实践与能力

资料来源：北京市西城区康乐里小学　金小碗

(一)学生的情感、态度与价值观

情感、态度与价值观是个体内在的心理状态，往往不能被别人直接观察到。态度具有评价性，它意味着是否赞同该事物；态度是有对象的，它总是针对某种事物的；态度体现一种行为倾向，不等于行为，但它最终会通过当事人的言行表现出来。

研学旅行活动是基于学生的经验、兴趣和爱好，在考察探究过程中学生主动参与、自主探究而完成的一种实践性学习。学生的外显表现包括：在学习过程中，学生对活动是否有兴趣，对活动内容是否有强烈的好奇心和求知欲；在活动中，学生是否主动承担并努力完成分配给自己的任务，是否能认真负责地做好资料积累和分析处理工作，是否能积极主动地提出个人的意见或建议；在活动中，学生如何面对困难、挫折以及冲突，在与他人的各种交往中学生的态度，生活自理能力与互助情况等。通过这些表现，我们可以对学生的情感、态度进行评价。另外，在旅行活动中，学生是否表现出对规则的遵守、社会责任感等，都能反映学生的价值观。

在评价实施过程中，情感、态度与价值观的评价可以通过兴趣、责任感、宽容、尊重、自豪感、认真、专心、积极、努力、欣赏、关心、同情心与爱心、求知欲、爱惜等关键词来表达。

(二)学生的体验与感悟

体验与感悟是研学旅行课程评价目标中的一项重要内容，是综合实践活动课程独具特色的内容。体验就是亲身经历，是在实践中认识事物；感悟是指人们对特定事物的践行或经历中所产生的感想与觉悟。体验是感悟的基础，感悟是体验的升华。

学生在研学旅行课程中以他们的现实生活和社会生活为背景，以考察自然与社会的研学旅行内容中的问题为实践研究的课题，在研学旅行活动中以亲身体验和自主实践的方式去了解自然、社会以及他人与自我。他们通过亲身经历与感受形成真正的感悟，通过广泛深入的研学旅行进行实践体验，不断产生并积累各种各样的感悟，对生命、人生、事物以及世界的看法不断深入，进而形成对自然、社会与自我的整体认识。在体验感悟的基础上形成的认识，对学生的影响更直接、更深刻、更持久，对学生发展的促进作用更广泛、更有效，更能促进学生形成正确的价值观。这正是研学旅行活动独特教育价值的体现。

(三)学生的学习方法与实践能力

实践是综合实践活动课程的核心，是体验与感悟、情感与价值观的生成和创新能力培养的基础。由于研学旅行课程的学习是一个自主的过程，行前学生针对考察内容自主选题，或在教师引导下发现问题的基础上自主选题，学生要围绕选题制订研究计划，恰当地选择与应用解决问题的方法，在研究和解决问题的过程中能不断发现和修正研究问题中出现的偏差，在取得成果后要选择呈现的方式以及推广与应用的策略等，这些都反映了学生的学习方法与实践能力水平，这些学习方法和实践能力在很大程度上有别于学科学习的方法与实践能力。在研学旅行课程中对学生学习方法与实践能力水平的评价，可以提高学生研究问题的水平，丰富学生的学习策略，强化实践的深度，为学生的终身学习奠定基础。

(四)学生的创新意识与创新能力

研学旅行课程评价学生的创新意识与创新能力是引导和激励学生发展的重要目标与内容。对小学生的认知水平、生活经历以及能力而言，创新意识与创新能力有其特点，主要表现在如下几个方面：追求个性、自主意识、独立人格、质疑、批判思维与批判精神。

研学旅行课程是学生综合运用知识与技能解决问题，进行科学探究和创新能力培养的课程。学生善于从考察内容中发现问题，对活动过程的设计与控制，科学探究方法与手段的学习和熟练地利用相关知识和技能解决现实问题的能力发展状况，是研学旅行活动对学生创新意识与创新能力评价的内容基础。学生在活动中有独创性的表现，敢于质疑权威，多角度地思考问题，对于教师提出的开放性问题能提供多种解答或解答有创意，敢于运用非常规的方法和手段研究和解决问题，并自觉生成个性化的见解或成果等，都是学生的创新意识与创新能力的体现。对于学生的活动成果，我们不能刻意要求学术含量或技术含量，更要看学生有没有创新意识和创新的欲望，有没有创新的思维方法，在研学旅行活动成果展示交流时能不能有个性化表现和创造性表达。如：学生的西安饮食研究课题成果是制作出适合儿童的肉夹馍、用诗词来表达每天的旅行考察体验、把民族文化的内容用画笔记录下来等。

（五）学生的合作意识与合作能力

研学旅行课程实施过程中，课题研究以小组合作的形式开展，合作意识与合作能力是综合实践活动学生评价的重要目标，其评价内容包括：愿意与他人合作，能认真倾听他人意见；信任同伴，保持自信，具有服务意识；遇到问题能主动协商，达成共识；懂得分工，勇于承担责任；互相关心，互相帮助，互相学习，取长补短；能够包容尊重，争挑重担，勇于负责，与同伴分享成功的喜悦；善于批评与自我批评；在交流中能各抒己见、畅所欲言，在民主、平等的气氛中探讨、研究等。

三、研学旅行课程学生表现性评价量表设计方法

如前所述，任务驱动式评价、档案袋评价、描述性评价、即时评价都可以认为是表现性评价方式。在实施表现性评价过程中，很多评价设计者通常使用的工具是评价量表，这也就使得人们一般认为表现性评价是通过评价量表实现的评价方式。笔者认为，评价量表是表现性评价的一个常用的、指导性较强的、使用便捷的重要工具，可以在研学旅行课程实施的各个阶段使用，可以作为学生及教师自评与互评、教师评价学生、各方面主体评价研学旅行课程效果等的评价工具。

（一）表现性评价量表设计要求

表现性评价是一种基于标准的评价方式，在实施的过程中要遵循一定的评价规则。评价规则告诉不同评价者如何评价学生的学习表现，其中不仅规定了“内容标准”，也就是要基于哪些“准则”去评价，还规定了“表现性标准”，即不同水平表现的详细描述。这样基于标准的评价带来的结果是，在学习之初以及学习过程中对学生有指导和引导作用，学生通过对标准的学习（包括自己制定），可以尽量客观地审视和评价自己的学习过程和学习成果，思考如何达到“好”的标准，并为之努力，从而改进学习，促进自身发展。

表现性评价经常以量表作为工具，通过量表对学生的表现进行评价，所以量表的设计就要注意准则与内容标准和目标的一致性及语言表述的明确性、简洁性、层次性、连续性等特点，并要符合评价对象的年龄特点。在设计研学旅行课程评价量表时，可以参考《指导纲要》中不同学段的目标（前文已进行

解构和解释）。

（二）研学旅行课程评价量表设计

研学旅行课程评价量表与综合实践活动课程评价量表设计并没有本质区别，只是在评价的内容上增加了旅行活动中自理自立、遵守规则的内容。下面对研学旅行课程内容领域常用评价量表准则与指标进行举例分析。

1. 考察探究活动评价表

研学旅行课程中的考察探究活动涉及的内容领域较多，但是其学习方式基本上是以“基于问题的学习”为主线，也就是通过发现问题、解决问题的过程，得到能力的提升。不论是科学探究还是人文探究，其研究方式都有共通之处。考察探究活动，其活动要素主要包括提出问题、形成主题、制定研究方案、实施研究方案、交流与反思等，根据活动的主题维度不同，每个环节的开展过程或研究方法选择的侧重，可能会有所不同。

表 8-2 考察探究活动的学生表现性评价准则与指标分析①

评价准则	指标分析
提出问题	评价的内容是学生能否根据生活经验和日常的观察与思考，或者在老师创设的情境下提出有价值问题的能力。其评价指标可以包含参与提问的态度、提问的角度、问题的表达(能否清晰、简洁、有条理地表述问题)、问题的价值(所提的问题是否有意义，有没有研究价值)
形成主题	评价的内容是学生的问题聚焦能力，即能从与主题相关的各种问题中，运用分析、归纳、概括等方法，结合现实情况，最终形成可研究的具体主题。其评价指标可以包括主题的界定(主题研究的内容范围、研究对象等是否都明确)、主题的表达(主题的描述是否规范，是否包含了关键内容)、主题的合理性(主题的研究价值、可操作性)
制定研究方案	评价的内容是学生的规划意识和能力，即能够基于要研究的主题，综合考虑各种因素和条件，列出需要解决的问题及其顺序的水平。其评价指标可以包括参与的态度(能够积极参加研究方案的讨论，提出合理的意见和建议，主动承担小组任务)、研究方法的选择、研究方案的合理性(综合考虑主题实施的各个因素来设计环节，并且环节之间有承接性、紧密性)、方案的可行性(能否将资源的支持、人员的分配和时间的安排考虑周全)

① 杨培禾：《综合实践活动课程论》，北京：首都师范大学出版社，2019 年，第 225 页。

续表

评价准则	指标分析
实施研究方案	评价的内容是学生在实际研究中体现出来的各种能力与品质，不同的主题领域的侧重点略有不同，例如在科技探究中，可以关注学生与观察实验有关的能力，或者控制影响因素的能力；在人文探究中，需要关注学生对考察方式、访谈法和问卷法等研究方法的使用能力，对信息和数据进行加工处理的能力(分类、整理、统计等)。评价时还需要关注学生依据事实对研究问题进行分析、解释，获得研究结论的能力。特别要提出的是该准则的评价要考虑沟通合作能力(如遇到问题主动协商，达成共识，主动调整；与他人共同完成任务的过程中主动调整，合理分工，认真完成自己的任务，并对他人提供帮助)、应变能力(根据实施的问题修改方案，改变实践方法等)、实践态度、责任担当、面对困难的表现等，具体的指标选择需要根据学生的实际情况，以及相应的活动目标而决定
交流与反思	评价的内容是学生对研究过程与结果的总结能力、将研究成果进行展示的水平(条理清楚、准确生动地陈述自己的研究过程和成果)、认真倾听并思辨地接纳他人的想法与见解并改进的能力、参与交流讨论的情况。评价指标可以包括参与的态度(积极主动地参加汇报活动，能够协助小组完成汇报，对其他小组同学的汇报进行评价)、研究报告的水平(报告中能够清晰地反映研究的整体过程，呈现格式符合规范、重点突出、详略得当)、成果的汇报(能够将研究成果进行展示，展示的方式有吸引力，能够适时与听众互动)、反思的水平(能发现活动中的经验和不足，有效吸收他人的建议，对自己的课题进行进一步的深入研究，或者对必要的结论进行修改，或者选用更适合的研究方法再次研究)

2. 设计制作活动准则与指标分析

研学旅行课程实施的中段及后段，多有设计制作活动。一方面是跟着工匠学技艺，另一方面是根据研学旅行课程研究的内容进行拓展创作与活动交流，包括劳动技术和信息技术两方面。设计制作活动评价的主要方面包括学生运用各种工具、工艺进行设计，并动手操作，将自己的创意、方案付诸现实，转化为物品或作品的过程。研学旅行课程中的设计制作活动，不仅能提升学生的创新精神与动手实践能力，还能促进学生对研学旅行课程内容的深入研究。设计制作活动要素主要包括：创意设计、选择活动材料和工具、动手制作、交流展示物品或作品、反思与改进等。

表 8-3　设计制作活动的学生表现性评价准则与指标分析①

评价准则	指标分析
创意设计	评价学生的创意设计能力，考查学生在生活中观察发现事物的问题或人们的需求的能力，制作前对作品的构思，能以各种方式呈现出来。其评价指标需要根据选题而定，可以包括呈现设计的创新性、实用性、寓意等
材料和工具的选择	评价学生在操作性学习中的规划能力，即能否根据作品的需要，选择合适的工具，并且合理利用现有的制作材料，安排制作的流程
动手制作	评价学生将设计转化为实体作品过程中所表现出的运用各种工具、工艺的能力和水平，评价指标可以包括相关劳动技法的熟练程度，比如十字绣针法、黏土捏法的掌握，简单信息技术使用与制作，以及制作过程中表现出的情感态度，如能够持之以恒地完成作品，在制作过程中能遵守操作规范，注意安全
交流展示物品或作品	通过学生作品的交流，评价学生在参与设计制作过程中表现出的良好品质、设计思想内涵、将自己的想法转化成有创意的成品情况、创作的态度
反思与改进	评价对作品及作品制作各方面的反思，对作品的改进水平，改进的意识、合理性等

在研学旅行课程中实施表现性评价要注意合理使用学生表现性评价量表。在教学实践过程中，教师若能利用好量表，因势利导，充分挖掘其教育功能，会事半功倍。如教师可以带领学生进行量表的设计，这样不仅能加深学生对活动目的和评价标准的认识，还能充分调动学生的主观能动性，使评价量表的指导和引导作用增强。

（三）研学旅行课程表现性评价量表举例

研学旅行课程中的学生评价量表可以是多样的，从内容角度看，有针对某个阶段的评价量表、针对整个过程和结果的评价量表等，这些都是比较综合的；针对某一类内容进行分类，可分为旅行生活评价量表、研究性学习评价量表（可以进一步细化）、展示交流评价量表等；根据评价主体不同设计的评价量表，有辅导员使用的评价量表、学生自评量表、小组评价量表等。不论哪一种量表，只要能有效评价、全面评价、多主体参与评价，都可以在课程实施过程中应用。

① 杨培禾：《综合实践活动课程论》，北京：首都师范大学出版社，2019 年，第 228 页。

1. 针对研究性学习过程的评价量表

表 8-4 研究性学习过程多主体评价量表

项目	评价要点	自评	互评	师评
一、在活动中参与的态度	1. 认真参与活动，对活动始终保持浓厚兴趣			
	2. 努力完成自己承担的任务			
	3. 做好资料积累和处理工作			
	4. 主动提出自己的设想			
	5. 乐于合作，能和同学交流，尊重他人			
二、在活动中得到的体验	6. 善于提问、乐于研究、勤于动手			
	7. 有一定的责任心			
	8. 能对自己进行反思			
	9. 实事求是，尊重他人的想法与成果			
	10. 活动中遇到困难不退缩，想办法解决问题			
三、在活动中掌握的方法	11. 能用多种途径获取信息			
	12. 采用了两种以上的方式进行研究			
	13. 能运用已有知识解决问题			
四、在活动中发展的实践能力	14. 有探索的好奇心和欲望			
	15. 独立思考，主动发现问题，提出问题，寻求解决问题的方法			
	16. 积极实践，施展才能			

表 8-5 研究性学习能力评价量表

维度	基础性指标(良好)	发展性指标(优秀)
收集整理信息能力	收集资料较认真，但是资料获取手段、途径单一	认真负责地进行资料收集，能运用多种手段，比如上网、借阅图书等
自主获取知识能力	缺乏解答自身疑问的方法和途径	能通过恰当的方法和途径解答或部分解答自己的疑问
辩证分析能力	对中国发展历程、中华文化认识不全面，缺少辩证性	能够正确、全面、客观地认识中国发展历程、中华文化
自我表达能力	能够表述自己的感受和观点，表达比较清楚，语言比较精练	能综合运用多种方式，如图片、文字、表格等表达自己的观点和感受

2. 内容综合的评价量表

表 8-6　学生自我评价量表

一级指标	二级指标	评价内容	评价分值
自我管理	文明素养	1. 公共场所使用文明用语，不大声喧哗，维护公共秩序	□ 优秀 □ 良好 □ 继续努力
		2. 讲解员讲解时，专心倾听，仔细观察，不妄加评论	
		3. 人多时，按顺序边走边看，不推不挤，不妨碍他人	
		4. 爱护公共财物，保护古迹，做文明参观使者	
	遵规守序	5. 遵纪守法，安全意识强，遇事冷静，不侵害他人隐私	□ 优秀 □ 良好 □ 继续努力
		6. 遵守行程要求，不随意离队，服从带队老师管理	
		7. 时间管理能力强，遵守时间节点，不影响活动流程	
	生活能力	8. 注意饮食健康，不乱吃零食	□ 优秀 □ 良好 □ 继续努力
		9. 生活有序，管理好自己的物品，不丢三落四，合理消费	
实践活动	实践能力	10. 能够依据活动主题，自主选择恰当的活动方式开展活动	□ 优秀 □ 良好 □ 继续努力
		11. 学会用多种方法收集、处理信息	
		12. 能够在自主探究的学习中，运用所学知识解决实际问题	
	参与意识	13. 踊跃参加活动，敢于尝试，乐于发表自己独到的见解	□ 优秀 □ 良好 □ 继续努力
		14. 认真对待小组分工，善始善终	
		15. 不怕困难，思维灵活，恰当选择解决问题的方法	
		16. 及时完成活动，积极参与交流分享	
协作精神	合作意识	17. 小组成员团结协作，合理分工，乐于分享	□ 优秀 □ 良好 □ 继续努力
		18. 认真倾听同学的观点和意见，对小组学习做出贡献	
	合作态度	19. 关心同学，互相尊重，发挥优势，优劣互补	
		20. 主动承担组内工作，不推诿，有责任意识	

四、基于研学旅行学生学习指导手册的评价

《指导纲要》明确要求学生评价要建立档案袋。在活动过程中，教师要指导学生分类整理、遴选具有代表性的重要活动记录、典型事实材料以及其他有关资料，编排、汇总、归档，形成每个学生的综合实践活动档案袋，并纳入学生综合素质档案。

在研学旅行学习的各阶段，学生会运用指导手册。好的指导手册引导学生记录研学旅行的过程、学生在活动中获得的知识见识、学生在参与活动时各方面的体验与感悟。这些记录，可以看作研学旅行档案袋的重要评价内容，反映了学生研学旅行各方面成长的过程。

将指导手册的内容纳入档案袋评价中，非常符合综合实践活动发展性学生评价的理念要求，能够反映学生的综合素质发展，使教师和学生都能直观地看到学生情感方面的发展和能力上的发展，能够较客观地对学生表现进行评价；可以加强学生多方面学习成果的展示交流，发挥评价的过程性的导向作用。

五、研学旅行课程的即时评价与实施

1. 即时评价

即时评价就是教师在真实的学习环境中，运用话语甚至附加肢体语言和表情，对学生在学习过程中的学习态度、学习方法、思维过程、情感体验、学习成果等方面进行即时点评。即时评价反馈及时，针对性强，能很好地起到反馈、激励、调控和导向的作用。在研学旅行课程中，即时评价的主体不仅有教师，还包括同伴以及参与活动的其他成员，在课程实施过程中被普遍应用。

2. 即时评价的特点和作用

在研学旅行学习过程中，由于教师能够和学生进行广泛的活动和交流，师生和同伴可以在整个活动中随时随地地对学生的活动方法、言行、进步做出评价。因此，即时评价的第一个特点就是即时性，教师或同伴对学生某一个展示环节、某一个体验感受的表达以及学习方法等即时发表评价，使被评价者即时获得反馈信息，从而获得方法指导，获得鼓励，获得情感、态度与价值观某一方面的导向等；即时评价的第二个特点是评价的便捷性，即时评价可以是几句话，也可以是一个微笑、一个眼神、一个点头的动作，这些语言虽然简单，但也可起到鼓励学生的作用；即时评价的第三个特点是针对性强，在活动过程中，针对学生某一个表现进行即时评价，对学生的反馈、导向和激励作用非常显著。

3. 即时评价的应用

在应用过程中，即时评价对教师的要求很高，教师既要有教学机智、调控能力，更要有教学智慧。从表面上看，对学生表现的即时评价是随机的、无序的，教师无法预先进行准备，应该说这是一种错误的理解。即时评价是有规律可循的，对即时评价的准备蕴含在教师活动设计过程中。要做好即时评价，教师在设计活动时就要非常具体清晰地理解具体活动对学生的培养目标。教师要明确每个活动环节设计的目的是什么，教师要怎样引导学生，主要评价点有哪些。在活动中对学生的评价一定是伴随着活动进程而进行的，教师明确了活动目标和内容，就会知道在活动的各环节重点进行哪些方面的评价，进而在学生发生一些行为或表达一些想法时，能有的放矢地进行评价，这样在学生活动过程中就可以即时地对学生进行具有实效的评价，从而避免“你真棒!”“你真好!”的空洞评价。

教师即时评价的魅力不仅要表现在话语的深刻上，还要注意表情、语气、幽默和肢体语言的运用，如在活动中发现学生有创新时，有些教师能够用夸张的表情和语气说：“哇！你是怎么想的？太有创意了！给大家介绍一下。”这样的评价会引发学生强烈的学习兴趣，激励更多的学生在活动中求新、求异、求创造。

即时评价还可运用于学生之间的互评，提高学生的批判思维能力，提供学生相互沟通和交流的机会。即时评价对于小学生来说有较大的难度，需要教师在方法上进行引导，可以给学生提供一个评价的模式，如：先针对同伴的作品或言论，说说你的看法或观点是什么，再说能够支撑看法或观点的原因或证据，最后提出改进的建议。这样可以使学生有逻辑地表达思想，呈现清晰的思维过程。

六、研学旅行课程的描述性学生评价与实施

1. 描述性学生评价

描述性学生评价是一种质性评价，是通过书面语言将被评价者各方面的表现情况以及达到的水平描写叙述下来，使被评价者或他人较全面地了解被评价者的综合信息。由于研学旅行课程的综合性、实践性、发展性等特点，研学旅行课程的学生评价，很适合运用描述性评价并纳入学生的综合素质评价中。

2. 描述性学生评价的特点

在研学旅行课程中运用描述性学生评价，可对学生的认知、实践、情感体验与感悟、人际交往、规则意识等各方面进行综合评价，也可对学生在活动中的一个表现进行简单叙述，从而反映学生在某方面的突出成绩与发展。描述性学生评价是能尊重和体现学生个体差异，突出学生综合素质的评价。与即时评价相比，描述性学生评价一般以书面形式发给学生，能够由学生保

留，学生可以反复阅读评价内容，对评价的理解也会更加深入。因此，描述性学生评价具有长效性特点。

3. 描述性评价的实施

描述性学生评价一方面要求教师熟悉每一位学生，注意观察和记录每一位学生在课程实施过程中的表现；另一方面要求学生注意积累学习活动过程中的资料，使其成为描述性评价的依据。只有这样，学生的描述性评价才能更加真实、具体、有针对性和个性。在研学旅行活动课程中，教师的描述性评价可以结合学生的自评和互评，教师在学生自评、互评的评价量表或指导手册的基础上，对学生进行描述性评价，学生也可以自己进行描述性自评。

研学旅行学生评价的方法是多样的，在研学旅行课程实施过程中，综合运用多种方法对学生进行评价会更全面有效。

表 8-7　研学旅行综合评价方式

	评价项目	评价要点	自我评价	同伴评价
研学过程	课程学习	主动参与，及时认真记录，积极探索，善于发现	☆☆☆☆☆	☆☆☆☆☆
	团队合作	和谐相处，乐于助人，勇于承担责任	☆☆☆☆☆	☆☆☆☆☆
	遵守纪律	时间观念强，听从指挥，按要求参加活动	☆☆☆☆☆	☆☆☆☆☆
	文明礼仪	举止文明，注重礼仪，遵守秩序	☆☆☆☆☆	☆☆☆☆☆
研学成果	研究主题	主题鲜明、独特，与研学内容一致	☆☆☆☆☆	☆☆☆☆☆
	成果内容	内容充实完整，思路清晰，有自己的观点和结论	☆☆☆☆☆	☆☆☆☆☆
	呈现形式	体现研究特点，适合研究内容，新颖独特	☆☆☆☆☆	☆☆☆☆☆
	展示效果	语言流畅，表达生动，能积极与同学交流互动	☆☆☆☆☆	☆☆☆☆☆
个人反思： 你的行程计划有没有被别人的拖沓无序等行为影响？你是否会怪罪对方？ 反思自己在行程中是否有影响别人的行为，及自己应该怎样做。				
个人评语：				

续表

同伴留言：
教师寄语：

综上所述，研学旅行课程要加强评价，对课程设计与实施、辅导员、学生进行全方位评价。评价是多元的，多元体现在评价目标、评价内容、评价方法、评价主体、评价方式方法等各方面。概括来说，研学旅行课程评价就是促进多主体发展的评价。

探究与实践

1. 如何理解多元评价在研学旅行学生评价中的应用？
2. 观看一个综合实践课程视频，分析教师的即时评价。
3. 尝试给一个研学旅行课程设计学生评价。

第九章　研学旅行课程实施的保障机制

学习要点

1. 研学旅行课程实施的安全保障原则。
2. 研学旅行课程实施的安全保障机制。

研学旅行教育服务机构（以下简称“教育服务机构”）一定要明确研学旅行实施不同于旅游。研学旅行的服务对象是学生，其自护意识较成年人弱，自护能力有限；加之研学旅行团队规模远大于旅游团队，因此，研学旅行课程实施的保障机制更要完善，不能简单地套用旅行社原有的安全保障机制。研学旅行课程实施过程中要有完善的组织结构，有力的安全保障，专业的伤病处理措施以及应对突发公共卫生事件的能力。这对教育服务机构和学校都提出了较高要求。本章将对研学旅行的安全保障设计的各方面内容以及伤、病、疫情等突发事件紧急处理预案进行较细致的论述。

第一节　研学旅行课程实施的安全保障原则

研学旅行课程实施的首要问题就是安全问题，没有完备的安全保障，就不能顺利开展研学旅行课程。因此，教育服务机构要在研学旅行课程实施的安全保障原则下，制定各种规则、注意事项、预防措施以及应急处理方案，为研学旅行课程实施建立安全保障系统，以确保学生的人身安全，避免意外伤害事故的发生。

所谓意外伤害是指突然发生的各种事件对人体所造成的损伤。如交通事故、溺水、火灾、触电、跌伤等都属于意外伤害。现在对意外伤害的研究认为，意外伤害虽然是一种突然发生的事件，但它属于疾病范畴，既有环境因素，也有内在的发生规律。意外伤害不是完全不可预料的，通过有效的措施是可以预测、预防和控制的。研学旅行出发前及研学旅行过程中，学校、教师和家长通过对学生进行安全教育，可以提高学生的安全意识、自我保护意识和自我保护能力，有利于预防意外伤害的发生。

一、安全保障首要性原则

安全是研学旅行课程实施的保障。学生的安全意识淡薄，对潜在危险的判断能力弱，控制自己情绪的能力不如成年人，高兴起来有时会忘乎所以，顾此失彼。另外，小学学段学生的肌肉力量与动作协调性发育不完善，携带行李箱旅行有一定困难；就自护能力与自护意识而言，学生属于弱势群体，因此，安全是研学旅行课程实施的首要问题。教育服务机构要针对课程实施过程中的各类人员制定各项安全规章制度，为研学旅行的顺利开展提供安全保障机制。与此同时，必须制定各种安全预案（突发安全事件的紧急处理预案），将安全问题造成的损害降到最低。

二、规章制度指导性原则

对于研学旅行课程实施涉及的各个方面（行、吃、住等）都要有细致的规章制度与注意事项。规章制度对实施者的指导性要强，让实施者在课程的实施过程中有规则方法可依。对于突发安全问题要有预案，预案组织结构明确，分工合理，程序正确流畅，方法恰当，能高效、高水平地指导处理各类突发事件。

三、责任明确性原则

课程实施过程中，各种后勤工作繁杂，涉及面广，工作人员众多。因此，安全保障要有组织结构，要有明确分工，工作要责任落实到具体人员，各方面人员要互相配合，使各项安全工作无缝对接，保证不出安全漏洞。如遇突发事件，各小组人员各司其职，积极配合处理事件。

第二节　研学旅行课程实施的安全保障机制

《意见》要求，研学旅行要坚持安全第一，建立安全保障机制，明确安全保障责任，落实安全保障措施，确保学生安全。研学旅行安全风险管理是通过提前预防把研学旅行中的安全风险及可能造成的不良影响有效降低的过程。有效开展安全风险管理机制，有利于研学旅行组织方做出正确的决策，有利于确保学生研学旅行中的安全，有利于提高社会和家长对研学旅行的认可度，对于研学旅行监管部门开展有效监管，研学旅行组织方有效开展工作，不断推动我国研学旅行的发展都有重要意义。

一、做好细致的安全风险分析，建立完备的安全防控体系

实施研学旅行课程应坚持安全优先的原则。研学旅行的安全服务体系涉及单位多、关联业态多、参与人数多、服务环节多、涉及安全内容多、安全风险点多、安全管控难度大，因此安全防控体系是一项系统安全工程。研学旅行课程的主办方、承办方及供应方作为研学旅行课程的策划与实施者，应对研学旅行中存在的安全问题有全面的认识，分别构建科学、有效、完备的安全保障防控机制，健全安全管理制度，构建家庭、学校、教育服务机构、研学资源单位“四位一体”的联合管控机制，实现安全管理工作的紧密衔接和无缝对接，确保研学旅行安全顺利开展。

（一）制定研学旅行安全管理工作方案

安全风险管理是研学旅行前期准备、过程组织和后期跟踪整个周期中安全管理的重要环节，主要包括影响研学旅行安全风险因素的识别、评估、控制和安全风险管理反思等环节。根据研学旅行课程的实施过程可将安全管理工作分为行前、行中、行后三个阶段。

1. 行前阶段安全管理工作方案

（1）实地考察及安全风险评估

对研学旅行课程中所涉及的课程资源、交通方式、路程、餐厅、酒店、天气因素等进行实地考察及安全风险评估，根据实地考察情况做出安全保障方案及应急预案，对有安全隐患的研学资源、酒店或餐厅等进行调整，确保研学旅行安全顺利进行。

考察研学旅行课程资源基本情况的内容包括：课程资源是否符合学生的年龄发展特点、课程资源基础设施安全和便捷情况、课程资源地空间容纳人数情况等。

后勤服务保障包括交通、饮食、住宿等方面。交通方面，考察汽车租赁公司的资质、司机的经验以及道路情况、天气情况等；考察高铁或普通列车的拥挤程度及到达时间等。饮食方面，要认真核查餐厅是否具有食品安全证书等相关资质，做好对食品过敏等突发情况的应急处理方案，对餐厅附近的医院情况做到心中有数。住宿方面，要评估酒店的资质等级、火灾逃生路线及房间的安全性等。

（2）开展安全教育，加强学生的自护意识与能力

在研学旅行前段活动中通过主题讲座、安全演练、安全教育影片等多种形式在学校和家庭开展安全教育，加强培养学生的自我安全防范意识、应急处理能力、自我保护能力等。

(3)建立安全管理组织，加强人员培训

设置研学旅行安全管理工作组，明确工作人员及相关职责。对研学旅行实施团队成员进行全面的安全教育和培训。

2. 行中阶段安全管理工作方案

研学旅行中，活动组织和实施人员应严格执行安全管理工作方案，对研学旅行的各个环节提出的具体要求，做到统一管理和操作，并在活动中密切关注环境、交通、住宿、餐饮、天气等的变化，及时发现和排除不安全因素。

在课程实施过程中，应针对不同的课程资源对学生和教育服务机构提出具体的要求和安全保障措施。

案例分享：

一般景区及基地课程实施安全要求及安全保障

京鹰国际教育科技(北京)有限公司

1. 学生注意事项

①服从安排，听从指挥，跟随团队参与课程全过程，不擅自离开团队。

②活动中认真聆听讲解及要求，注意力集中。

③体验及操作时有序进行，不争抢，使用工具时按要求进行操作，如有问题及时告知指导老师。

④行进过程中注意脚下，防止滑倒及摔伤。

⑤在课程实施区域内不追逐打闹，防止磕碰受伤。

⑥学会正确识别景区内的路牌标识。

⑦如不慎与他人发生摩擦，应立即与指导老师取得联系，避免不必要的争执。

2. 教育服务机构安全保障

①做好详细的课程实施流程及准备工作，指导老师应明确工作内容及分工，责任到人。

②提前对课程环境进行勘察，排除安全隐患，并对活动期间可能发生的情况做好充分的预估和应变准备。

③行前做好学生安全教育及指导老师的应急处理培训。

④安排专人负责课程实施过程中各个环节的沟通与组织。

案例分享：

海滩、湖泊等湿地课程实施安全要求及安全保障

京鹰国际教育科技（北京）有限公司

1. 学生注意事项

①活动时应选择穿着合适的衣服和鞋子，不光脚蹚水，注意防晒。

②在规定的区域内开展活动，不在警戒线以外活动，不擅自离开集体。

③涉水时应随时关注水位，水面超过脚踝位置时应及时离开该水域。

④海滩生物采样时，应在退潮时露出的沙滩上，先走至较远处后，返向岸边边走边采集。

⑤湖泊及湿地采样时应注意脚下淤泥，可先用木棍等物体探实后再前行。

⑥采集样品时正确使用采集工具，不随意用手触摸不明生物。

⑦不站在危险的地方拍照合影。

⑧不追逐打闹，不乱扔石子，不扬沙子。

⑨意外受伤及突发事情，应及时告知指导老师进行处理。

2. 教育服务机构安全保障

①做好详细的课程实施流程及人员安排，责任到人。

②出发前做好学生安全教育及指导老师的应急培训。

③及时了解课程实施当天天气情况，遇大风、大雨等恶劣天气应及时调整课程实施地点和内容。

④提前做好课程实施地点的勘察，确定活动的安全区域，活动当天设置安全警戒线。

⑤安排专人负责看护警戒线，随时关注学生活动情况，及时提示涉水学生在安全区域内活动。

⑥指导学生正确使用采集工具和采集样品的方法。

3. 行后阶段安全管理工作方案

(1)反思安全风险管控过程，提升安全管理水平

研学旅行活动结束后，各方应对安全管理工作进行反思，进一步优化调整安全管理制度。反思是对研学旅行安全风险管理过程进行回顾、总结和分析的过程，对于促进研学旅行安全管理能力和水平的提升具有重要作用。

(2)建立安全管理档案

在反思研学旅行安全风险管理过程的基础上，将研学旅行中所遇到的突发状况及安全问题分析整理成书面报告，建立安全管理档案。

(3)做好安全问题的善后处理

在大型学生团队出行的过程中，难免出现安全问题，如学生扭伤等，在旅行结束后，教育服务机构应积极应对及解决研学旅行中产生的安全或投诉问题，做好善后处理。

(二)制定研学旅行安全应急预案及操作手册

安全应急预案是指针对突发事件的性质、特点和可能造成的危害，有针对性地制定的具体安全管理预防机制、处置流程、应急保障措施以及事后处理等内容的方案。研学旅行风险因素主要包含管理因素、人员因素、交通因素、环境因素。应在研学旅行活动前对风险因素进行分析，并在此基础上制定完善可行的研学旅行活动安全应急预案，将研学旅行活动风险降至最低，保障研学旅行安全。

1. 成立安全管理领导小组，加强安全工作培训

教育服务机构和学校应成立研学旅行安全管理领导小组，行前应由学校、教育服务机构共同成立事件应急处理工作组，如医疗救护小组、情况报告小组、心理疏导小组、现场处置小组、活动留校安全工作处理小组、应对媒体小组、后勤保障小组等；明确应急事件处理总指挥，确定各应急组长、副组长、组员，厘清各小组相应职责。根据各项安全管理制度的要求，明确安全管理责任人及其工作职责，进行指导教师(辅导员)等相关工作人员的安全工作培训，熟悉安全工作内容及操作流程。

案例分享：

各安全工作小组工作职责

京鹰国际教育科技(北京)有限公司

医疗救护小组：做好医疗救护药品及医疗防护用品的保管，在事故发生后迅速对伤员进行急救处理。

情况报告小组：情况报告小组在事故发生后迅速统计事故相关人数及状况，及时报告应急处置领导小组。应急处置领导小组必须遵循“随时发生，随时报送”的原则，应在事件发生的第一时间，将所发生的事故情况报告上级主管部门。

心理疏导小组：事故发生后积极做好稳定师生情绪及安抚家长的工作。

现场处置小组：依据事故性质及严重程度积极组织开展现场处置工作，主要包括疏散无关人员，确保现场环境安全，协助医疗救护小组实施紧急救治、送医，及时对现场采取保护和控制措施，收集整理相关证物，保持现场特征，严格限制无关人员进入现场。

> 活动留校安全工作处理小组：根据事故现场及执行情况向领导小组及家属汇报事故处理情况，做好相应的接待和安抚解释工作。
>
> 应对媒体小组：积极做好家属及媒体应对工作，事件详细情况由学校负责人对外发布消息，未经同意，任何个人不得接受采访，避免报道失实。
>
> 后勤保障小组：根据事件应急处理工作组指示，确保后勤物资不断供应，负责联系餐饮、住宿、医院，确保领导小组工作的顺利开展。

2. 开展研学旅行安全风险评估

安全风险的识别是研学旅行安全风险管理的基础，是对研学旅行过程中影响学生安全的风险进行梳理的过程。安全风险的评估是研学旅行安全风险管理的核心，是用定性或定量的方法，从安全风险发生后的危害程度、安全风险发生的概率和安全风险的可检测性三个因素入手对风险进行评价的过程。

(1)交通安全风险评估

交通安全风险评估内容包括火车、飞机等的安全因素，如大巴车的车况及资质，观光船的船况及资质，公共道路交通的路况等。

(2)环境安全风险评估

环境安全风险评估内容包括地理环境、气象环境、社会环境、景区景点的活动环境等。

(3)餐饮安全风险评估

餐饮安全风险评估涉及活动中就餐的餐厅、体验地方饮食文化的小吃街、自由活动地点的店铺食品卫生安全等。

(4)住宿安全风险评估

住宿安全风险评估内容包括酒店外环境因素及酒店内安全因素，酒店内安全因素包括房间设施、消防设备、酒店紧急疏散通道、应急指示标识、酒店大堂承载量、电梯质量及数量、地下停车场、餐厅的环境卫生、酒店内的其他营业场所等。

(5)健康安全风险评估

健康安全风险评估内容包括研学旅行过程中可能会发生的疾病或健康问题。健康安全评估要注意以下几点：一是与家长沟通，了解学生身体状况；二是了解旅行目的地气象信息；三是了解旅行目的地流行病(如流感)发病规律及防疫部门的通报(是否发生流行病)；四是提前调研和掌握研学活动地点以及居住酒店周边的医疗及救助资源状况。

3. 研学旅行安全应急预案及操作手册内容

制定安全应急预案有助于识别安全风险隐患、了解突发事件的成因、明确应急救援的程序与方法。编制安全应急预案，可以对事先无法预料的突发事故起到基本的应急指导作用，使突发事件应对有章可循，成为开展应急救援的“基础”。安全应急预案内容包括：自然灾害、住宿安全、火灾、食品卫生、治安事件、交通安全、设施设备突发故障、意外伤害、疾病与重大公共卫生事件等各项突发事件。安全应急预案要求细致，操作流程科学，对操作的指导性强。要将研学旅行安全应急预案及操作流程制作成手册，供安全保障领导小组与安全管理人员及指导教师(辅导员)学习。

案例分享：

住宿安全问题处理预案

京鹰国际教育科技(北京)有限公司

为确保学校师生在研学课程学习活动期间的人身安全，预防在学习活动期间可能发生的住宿安全事故，确保在第一时间做好抢救和消除隐患工作，确保学生安全，特制定本预案，以便及时、正确、高效地处理可能发生的住宿安全事件，把住宿安全事件造成的损害降到最低程度。一旦发生住宿安全事件(电梯故障、火灾、触电、酒店摔伤、烫伤、治安问题等)，立即启动应急处理预案。

1. 应急处理流程

①一旦出现住宿安全事故，发现问题人员要在第一时间向研学旅行总指挥(领队)报告情况；事件应急处理工作组的成员向在校领导报告情况；在校领导决定是否向上级及有关部门报告，情况非常特殊可越级上报。

②现场处置小组应迅速完成以下事宜：协助医院做好抢救工作、及时对现场采取保护和控制措施。

③医疗救护小组第一时间拨打“120”急救电话，组织开展自救，或酌情护送伤员到医院救治，做好伤员的后期护理工作。

④情况报告小组应迅速调查统计事故发生地点、时间、涉及人员、人数、伤亡情况等上报给研学旅行总指挥(领队)，并依据事件处理进展，将相关信息及时上报研学旅行总指挥(领队)。

⑤活动留校安全工作处理小组，收到发生住宿事故的报告后，须迅速了解情况、做好接应工作。具体工作包括：迅速查清发生事故的学生的姓名、人数、家庭地址、家长联系方式，并与家长进行沟通；根据领队要求，增派工作人员或安排返回原住地的相关事宜。

⑥后勤保障小组做好现场及事件处理过程中的人员和物资的后勤保障工作。

2. 事件后期处理

①学校和教育服务机构积极配合相关部门调查工作，有关人员应如实提供情况。

②心理疏导小组做好稳定师生情绪及安抚家长工作。

③应对媒体小组积极做好媒体应对工作，事件详细情况由学校负责人对外发布消息，未经同意，任何个人不得接受采访，避免报道失实。

3. 其他注意事项

①事件处理过程中，教育服务机构应确保环境安全，注意除事件本身外其他因素带来的安全隐患，做好人员区分，不涉及事故的师生应由指定人员组织，与事件有关人员隔离。

②事件处理过程中，参与救护和相关处置的人员应做好自身防护。

③教育服务机构列出安全负责人的联系电话。

④教育服务机构列出入住宾馆酒店附近医院、派出所信息。

案例分享：

外来侵害造成的安全事件处理预案

西安臻知堂国际旅行社有限公司

1. 营期内，加强对营员活动地点、营员驻地的安全管理工作，阻止外来人员进入营地。

2. 发生绑架、重大抢劫、爆炸等恶性事故或者打架斗殴事件，现场辅导员第一时间拨打“110”电话报警，及时通知指挥中心，并配合公安部门提供相关破案线索。

3. 现场工作人员应拨打“120”急救电话，对伤员进行救治。其他工作人员将其他营员带到安全的地方，并进行心理疏导，引导营员保持冷静，从容应对突发事件。

4. 及时向所在地政府、公安派出所、交警、卫生、消防等相关部门报案请求援助，并及时与领队进行沟通。

5. 现场工作人员要本着“先控制、后处置，救人第一、减少损失”的原则，果断处理，积极抢救，指导现场师生离开危险区域，保护好贵重物品，维护现场秩序，做好事故现场保护工作。

6. 及时调查恶性伤害事故的原因，实事求是地配合有关部门调查，提供相应证据证件，并形成安全事件报告，报送学校，并在公司存档。

（三）制定研学旅行安全评估制度

制定研学旅行安全评估制度是课程开发设计、活动实施的安全基准线。一个优秀的研学旅行课程不仅要评估其课程设计思想、课程目标、课程内容等，更要评估其实施的安全性。根据研学旅行课程的特点，可分为研学旅行设计研发过程的安全评估，研学旅行实施过程的安全保障评估，研学旅行结束后的安全总结评估。

1. 研学旅行设计研发过程的安全评估

研学旅行的设计研发人员要充分考虑课程的安全原则。从目的地和研学地点的选择、研学时间的确定、研学活动的安排、研学人员的确定、交通方式的选择等几方面进行全面的安全评估。

2. 研学旅行实施过程的安全保障评估

研学旅行过程中，活动实施人员秉承安全第一的原则，依照研学旅行安全保障工作方案执行活动实施，过程性安全评估关注研学旅行过程中的安全保障评估及突发事件应急处理安全评估。

3. 研学旅行结束后的安全性总结评估

研学旅行结束后，活动的组织方、承办方应对整体活动做安全性总结评估，针对出现的安全问题进行分析和反思，对研学事故的处理情况也应纳入总结评估。

（四）建立研学旅行安全教育培训制度

安全，是伴随一个人一生成长的课程。对于中小学生来说，使他们从小树立安全保护意识，实践书本上学到的安全知识，掌握基本的安全防护技能，提高应对紧急问题的能力是研学旅行的重要任务。应针对学生、学校、教育服务机构等相关人员开展全面的安全教育与技能培训，编写安全教育培训手册和研学安全操作手册等，建立研学旅行安全教育培训制度，提高安全风险防控和管理的整体水平。

二、开展全面的安全教育

使学生树立“安全第一”的意识，熟知研学行程安排、提出研学纪律要求、普及研学安全常识、进行研学应急演练等安全教育措施，有助于提升学生在研学旅行中的风险防范和应对能力。因此，研学旅行的安全教育必须落实。研学旅行安全教育工作主要体现在提高学生安全意识，给予学生安全知识，培养学生安全自护能力等方面。

（一）加强对学生的安全教育，提高自我保护意识与能力

研学旅行安全教育要注重学生的主体地位，引导研学旅行学生提升自我

管理、自我服务和自我保护的能力，加强宣传，提高学生及家长对研学旅行的认识。从多方面培养学生的自我安全防范意识和应急处理能力，保障研学旅行的安全有效开展。

1. 熟知研学旅行行程安排

学生明确行程的具体安排，一旦出现走失或其他问题，学生可以从容地向景区管理人员或其他游客咨询，确保安全。例如，学生应知晓研学旅行的行程路线、要游览的景点、每个景点停留时长、集合地点、所在班级乘坐大巴车的车牌号码、就餐和休息的具体地点和时间等，对每天的行程做到心中有数，考察中，一旦走失，可立即向相关工作人员求助。

2. 明确研学旅行纪律要求

出行前，要对学生进行严格的纪律教育，提出具体的交通安全、生活安全、课程安全等要求。例如，要求学生随时与班集体保持步调一致，不能擅自离开团队；在研学旅行过程中自始至终佩戴好研学旅行团队标志，要严格遵守课程活动各项要求，做到守时守规，听从指挥；严格遵守交通规则等。

3. 普及研学旅行安全常识，强化安全意识

研学旅行前，要通过召开研学旅行安全教育说明会或主题班会等形式，引导学生了解和学习旅行过程中的潜在风险，提升风险应对能力。例如，引导学生学习交通安全、饮食安全、住宿安全、课程安全等方面的安全事故防范知识和技能。同时，邀请家长共同参与学生安全旅行教育，多提醒学生在研学旅行途中要学会保护人身安全和财产安全，着力增强学生的安全意识，提升学生的安全防范能力，为应对突发事件做好知识、能力准备。

4. 进行研学旅行安全演练，提升自护能力

出发前，在校组织学生进行针对突发事故的安全应急演练。例如，对磕碰擦伤等较轻的问题，学会自主处理或互助处置；出现意外事故等学会保护好现场，第一时间向带队老师报告，由带队老师配合救援处置，或拨打“120”“110”或“122”电话求援。综合提升学生应对安全事故的良好心理素质和应对安全事故的能力。

(二)加强学校教师安全教育，提升学校及教师的安全管理及监督能力

学校及教师作为研学旅行课程实施的主体，要充分发挥安全管理和监督的作用。学校要成立研学安全领导小组，每一位参与研学旅行课程指导的教师都要接受安全知识与技能培训，学习紧急救助知识，了解各项安全预案及流程，了解安全相关法律法规，从而提高学校及教师的安全管理和监督能力。

(三)加强教育服务机构人员安全技能培训

研学指导教师是研学旅行课程的组织者和实施者，是保证研学旅行质量

和活动安全的重要人员。另外，教育服务机构其他从业人员，即参与研学旅行课程资源开发、活动设计与实施、后勤保障等各项工作的人员，也是保障研学旅行课程有效安全实施的人员。安全事件处理能力是这些人员应有的重要能力。

1. 培训内容

培训内容主要包括安全管理、工作职责与要求、应急处置规范与流程。

(1)安全管理

研学旅行学生学习指导手册内容及使用方法，活动设计方案及活动实施指导；研学旅行备案制度；研学旅行安全管理工作方案；研学旅行应急预案及操作手册；研学旅行课程安全评估制度；国家、省、市相关安全政策、法律、法规；课程资源单位的安全规定。

(2)工作职责与要求

研学旅行活动学校及相关人员的职责与要求，教育服务机构及相关人员的职责与要求，研学旅行活动学生的安全要求。

(3)应急处置规范与流程

自然灾害基础知识与应对，包含地震灾害、洪水灾害、雷电灾害、滑坡和泥石流等灾害的知识与应对。

事故灾难基础知识与应对，包含火灾、交通事故、触电、溺水等事故灾难的知识与应对。

公共卫生事件基础知识与应对，包含新发型传染性疾病、食物中毒等事件的知识与应对。

社会安全事件基础知识与应对，包含踩踏事件、恐怖袭击事件、街头抢夺事件的知识与应对。

应急医疗救援基础知识与方法，包含止血包扎、烧烫伤、运动损伤、癫痫、气道梗阻、心肺复苏的知识与处置方法。

应急救援中的心理疏导等相关内容，了解心理危机、应激障碍的基本表现和进行心理干预的注意事项。

2. 培训方式

可定期开展不同内容的安全教育及技能的常规系列培训，即线上基础理论知识讲解和线下具体方法演练结合；也可开展行前人员集中培训，每次培训时间应不低于 8 小时。

通过培训强化教育服务机构人员的安全风险意识，提高研学指导教师及教育服务机构其他成员对潜在安全风险的判断能力和控制能力，提高教育服务机构人员安全风险管理的整体水平。

第三节　研学旅行课程实施的组织与人员的工作职责

研学旅行课程的有效实施，特别是实施过程中的安全保障一定要做到教育服务机构和学校密切合作。另外，活动总指挥、领导小组成员、教师、辅导员、队医、司机等各方面人员要非常明确工作要求及内容，各司其职，各尽其责，保证研学旅行课程的安全实施。

一、教育服务机构工作职责

教育服务机构是指为研学旅行主办方提供教育旅游服务的旅行社或研学旅行专业机构，是研学旅行的主要组织和实施者。

1. 依据研学方案选择确定合格的资源供应方，并签署相关合作协议，确认课程流程和实施内容。

2. 为主办方提供必要的行前课程和项目探究学习指导。

3. 教育服务机构应为研学旅行课程实施主体，在课程实施过程中全面负责活动组织实施和学生管理。

4. 负责整体研学活动中课程资源、课程物料、课程师资的全面协调统筹。

5. 组建课程实施导师团队，对团队成员进行课程培训和安全责任培训。

6. 与主办方共同建立团队工作机制，分工合作，建立管理架构，制定安全防范措施和安全应急预案。过程中监督检查安全事故应急处理预案各项工作的落实。负责事件发生后的调查，事件资料归类、留档、评价，并总结经验教训。

7. 课程实施期间负责收集和制作活动过程的影像资料，用于活动总结和推介宣传，并将相关影像资料提供给主办方。

二、学校工作职责

学校应是研学旅行的主办方，是明确主题和教育目的的研学旅行的组织方。

1. 学校是研学旅行的首要负责人，主导研学旅行整体的设计与实施。

2. 组建研学教师团队，开展行前培训，配合教育服务机构做好研学活动的组织与实施。

3. 与教育服务机构共同负责学生行前安全教育与前置课程学习。

4. 研学过程中监督和配合教育服务机构的活动组织和课程实施，并对活动效果做出评价。

5. 做好研学活动的家校沟通与协调。

6. 成立研学应急领导小组，负责研学旅行课程实施过程中突发事件的应急处理。

三、教育服务机构总指挥(领队)工作职责

领队是研学团队的核心领导，是研学团队的指挥者、协调者、管理者，应对研学活动实施进行全程监督管理，指挥、协调各方有效开展工作。

1. 根据研学方案，做好研学行程和服务工作的安排和管理，确保师生满意和行程安全，促进研学旅行的高质量实施。

2. 完成出团前研学旅行实施的相关准备工作，做好课程对接，制定活动课程实施流程，开展指导教师行前培训。

3. 理解研学旅行活动方案细节及服务要求，负责整体研学旅行行程的执行管理工作，负责研学旅行过程中的协调指挥，指导和监督研学旅行过程按照研学方案有序安全进行。

4. 进行风险控制管理，遇突发事件，指挥启动突发事件应急处理预案。

5. 处理研学旅行途中出现的各方面问题，协调团队成员关系。

6. 与学校和资源方建立良好关系，并高效合作。

四、学校教师工作职责

学生与教师是教育的核心，不论课程形式如何，教师都是影响学生学习效果的直接因素。学校教师对自己的学生各方面都有比较深入的了解，在研学旅行过程中，学校教师要积极承担起工作职责。

1. 根据学校确定的活动主题，与教育服务机构共同规划活动行程、进行活动设计、指导手册设计等。

2. 明确研学旅行活动安排，根据活动要求，与辅导员共同指导活动实施。

3. 在研学旅行期间，作为学生的临时监护人，要对学生各方面进行教育、监管及监护。熟悉管理学生的情况，掌握学生的身体状况、生活及思想状态。配合教育服务机构组织管理好班级学生，听从团队的指挥和安排。

4. 及时参与处理研学旅行中学生出现的问题，做好家校疏导沟通工作。

5. 教育学生树立安全意识，加强学生纪律管理。与教育服务机构共同把控活动安全，与指导教师(辅导员)一起有序高效实施研学旅行课程。

6. 参与教育服务机构的课程组织实施和学生研学旅行课程评价。

7. 如遇突发事件首先保护学生的生命安全，以维护与救助学生为己任。

8. 研学旅行期间服从学校带队领导的统一协调和安排。

五、教育服务机构指导教师工作职责

指导教师(辅导员)是教育服务机构研学旅行课程设计与实施团队的专业人员，负责整体研学旅行课程的具体组织与实施。

1. 理解教育服务机构研学旅行课程方案的主题、设计思路、行程安排、活动设计等。负责研学旅行课程、安全保障具体工作的执行与实施任务。

2. 与学校教师配合，共同完成活动实施细节的沟通与确认，促进研学旅行活动的有效组织与高质量实施。

3. 参与完成研学旅行评价，包括前期准备、活动实施与活动后期评价反馈。

4. 严格执行研学旅行工作流程和要求，负责研学旅行的安全保障，参与突发事件应急处理，承担研学旅行课程的组织与指导工作。

5. 参与课程执行中各类文件、数据、照片及影像等资料的汇总、整理和留存工作。

6. 发现问题及时上报领队，并协助领队与学校带队领导、教师沟通，及时处理研学旅行中出现的问题和安全隐患。

7. 维护学生团队和谐、安全和稳定，促进研学旅行课程有序、安全、高效实施。

8. 如遇突发事件首先保护学生的生命安全，以维护与救助学生为己任。

9. 研学旅行期间服从教育服务机构领队的统一协调管理和安排。

六、随队医生工作职责

大型团队研学旅行课程应配备随队医生，为团队师生身体健康和卫生保健进行指导和保障。

1. 应具备护士资格证或医师资格证，负责研学旅行团队的日常疾病、外伤处置及日常卫生安全保障、保健工作。

2. 具备基本的疾病预防、应急处理能力，熟悉青少年卫生保健。配备专业急救医药箱，准备消毒类、包扎类、测量类等多种药品及器具，并妥善保管药物。对于突发性疾病做初步检查及诊断，并做初步相关治疗。

3. 坚持以预防为主的卫生疾病预防方针，对师生进行卫生健康宣传教育，培养良好的卫生习惯。

4. 做好日常巡检工作，做好工作记录。服从教育服务机构领队的统一协调管理和安排。

5. 对研学旅行中出现的病患给予陪护与关注，及时向校方与家长反馈病情。

6. 如遇突发事件首先保护学生的生命安全，以维护与救助学生为己任。

七、大巴车司机工作职责

交通安全是研学旅行的生命线，大巴车司机是保障研学旅行安全的具体实施者，一定要坚守工作职责，保证师生乘车安全。

1. 出车前应随身携带符合所驾驶车辆的驾驶证、上岗证、从业资格证、车辆营运证等有效证件。保证手续完备，证照齐全。

2. 遵守国家道路交通安全法，遵守公司车辆管理规定，做到安全、文明行车。

3. 每天打扫车辆，保持车内空气清新。

4. 熟悉研学旅行行程路线，每次出车前认真检查车况，发现故障或隐患及时解决，解决不了的应及时上报。

5. 服从团队行车安排和管理，严格按照研学旅行规定的行车路线及时间行驶，按照规定的时间、地点等候及停车，如遇堵车、道路维修改道或其他特殊情况及时上报。

6. 负责车辆运行过程中师生的人身和财产安全，正确处理火灾、抢劫、爆炸、交通事故等突发事件。

7. 有责任心，有服务意识，有丰富的驾驶经验和良好的职业道德。

8. 每天停车后需仔细检查车辆，锁好门窗及油箱盖，保管好车辆钥匙，不得将车辆私自交由他人驾驶。

探究与实践

结合实例，探讨安全教育的理念。

第十章　疫情时期的云研学课程

学习要点

1. 云研学课程的内涵。
2. 云研学课程的发展。

2020年，全球范围暴发了新冠肺炎疫情，打乱了人们的生活、工作与学习秩序，更让逐渐走向高潮的研学旅行课程停下了脚步，全国范围内研学旅行教育服务机构的运营突然停摆。受网络课程的启发，一些研学旅行教育服务机构推出了新形式的研学旅行课程——云研学课程。

第一节　云研学课程

云研学课程是一种新的教育形式，要将其开展好，首先要对云研学课程进行概念界定，确定其内涵与外延，明确“是什么”，才能进一步思考“为什么”“怎么做”。否则，云研学课程就会成为科教片、纪录片的播放与观看，不能发挥其教育价值。

一、云研学课程的内涵

对云研学课程的概念进行界定，笔者认为应该从课程实施的技术应用的突出特点和学习方式两方面来描述。云研学课程实施的技术应用的突出特点就是利用网络信息技术，为学生搭建一个学习的平台，在这个平台上，学生可通过网络视频学习，视频可以是直播，也可以是录播。通过网络，学生也可以与各方面人员直接交流互动。云研学课程学习方式的字面表达非常明确，就是研究性学习(探究性学习)。所谓研究性学习，我们在前面已经有所论述，简单来说就是围绕一个主题(问题)展开的、过程相对完整的、活动周期较长的探究性学习。作为学习方式，其强调的是自主学习、主动探究和实践学习，是学生综合运用知识和方法解决问题的过程。云研学课程的核心不是“云”，而是“研学”。

二、云研学课程的外延

从上述两方面界定云研学课程的概念会发现，“云”即网络这种技术手段，为学生的研究性学习提供了新类型的学习途径，为学生开展研究性学习提供了新形式的资料来源途径，使学生研究性学习的资源更加丰富多样，但利用网络的学习，不等于云研学，因为没有深入地开展研究性学习。云研学课程不应该是由于研学旅行不能开展而增加的课程，而是属于学校课程结构中的内容，在学校课程中找到其位置，这个位置就是国家规定课程中的综合实践活动课程。之所以将云研学课程归属于综合实践活动课程，理由有二：其一，研学旅行是综合实践活动课程中考察探究的内容，而云研学是疫情下，由于不能开展研学旅行而采取的一种新的网络学习形式，其内容就是研学旅行中的考察内容；其二，从上述概念界定以及第七章论述的研学旅行课程实施的三个阶段角度分析，云研学课程主要是学生通过网上学习获取资料的课程，并不囊括学生开展研究性学习的完整学习过程。研学旅行考察是学生研学旅行课程实施的第二阶段，在这个阶段中，学生通过实践获得一手资料并开展研究，云研学课程通过给学生提供视频资料替代学生的实地考察。因此，云研学课程应该作为综合实践活动课程中，考察探究活动的收集资料研究的过程，是综合实践活动课程中学习活动的环节之一，不应以独立的课程样态出现。基于这两点，界定了云研学课程的外延，也就勾画出云研学课程应有的样态。

从云研学的名称可以看出，此课程突出了技术手段的属性，但从综合实践活动课程角度认识，过于强调这一属性，会失去综合实践活动课程的实践性、自主性、开放性、整合性和连续性等特征，因此，云研学课程的广义理解应该是学生线上线下结合的研究性学习活动，是综合实践活动课程学习活动的一种新样态。

三、云研学课程的作用

理解了云研学课程的内涵与外延，就明确了“是什么”的问题。为什么要开展云研学？主要从学校教育、学校课程高质量实施的角度思考。在疫情下，学生不能开展集体性的实践活动，学生的外出活动受到限制，而综合实践活动课程还要继续开展，学生的研究性学习更要加强，从而避免学生只通过在学校学习学科课程或在家里上网课的接受性学习方式学习。在学生开展综合实践活动的过程中，研学旅行教育服务机构为学生提供云研学课程，有针对性地为学生的研究性学习提供景区、自然、现代工农业和博物馆等视频学习资源，并通过与现场专业人士的互动，丰富了综合实践活动课程的学习形式与内容，为学生提供了一个认识自然与社会的途径。云研学的重点不是网络概念“云”，而是“研学”，当云研学成为综合实践活动课程的一项内容和方式后，云研学课程即可在综合实践活动课程中常态实施，在“后疫情时期”依然能保持其生命力，发挥其教育价值。

第二节　云研学课程的设计与实施

上文通过对云研学课程内涵与外延的界定，探讨了什么是云研学课程的问题，进而简要说明了为什么要开展云研学课程，下面重点探讨“怎么做”的问题，即如何设计与实施云研学课程。

一、云研学课程的设计与实施

设计与实施云研学课程不能脱离综合实践活动课程的理念与活动方式，课程的资源开发与内容选择也要围绕综合实践活动课程的目标要求进行。设计首先要考虑的是“学生需要学习什么”，设计的起点要思考“学生生活中的真实问题是什么”，云研学课程设计要解决的问题是“如何引导学生开展研究性学习活动”，把握好“网络这部分的学习在整体研学活动中的作用是什么”这一问题，深入思考“如何设计线上线下一体的研究性学习活动”的问题。

思考这几个问题，就是要以学生为本，突出研学的活动本质，进行活动设计与实施。活动设计与研学旅行课程设计特别是综合实践活动课程设计并没有本质的区别。由于集体外出受到限制，集体实地考察内容变成观看网上直播或视频，缺少了考察体验，但如果研究的是本地区内容，学生个人或小组依然可以补充考察实践的环节。另外，没有考察，学生还可以通过其他多种途径获取资料，包括线上访谈，收集研究性学习资料，形成研究报告，并通过制作等活动，进一步物化研究成果，还可以在活动拓展过程中开展社会服务。这样的学习依然是基于实践的研究性学习。

下面的案例是北京十一学校一分校在疫情期间的综合实践活动课程中开展的一个研究性学习主题活动。这个案例是一个完整的综合实践活动，其中应用了网络技术开展活动，即云研学环节，通过网络(线上)为学生提供实景学习资源，提供学习方法指导，提供专家学术(知识)支持，学生学习小组也通过网络进行交流；学生线下在家中对资料进行整理分析，有的学生在家长的带领下通过实地考察再次获取数据，开展课题研究，并将研究成果物化为研究报告及制作的展示作品。这个案例是一个很好的线上线下学习相结合进行研究性学习的范例，对云研学进行了准确的把握与应用，同时也是教育服务机构与学校协作应用云研学共同设计实施综合实践活动课程的优秀案例。

案例分享：

我在北京看世界之建筑承载记忆

北京十一学校一分校　曹晓爽
京鹰国际教育科技(北京)有限公司

课程目标：

1. 了解中国古建筑的发展历史、建筑类型及建筑技艺，通过坛庙建筑、园林建筑、宫殿建筑、民居建筑四个类型学习中国古建筑独特的建筑体系。

2. 运用线上线下相结合的方式，通过网络学习、实地考察、实践体验、社会调研等方法从科技、自然、文化、艺术、经济等角度对古建筑的建筑特点、功能、文化特征等展开深度研究，并通过创意物化将掌握的知识和方法运用到现实生活中。

3. 通过项目研究深刻理解中国古建筑中所蕴含的文化内涵，培养学生的探究精神，学会用传承和发展的眼光看待并保护古代建筑及其文化，激发学生的民族自豪感。

课程重点：运用多种学习方式，从研究古代建筑着手，深刻理解建筑承载记忆的内涵。

课程难点：感悟建筑的文化内涵。

课程背景：

1. 依托课程体系，确定研学主题

北京十一学校一分校的研学课程是学校五大领域、三个阶段的“龙娃”成长课程的一部分，是学校紧密对接北京十一学校的办学理念和课程实践的育人模式，是一分校全体教师经过实践探索，搭建出的指向每一位学生生命成长的“课程”。六年级学生本次研学课程的主题为“建筑承载记忆”，这是六年级综合实践课程“毕业课程”中的一个环节，希望六年级的学生认识、了解建筑以及建筑与人类、自然的关系，从而更加清晰、理性地认识我们的校园。

2. 依据现实情况，调整研学方式

2020 年，新冠肺炎疫情暴发，学校的教学活动和形式受到影响，原定于 11 月开展的秋季研学旅行也被迫取消。我们的社会将有很长一段时间处于疫情防控常态化阶段，为了让课程延续，学校多次调研与探讨，最终设计采用线上与线下结合的新型研学方式，这将成为目前研学教育的主要方式。如何连接学生与社会资源、自然资源？如何通过多媒体手段让学生获得真实体验？如何引导学生通过思考与多角度探究来寻找问题的本质？这些问题都需要我们边实践边反思，需要我们不断追问研学的本质，需要我们尝试为“后疫情时期”的研学寻找更加理想的出路。

3. 尊重学生需求，设计研学课程

暑期，北京十一学校一分校的教学楼进行了部分装修，在一层新增了大面积的展示墙，走廊的墙壁也进行了重装。在和学生交谈的过程中，学生表示希望运用自己的智慧将校园装饰得更加美丽、整洁，却并不知从何入手。基于尊重学生需求和兴趣的原则，我们设计了以建筑为中心的研学课程，希望通过认识中国传统建筑与文化，启发学生关于创造智慧与审美的灵感，并将其应用到自己热爱的校园之中。

学情分析：

北京十一学校一分校的学生在小学阶段的前五年已经掌握了扎实的语、数、英基础知识，还熟练掌握了项目研究的完整路径和思考、探究方法；在即将到来的初中阶段，关于学生思维领域的基础推理能力、实证精神、质疑意识将作为培养的重点；六年级作为小初衔接的“桥梁”，需要承担转型与引渡的作用，因此我们结合六年级学生的学习内容以及其他校本课程和活动，设计了以建筑为主题的研学课程，以及相对应的涵盖知识、技能、审美、设计、创造的项目研究，希望通过这种蕴含着“智慧”与“美丽”的研学课程，帮助学生加深理解理论知识，培养审美意识，加强批判性思维、合作交流、创新能力等一系列北京十一学校一分校“龙娃”核心素养的培养。

课程设计思路：

古建筑具有历史、艺术和科学诸方面的价值。

围绕古建筑主题深度开发社会资源（博物馆、企业、景区等），课程从世界建筑课程开始，以中国古建筑为代表，与西方建筑对比研究，从古建筑的发展历史、营造技艺、建筑类型三个方面深入探究中国古建筑类型多样、工艺精良、极富特征的独特体系，结合学校的课程内容，将学科与项目融合、学习与生活融合，从关键能力、必备品格、价值观念三方面展开，构建多元、开放、自主的课程体系。

课程中运用项目研究的学习方式，以学生团队研究为主、教师指导为辅，采用“线上指导＋线下研究”的课程结构。专家和辅导员进行线上课程指导，学生线下自主研究，以培养学生的主动学习能力，激发学生的自主创新思维，拓宽学生的视野和视角。课程旨在让学生科学客观地认识历史，以史为鉴，读史明今知未来，用发展的眼光看待并保护古代建筑及其蕴含的文化特质。让学生学会学习，学会思考，学会客观理性地看待事物与世界。

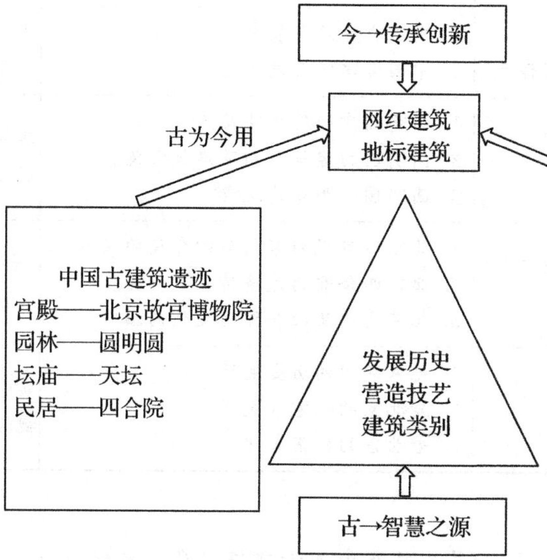

图 10-1 “我在北京看世界之建筑承载记忆”设计思路

一、课程设计及实施

全面采用项目研究的实施方法，充分体现以学生为主体，让学生全方位参与活动设计、实施、拓展延伸等全过程。

(一)厚重前置课程

采用主题课程、自主学习、研究内容指导等形式，全面地开展前置课程学习。

1. 专业主题课程

通过 5 个不同的主题课程，将中国古建筑类型结合现代建筑设计，采用专家进校园、网络录播或直播的形式进行，让学生对中国古建筑知识有全面的了解和认识，充分开展前期的学习及研究。

表 10-1 专家进校园及云课程内容

序号	课程主题	课程内容	课程形式
1	“青年建筑设计师的创业成长之路” 现代建筑设计师主题课程	1. 古建筑与现代建筑之间的联系。 2. 从家庭改造谈建筑设计与生活的关系	专家进校园

续表

序号	课程主题	课程内容	课程形式
2	“中国古建筑知识” 中国古建筑博物馆主题课程	1. 中国古建筑发展史。 2. 中国古建筑营造技艺	实景直播课程
3	“万园之园——圆明园” 园林主题课程	1. 圆明园建造历史及特点。 2. 圆明园的建筑布局及建筑意义。 3. 圆明园的西洋建筑群	实景录制视频课程
4	“走进四合院　做地道北京人” 四合院主题课程	1. 北京城市规划布局与四合院的联系。 2. 北京四合院的建造特点及种类。 3. 北京文化及四合院的文化内涵	专家进校园
5	“史家胡同与博物馆” 史家胡同主题课程	1. 史家胡同的历史变迁。 2. 老北京的住宅和民居。 3. 老北京的民俗文化	实景录制视频课程

2. 自主学习指导

(1)查阅文献资料，了解世界建筑及中国古建筑发展史及特点。

(2)推荐阅读古建筑书籍，如《极简中国古代建筑史》《建筑故宫》等。

(3)利用网络资源的优势，观看关于研究主题的相关资料及内容。

(4)《我要去故宫》专题课程视频(共十一集)。

(5)天坛课程资源：视频《世界遗产在中国——天坛》，纪录片《天坛》。

(6)北京大学城市与环境学院教授韩茂莉“北京四合院文化”课程。

(7)圆明园主题课程：视频《消失的宫殿》。

3. 线下自主考察推荐

表 10-2　线下自主考察推荐内容

推荐地点	考察内容	研究内容
大栅栏	杂而不乱，媚而不俗。 一条有着数百年历史的老商业街的发展之路	1. 大栅栏商业街的历史形成。 2. 大栅栏老字号的传承与发展。 3. 老胡同如何焕发新生机
砖塔胡同	胡同里的塔影，北京最古老的胡同	1. 砖塔胡同名称的来历。 2. 正阳书局的传承和发展

续表

推荐地点	考察内容	研究内容
菊儿胡同	老胡同新风貌，唯一一条入选“中国20世纪建筑遗产名录”的胡同。中国唯一获得联合国宜居奖的住宅小区	1. 老胡同的发展与传承。 2. 老胡同的改造如何保留老味道。 3. 焕发新生的菊儿胡同，给我们展示了老胡同的更多可能性
史家胡同	千百年来，从这里走出了无数名人	1. 史家胡同的历史和变迁。 2. 寻访老北京的生活气息

(二)开展项目研究

1. 提出感兴趣的内容

(1)梳理前置课程学习内容，进行总结和分析。

(2)根据此次项目研究的大主题和目的，提出自己感兴趣的研究内容。

2. 成立项目研究小组

(1)在班级中找到研究相同内容的同学，组建项目研究小组。

(2)各组召开小组会，明确小组人员分工及职责。

3. 确立研究课题

(1)开展项目研究的前期工作，开展前期调查和研究，填报项目研究申请表。

(2)结合项目研究内容，小组确定研究过程中所运用的方式和方法。

(3)结合前期调研的结果和分析，确立小组研究课题方向。

(4)制作项目研究方案，初步形成设计方案。

4. 班级召开开题报告会，老师参与课题论证与指导，进行过程性评价。

(1)各小组对项目研究的进度、阶段、初步研究方案、成果展示形式、运用的方法等进行介绍及分享。

(2)其他小组认真聆听并给予反馈及建议。

(3)老师进行项目研究的意义和可行性分析，并进行项目研究指导。

5. 制定项目研究方案

(1)各小组进行项目方案的调整与细化，确定最终项目研究课题与研究方案。

(2)明确成果展示的形式与内容。

表10-3为部分学生研究项目表。

表 10-3 部分学生研究项目表

序号	研究项目
1	传统工艺与现代教室窗户的融合设计与改造
2	以颐和园为例，探究园林建筑中的屋顶建筑艺术
3	结合南北方庭院花木布置特点做校园绿化改造
4	园林中亭子内部结构的研究
5	史家胡同微旅游项目设计
6	探究古典园林建筑智慧及文化内涵
7	探究留园建筑门窗的造型艺术，改造设计教室门窗

6. 撰写项目研究报告

(1)根据项目研究主题和研究结果，书写项目研究报告。

(2)填写项目报告书。

7. 开展设计制作

(1)根据项目成果展示形式制定设计制作方案。

(2)小组分工协作，开展项目成果设计制作，学生自定展示形式。

(3)设计制作指导。

(4)学生成果说明：学生将古代建筑知识运用到现代生活中，力求解决或优化现实生活中的问题。例如，利用榫卯知识改造桌椅，制作可移动笔筒和翻斗式储物筐，解决了杂物整理困难等问题；用传统工艺改造班级的窗户，解决教室窗户难以兼具采光和通风的问题；为史家胡同的微旅游出谋划策，并制定详细的实施方案；根据园林的植物造景为校园改造设计出谋划策。通过这些直指真实情境的小项目，学生们再一次领略到中国古代建筑的智慧和审美情趣，并且将知识转化为技能。

(三)进行成果展示及评价

1. 召开项目结题会，各组分享项目研究报告。

2. 学校举行成果展示交流会，各组进行成果展示及分享。

3. 开展终结性课程评价。

4. 成果展示方式说明。

将学生成果展示与六年级楼道的公共空间装饰相结合，举办项目研究分享会。根据学生的项目课题，三层公共空间分别以园林、宫殿、民居为主题，各班依据前期习得的古建筑知识以及成果内容进行总体规划和设计，最终以实物模型、3D打印模型、设计图等立体、多样的形式将苏州园林的窗、颐和园的长廊、故宫的屋顶、御花园的亭子等中国经典古建筑代表展示在楼道两侧的墙壁上。分享会现场，以学生讲解为主，辅以师生间的问答，最终评委依据评价体系，将不同分值的贴纸贴在各项目的展板上。

表10-4　评价表

评价指标	评价细目	评分				
		10	8	6	4	2
项目主题的确立	1. 题目丰富，选题适切，符合本年级学生当前的认知水平和研究能力					
	2. 选题有较高的研究价值，所做研究能够基本解决或解释相关的问题					
	3. 选题视角有特点、有新意					
	4. 选题有较好的参考资料，同时又有很好的思考和发表观点的空间					
项目研究过程	1. 小组分工明确、团结协作，成员态度积极，都能按时、按计划完成相应的任务					
	2. 资料收集认真，能够为项目提供较好的理论支撑					
	3. 研究计划完整、合理、可行，有基本的研究方法或方式					
项目研究成果	1. 结题报告或总结(如文字资料、海报或PPT)来自参考资料和亲身实践、考察或实验，在自身认知水平的基础上，能做到结构基本完整，语言流畅，有自己明确的见解和观点					
	2. 答辩时表达清晰，能够回答评委提出的问题					
	3. 项目展示活动学生参与度高，形式多样，能够激发学生的学习研究兴趣					
附加分(1～5)：学生汇报有特色，成果展示有特点						
总分						

(四)拓展延伸

1. 为学校校园的整体改造提出合理化建议，并设计改造方案。

2. 根据所学古建筑知识，为六年级所在楼道进行装修设计。

……

四、活动反思

本课程依据现实条件采用“线上＋线下”的活动形式，利用互联网优势丰富课程内容和形式。未来教育中，互联网的运用将会更加广泛和多元。而在真正执行的过程中，我们发现学生更多的是关注古建筑本身的知识内容，而恰巧忽略了多样的学习方式。在自主调研过程中，部分学生走进博物馆进行线下调研和考察，之后回校进行分享。其实可以运用网络在现场开展直播，让其他同学在线上观看，这样做既能丰富学习的形式，又能加强学习的即时性。虽然在疫情下学生已开展了很长时间的网络学习，但仍没有形成互联网思维。学习过程中，学习内容和学习方式同等重要，根据此情况我们反思，在课程设计实施过程中我们缺少学生学习形式的指导环节，忽略了学生的互联网学习形式指导。

二、云研学的优势

值得探讨的是，在疫情时期与“后疫情时期”，我们如何发挥网络作用，将云研学中的网络应用部分做得更好。网络将世界变小，突破了人与人之间交流的很多物理障碍。而在云研学内容开发中，研学旅行教育服务机构应发挥其资源优势，为学校课程的实施提供各方面资源，使学校与社会及不同区域的学校之间相互联系。研学旅行教育服务机构不仅要提供云课程中的实景学习内容，还要为各区域学校牵线搭桥，帮助各地学生共同研究同一个主题，共享教育资源。在特定时间让学生开展异地交流，特别是让教育落后地区或贫困地区的学生与大城市的学生在研学过程中通过网络共同学习交流，会在不同方面对各区域学生起到非常好的教育效果。下面的案例是 2010 年全国综合实践活动年会北京教师姜璐在厦门做的一节展示课的情况，姜老师利用 QQ 这一网络资源开展了一个综合实践活动，非常值得借鉴。现在的网络技术更先进，为区域之间学生的交流提供了更好的技术支持。因此，云研学的优势就是拓展学生获取学习资源的途径，拓宽学生的交流面，使学生实现跨区域交流与学习成为可能。

案例分享：

京厦美食推介会①

北京市西城区育翔小学　姜璐

北京作为首都，是美食汇聚之地，自身也沉淀了数百年的美食文化；厦门作为东南沿海的一颗明珠，经济发达、文化交融，美食亦是一大特色。俗话说“民以食为天”，小学生更是对美食充满兴趣，研究美食对于他们是精神、物质的双重享受，研究兴趣浓厚、持久，研究需要较为强烈。而且，很多美食就在他们身边，有的是耳熟能详，有的早就想一探究竟，学生进行实践活动十分方便。

在众多的地方美食中怎样选取有代表性的种类呢？我偶然发现了一则关于“北京烤鸭 & 厦门姜母鸭”的新闻，将社会热点引入课堂，解决了内容选择的难题，也使得活动情境性得到增强、社会实践意义得到提高。本次活动是同时在北京和厦门两地开展的，我分别指导北京和厦门的学生对当地美食进行信息的查询与筛选，然后相互交流和推介。

我先在北京指导本校学生查到了关于两地美食的信息资料，并进行了整理，传到了QQ空间上，让两地的学生可以共享。然后，我到厦门的学校指导学生在阅读和学习两地美食资料的基础上，交流和比较“北京烤鸭”和“厦门姜母鸭”的特点。为了使学生的交流更加方便和顺畅，我在课上使用了网络视频对话的技术。在课堂上，我利用QQ视频聊天作为沟通手段，帮助远隔千里的北京、厦门两校学生们在同一时间、不同空间“面对面”地进行交流和讨论，学生感到这种方式很新奇，发言特别踊跃，活动取得了很好的效果。

在这次活动中，我尝试运用网络视频技术实现了异地学生围绕同一个主题开展研究，并且帮助两地学生实现了“面对面”的交流和互动，在利用信息技术开展综合实践活动方面做了一次比较成功的探索和实践。

① 杨培禾：《综合实践活动课程论》，北京：首都师范大学出版社，2019年，第167页。

第三节　云研学课程现状与发展

一、云研学课程的发展现状

1. 有“学”无“研”

云研学课程的概念是研学旅行教育服务机构提出的，课程设计也是由研学旅行教育服务机构完成。在疫情期间，推出云研学课程，给居家通过网络学习学科课程的学生提供了学科课程内容体系外有关自然、社会的学习内容，拓展了学习内容，使学生对学习更感兴趣。但我们看到目前大多数云研学课程，包括有些称为“实景课堂”的教学方式，就是将几个问题穿插在视频中，让学生带着问题看视频，有些课程为学生提供和专业人士交流的环节，但也只是学生看视频后产生的个别问题的交流。这样的教学无异于传统学科教学的方式，即传授，这样的学习无异于传统学科学习的方式，即接受性学习，这样的云研学课程依然是在学科教学思维下进行的设计，甚至不如教育发达地区学校内学科课程的设计，有“学”无“研”，“研”无从体现。

2. 缺乏学生的实践活动

如上所述，云研学课程是疫情催生的课程，可以看作研学旅行课程的衍生物，尽管是运用网络技术，但不等于这样的课程只能让学生进行脱离实践的继承性学习，放弃研学旅行课程的实践性，忽视学生在实践中的经验获取。目前，云研学课程关注点停留在“云”上(线上)，忽视了学生线下(生活中)可进行的实践活动，这种“电灌”使云研学课程缺乏生命活力。因此，要对云研学有广义认识，让学生利用网络线上学习的同时，重视线下开展研学实践活动。

3. 云研学课程出现了商业的味道

一些民营企业被教育部选为全国中小学生实践基地，成为研学旅行课程很好的学习资源。在云研学课程的设计与实施过程中，着眼点要立足于学生对民营企业的发展与新时代社会主义制度保障的认识、对科学技术是第一生产力的理解、对职业的了解、对劳动的理解、对其商品等相关知识的研究性学习，而不能立足于企业的宣传和潜在用户的培养。目前有些研学旅行教育服务机构与企业共同打造的云研学课程出现了商业味道，这是要避免的问题。

4. 云研学课程的起点忽视与学生现实生活的联系

目前一些云研学课程设计者设计的引导学习的问题，脱离了学生的现实生活，不能从学生生活出发设计云研学课程，将明显与学生生活有密切关系的内容，生生地与学生生活割裂，在成人视角下设计问题，引导学习，如同穿插问题的纪录片，“照本宣科”，不考虑学生的学习需求及学习特点。上述案例以学校装修为切入点，引出学生研究的主题核心内容“建筑”，这是从学生生活中寻找的问题，能够引发学生研究的兴趣。其实很多企业的产品与学生生活有密切联系，学生可以从各方面对身边的相关产品或事物进行研究，再到对产品生产、现代科技在企业中的应用乃至民营企业发展的研究，问题由小及大，由浅入深，起点问题源于学生生活，从研究生活中的问题扩展到社会生产与文化生活。例如，牛奶企业通过云课堂（或实景课堂）给学生提供牛奶的生产与技术、牛的养殖牧场等内容，这是很好的资源，与学生生活密切联系，课程的起点就可以从学生调研生活中的牛奶、奶制品开始，学生在实践研究的基础上，会进一步发现大量的问题，带着问题，进入云课堂（实景课堂），课后，还要有形成研究报告的过程。这样的云研学密切联系学生生活，会使学生更感兴趣，学习的自我效能更高，课程更具有生命活力。

二、云研学课程的发展趋势

提出以上问题，并不等于学校教育不需要云研学，随着活动课程的发展、现代网络技术的支撑，云研学不应是研学旅行课程的替代品，而应成为学校综合实践活动的又一种活动形式，它不仅可以让学生通过网上学习、网上访谈获取研究性学习的相关资料，还可以让学生通过网络跨区域共同研究、交流成果，使学习更加开放，使学生的学习空间与视野更广阔，学习资源更丰富。而研学旅行教育服务机构应保证为学生提供网络学习资源和跨区域的学习条件。在“后疫情时期”，这并不会冲击研学旅行，而是让研学旅行课程活动内容更加丰富。在网络技术的支持下，研学旅行课程的拓展和延伸又多了一种方式。

另外，云研学或实景课堂的视频内容还可以与其他课程相应内容结合，如德育类课程、科学课程等，从而更加丰富课程内容。

探究与实践

结合本章中的案例谈谈你对云研学课程设计与实施的理解。

第十一章　研学旅行课程案例与分析

学习要点

案例活动目标、各环节活动方法与实施设计及案例分析。

本书第五章较为细致地论述了研学旅行课程设计的原则与方法，第七章论述了研学旅行课程的实施，在此基础上本章将提供研学旅行课程的优秀课程设计案例。这些案例有分阶段的设计案例，也有整体的设计案例，虽然设计的体例有所不同，但其共同特点是：活动目标定位明确，学情分析与资源分析到位，活动环节设计清晰，活动内容选择贴近学生现实生活，学生活动的研究性与实践性强，学习主体突出，课程实施完整，注意研学旅行课程的拓展延伸，使课程凸显教育价值。

第一节　研学旅行课程行前阶段活动设计

研学机构通常只重视设计研学旅行过程中的活动，在没有常态开设综合实践活动课程的学校，研学旅行课程缺乏行前阶段活动设计与实施，这使研学旅行课程的教育效果大打折扣。行前阶段活动主要包括：与研学核心内容有关的讲座、旅行规则制定与学习、选题与研究方案制定、旅行路线研究与制定、文献收集与交流、评价方案制定等。行前阶段活动内容丰富，将这些内容设计成活动，能使学生的课题研究更加规范与深入，同时提高学生的规划能力。具体行前阶段活动设计要结合学校综合实践活动课程计划和学校的德育教育活动，依据学生的兴趣与学段特点，对各方面内容有选择地设计实施。

案例一：制定研学旅行活动方案——走进嘉兴南湖革命纪念馆

浙江省桐乡市凤鸣高级中学　唐华

一、活动目标

1. 学生通过“设计介绍框架”“策划活动方案”“分享评价成果”三个活动，形成一份优质的研学旅行方案，学会学习，为研学旅行做好充分准备。

2. 基于对南湖革命纪念馆资料的学习，增强学生的家国情怀，强化对中国共产党的认识和感情，形成中国特色社会主义共同理想和国际视野的价值体认。

3. 完成“研学旅行活动方案”的任务制定，形成主动服务他人、服务社会的情怀，培养学生的责任担当。

4. 学生历经小组合作的方案制定过程，形成在实践操作中学习的意识，提高综合解决问题的能力。

二、活动重、难点(含学情分析)

本课重点：一是学生通过学习，能经历信息收集、设计分析、方案构思、设计表达、方案修正等项目研究方案制定的一般方法与步骤；二是引导学生在课堂内外积极收集信息，理性交流与分析，在实例分析中拓宽视野，设计合适的研学旅行方案。

本课难点：学生社会实践与体验不足，对本地研学旅行资源不了解；学生过度依赖教师提供的参考方案，自主设计缺少创新。

因此，本课需要创设一定的情境，在情境中引导学生生成问题与分析问题，教师及时提供可参考的信息与案例，将学生的思考与外界事物联系起来，帮助学生找到思维的灵感。此外，要组织好学生间的讨论，让学生在讨论中丰富信息的交流与生成。

三、设计思路

本节课主要设置了三个阶段：课前准备、课堂教学、课后优化。

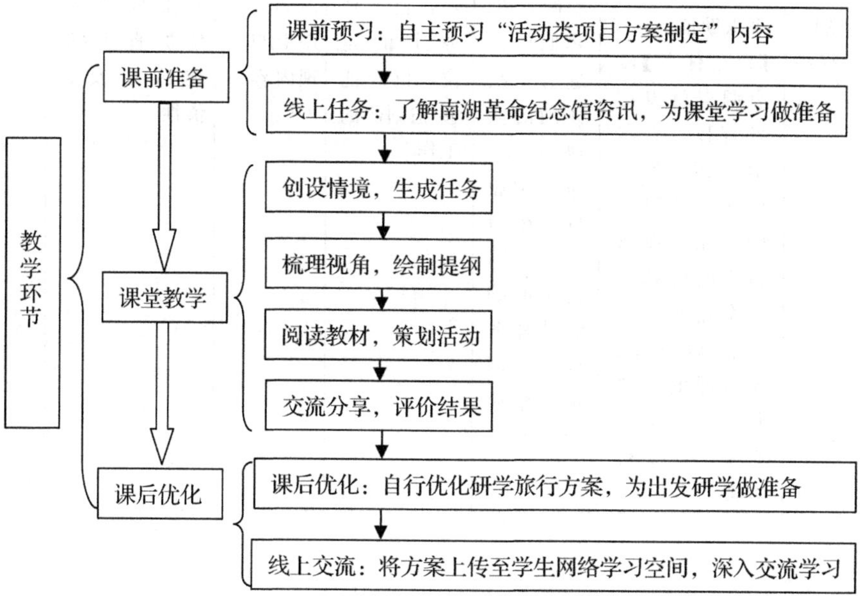

图 11-1　“制定研学旅行活动方案——走进嘉兴南湖革命纪念馆”设计思路图

四、活动过程

教学环节	教学内容	教师行为	学生活动	媒体使用	教学意图	时间
课堂引入	【照片引入】以一张比利时罗梅罗中学学生来我校游学的活动照片引入	展示图片。问：还记得当时的场景吗？	观看图片，回忆开学时比利时学生来校游学的场景，拉近情感关系	利用PPT展示活动图片	以活动照片吸引学生的注意力，宣告课堂的开始	2分钟左右
环节一：创设情境，生成任务	【任务情境】比利时罗梅罗中学是我校的“千校结好”学校。罗梅罗中学学生会打算向全体学生介绍中国共产党一大会址纪念馆（即南湖革命纪念馆）的相关情况，于是，给我校学生会发来求助信。 【提出任务】没有调查就没有发言权，需实地考察。为了确保实地研学的效果，在出行之前应该有一个翔实可靠的活动方案。本节课的主要任务：制定一个研学旅行方案	问：大家愿意帮助学生会准备一份关于南湖革命纪念馆的介绍材料吗？ 讲：为了更好地为比利时学生做介绍，我们应该进行一次详细的实地考察，即研学旅行。在考察之前，为了明确活动任务等，应制定研学旅行方案	学生思考并回答。 学生初步思考自己在任务中的定位，以及能够胜任的工作	基于希沃白板，利用PPT呈现内容	创设基于真实问题的情境，并形成任务，增加真实感、趣味性及价值性	

续表

教学环节	教学内容	教师行为	学生活动	媒体使用	教学意图	时间
环节二：梳理视角，绘制提纲	结合课前任务，你是从哪个方面去了解南湖革命纪念馆的？以小组为单位，将这些内容绘制成思维导图。这张思维导图可以作为小组为比利时学生介绍场馆的提纲，也是实地研学旅行的任务单。在课上展示这张思维导图；讨论纪念馆研学的不同视角	问：各个小组是从哪些方面了解南湖革命纪念馆的？又将从哪几个视角介绍南湖革命纪念馆？请小组用思维导图呈现	小组展示思维导图，说明介绍南湖革命纪念馆的视角，为实地考察做准备。同时，组间交流，丰富视角	学生利用平板电脑查阅资料；希沃白板课堂展台展示思维导图	南湖革命纪念馆研学旅行的重点由学生介绍的视角确定，由学生自主研讨得出；思维导图也由学生小组自主绘制；整个环节的推进都是生成性的，教师仅作略微引领和把控	8分钟左右
环节三：阅读教材，策划活动	根据上一环节确定的视角，小组思考并讨论该如何在纪念馆中解决相应的问题。课前预计了教材设定的课堂内容，依托教材“活动类项目方案制定”的方法与步骤，详细制定活动策划书，供行中参考，并论证策划的可行性及效果的可能性	问：确定了介绍提纲，我们应该如何收集信息？为了达成活动有效性，我们事先需要制定详细的活动方案	学生以小组为单位，在讨论的基础上，完成活动具体策划，填写活动策划书；组内初步进行策划的可行性分析，将策划进行优化	学生借助平板电脑查阅资料，填写活动策划书，并拍照上传至教育网络空间；利用希沃白板展示学生的活动策划书	学生以小组为单位，在资料查阅、讨论分析的基础上，自主现场生成活动细节。在策划过程中，学生自学知识，并运用知识，实现“运用中融汇知识”，摒弃以往的教师教授的传统方式。同学之间进行可行性及可能性的论证，培养学生发现问题、解决问题的能力，为研学旅行活动做好准备	20分钟左右

续表

教学环节	教学内容	教师行为	学生活动	媒体使用	教学意图	时间
环节四：交流分享，评价结果	【分享学习】以小组为单位，派代表展示本组设计的研学旅行方案成果，并简要阐述设计思路。 【小组评价】每个小组分享方案，其他各小组根据活动评价表，对方案进行评价，评出最受欢迎的方案，并给每个小组提出一定建议	要求学生将“任务思维导图”“旅行活动策划书”整合在一起，形成一个完整的研学旅行方案。 教师拍照，利用希沃白板展台呈现	学生设计活动记录的整体布局，粘贴并进行修饰。 完成后，张贴在黑板上，进行展示	利用希沃白板展台现场展示学生作品，用网络空间共享学生成果	引导学生学会资料的收集、分析与整合。展示学生作品成果，训练学生的交流表达和总结汇报能力，培养学生的集体荣誉感	8 分钟左右
课堂小结	【学生自评】根据活动评价表，学生进行活动自评。 【课堂小结】 1. 研学旅行的意义与目的； 2. 活动类项目方案制定方法与步骤	教师梳理课堂小结，并简单分析评价本节课的情况	学生聆听，并紧跟教师回顾整个课堂，梳理知识，分析活动，评价自己	用 PPT 呈现课堂小结知识等	梳理知识体系，对本节课内容再加工、再巩固，促进学生的自我反思、自我提升，表达教师的期盼，升华教育目的	2 分钟左右
课后拓展优化方案	【课后任务】项目优化指导问题： 1. 研学方案目标是否具体？ 2. 行程与时间安排是否合理？ 3. 实践过程是否有教育意义？ 4. 经济预算是否合理？ 5. 活动设计是否有吸引力？	提出要求及任务，并建议学生做好研学旅行准备	学生根据各小组的建议，课后进一步优化方案，并上传网络学习空间再次进行交流学习	PPT 提示具体要求	引导学生学会资料的收集与总结。让学生课后进一步完善方案，引导学生树立精益求精的科学态度，为下一阶段的教学奠定自信心	

这一研学旅行前段课程设计能在行前引导学生经历收集信息、设计分析、方案构思、设计表达、方案修正等制定项目研究方案的一般方法与步骤；通过交流与分析，完善设计合理的研学旅行方案。在资料收集的基础上，确立研究主题，策划研学旅行方案对高一年级的学生来说是一个方案制定与规划能力再提高的过程，为研学旅行课程的深入开展奠定了坚实的基础。这个案例最大的亮点是目标定位准确，适合学生认知与能力发展水平，有行为性目标、表现性目标和体验性目标。此外，研学旅行前置课程设计的活动内容扎实，有效地为行中阶段课程、行后阶段课程做好学习准备。

第二节　研学旅行课程行中阶段活动设计

行中阶段活动设计是研学旅行课程的重点，是学生问题课题化、课程内容活动化，突出实践育人，强化考察、调查、实验研究与体验等活动的设计。因此，行中阶段活动设计重点要加强学生活动设计，让学生能在活动中获得真实的体验与深刻的感悟，提高研学旅行课程教育的实效性。

案例二：行阅临高角，探秘海洋奥秘，追忆峥嵘岁月

改自京鹰国际教育科技(北京)有限公司

一、资源介绍

临高角是琼州海峡突出中的一岬角，三面环海，有 7 公里长的海岸线；岸上有古烽火台和清光绪十九年(1893 年)琼海关建造的一座高 22 米、宽 1.88 米，灯光可照十八海里，指引船只夜间航行的铁灯塔，是著名的国际航标；1950 年 4 月 17 日，中国人民解放军从这里登岛，发起临高角登陆战，解放海南岛。海滩上遗留的国民党军队战壕、掩蔽部，建筑上的弹孔，见证了当时战争的残酷。1995 年，解放海南纪念雕像——热血丰碑建成。2008 年，解放海南战役牺牲烈士纪念碑建成。2006 年 5 月，解放海南临高角登陆纪念馆建成。全景式地立体再现了人民解放军在广大人民群众的支持下，强渡琼州海峡，利用木帆船打败国民党军舰的战争奇迹。

二、课程目标

1. 考察临高角海滩环境，了解海滩地质特点，认识海洋生物，培养海洋环保意识。

2. 知晓海南岛战役，铭记历史，缅怀先烈，培养爱国情怀，树立海洋强国梦。

3. 知晓海南灯塔的历史背景，解读灯塔精神。

4. 通过现实体验和历史回顾，培养学生通过现象看本质的能力和总结历史经验的能力。

三、课程设计思路

乐——海滩拾贝，探海洋奥秘。

思——追忆峥嵘历史，思考幸福生活。

感——解读战役，铭记先烈，继承遗志。

悟——知灯塔之屈辱，悟灯塔之精神。

升华——树立人生之精神灯塔，矗立家国之精神灯塔。

四、探究式活动设计

课程地点：临高角。

主题活动一：乐海时光，探海洋奥秘

1. 采集火山石标本，完成岩石样品采集任务(如表 11-1 所示)

表 11-1　样品采集单

样品采集人：

火山石外形	火山石颜色	火山石软硬度	对比古盐田火山石找不同
我认为火山石形成的原理是：			

2. 海滩拾贝，潮间带物种收集大比拼

海草、大型藻类，以及软体动物和各种螃蟹等大型底栖动物是潮间带生态系统的重要组成部分。对于潮间带里的生物你了解多少呢？你知道它们之间的秘密吗？

以小组为单位，开展临高角海滩生物多样性调查，通过样方法收集生物样本，与博鳌、天涯海角等地收集的海洋生物进行对比分析，完成小组海洋生物的采集任务(如表 11-2 所示)。

表 11-2　海洋生物采集记录表

采集物种名称（动物、植物）	生物分类	采集人	我的观察发现

3. 赏海洋风光，追忆峥嵘岁月

以班级为单位集合，教师用故事创设情境，引导学生思考：当我们在这片美丽的海滩嬉戏的时候，你们知道 70 年前这片海滩上发生过什么重要的事件吗？

这里曾经是一片血染的沙滩。

1950 年 5 月 1 日，是海南历史上一个划时代的日子。中国人民解放军乘着木船在敌人的炮火中冲破琼州海峡天险，在临高角这片海滩成功登陆，拉开解放海南岛的序幕，海南的历史从此翻开了崭新的一页。今天历历在目的是当时战役的战壕，和被机枪扫射后遗留的弹孔、碉堡、炮台。

我们的思考：几千名烈士的生命留在这片海滩上，你对此有何感想？

主题活动二：参观革命公园，祭奠缅怀英烈

1. 寻找战役痕迹，珍惜幸福生活

与小伙伴一起寻找当年作战的历史痕迹，感受当年战争的残酷，并记录你的发现。

2. 走进纪念馆，解读战役全过程；缅怀历史，继承先烈遗志

了解战役的发展及结果。探究在海南岛战役中，敌我双方都采用了什么作战策略？战役的伤亡情况如何？导致伤亡的原因有哪些？围绕海南岛战役的全过程，对此次战役进行总结分析。

3. 瞻仰纪念碑，铭记英烈

临高角是海南岛战役的重要登陆点之一，为纪念与缅怀海南岛战役中付出血肉之躯的先烈，当地政府建造了烈士纪念碑，纪念碑上铭刻了上千名此次战役中牺牲的官兵的姓名。

活动：

(1)瞻仰纪念碑。

(2)用 3 分钟记墓碑上烈士的姓名。

(3)选几名学生报出自己记住的烈士的姓名。

(4)思考与讨论：在解放中国的伟大战争中，有许多这样的英烈献出了自

己宝贵的生命，他们的名字已经慢慢被和平时期的人们所淡忘，他们牺牲的时候没有想过要被后人铭记，没有留下后代，只留下要孝敬的父母。他们为什么要牺牲自己年轻的生命？

4. 举行纪念仪式，敬礼慰英灵，献花树信心

(1)列队，举行纪念仪式，向革命先烈致敬。

(2)集体朗诵诗歌，抒发缅怀英烈情怀。

红旗漫卷临高角，将士鲜血染战袍。

解放海南立奇功，热土铸史丰碑雕。

主题活动三：探寻灯塔历史，领悟灯塔精神

1. 赏灯塔之美，读灯塔之历史

(1)知晓海南五座灯塔的名字，观察临高角灯塔的形态结构。

(2)聆听讲解，用思维导图的方式画出临高角灯塔的基本结构、作用和发展过程。

2. 寻灯塔之史，知灯塔之屈辱

这座百年灯塔不仅浓缩了整个中国灯塔发展的历史，折射出当年属于半殖民地性质的海南海上经贸发展的屈辱史，还是西方列强侵略中国、掠夺我国资源的见证，更见证了中华民族从饱受凌辱侵略到自立自强复兴的过程。

小组讨论：扫描指导手册二维码，学习讨论临高角灯塔的历史。

3. 聚灯塔之光，悟灯塔之精神

灯塔在大海中为航行者指明方向，更象征着希望。灯塔守望者或许是世界上最孤独的人，他们存在的唯一目的，就是让灯塔永远闪亮。临高角这座百年灯塔也有一名守望者，他也用一生去热爱灯塔。灯塔也是一种精神，英烈们无私地为国捐躯亦是我们生命中的一种精神灯塔。

思考：你理解的灯塔精神是什么？你身边有没有像灯塔这样的人呢？

合作交流：

(1)请分析说明海南岛战役造成较大伤亡的主要原因。

(2)与小伙伴一起交流对灯塔精神的理解和认识。

(3)了解灯塔这段屈辱的历史与海南战役那段充满硝烟的历史，谈谈你的感受。

(4)如何理解“红领巾是红旗的一角，是无数烈士的鲜血染红的”？

拓展延伸：(学生自主选择)

(1)设计一个纪念临高角战役的文创产品。(适合初中学生旅行结束后开展)

(2)设计一张灯塔主题的明信片。

(3)选材料设计一座灯塔。(旅行结束后)

本案例设计思路清晰，在一个地点，开展三个主题活动，资源整合及深度开发做得很好，能够挖掘各种资源的教育价值，分析资源之间内在的联系。虽然三个活动有解放战争红色历史与遗迹、有清朝时期法国在此树立灯塔的屈辱历史与遗迹，还有海洋的科学考察，但设计的主线是红色教育，将民族独立、国家主权、革命先烈的牺牲换来今天和平幸福的生活、共产主义信仰贯穿三大活动。设计递进的活动序列顺应了学生认知与情感发展规律，使学生在活动中得到真体验、真感悟。这样的课程设计有深度、有高度、有效度。

第三节　研学旅行课程行后阶段活动设计

行后阶段是研学旅行课程的提升与拓展延伸，是对研学旅行课程实效性的进一步完善与提高。在行后阶段加强交流评价，开展拓展延伸活动，不仅能巩固研学旅行课程各方面获得的成果，还能进一步提升学生的创意物化能力以及服务社会的能力。很多学校教师设计的案例是非常值得我们借鉴和学习的，实施后的成果交流与拓展延伸具有很好的示范作用。

下面这个案例的行后阶段活动设计非常有特色，建议读者重点分析这个课程设计中行后阶段活动以及学生的学习成果(附件)。

案例三：我与文化遗产

首都师范大学附属实验学校　方向辉

学生分析	学生有过研学经历，对于收集相关资料和实地考察都有一定经验，但文化遗产对于学生来说是一个相对陌生的概念，需要教师引导学生梳理清楚其内涵和外延。 学生能够用文字、图片形式展示自己的学习研究成果，但撰写申遗报告、召开模拟答辩会，对于学生来说都是首次尝试，需要给予模仿材料、反复实践的机会
活动目标	1. 通过撰写所研究对象的申遗报告，挖掘其历史和人文意义，理解文化遗产。 2. 通过答辩的形式促进学生深入思考历史和现实、文化和人之间的关系。 3. 培养学生表达、策划、组织、协调的能力
活动重点	通过答辩的形式促进学生深入思考历史和现实、文化和人之间的关系
活动难点	申遗报告的撰写。 在答辩会上通过答辩的形式促进学生深入思考历史和现实、文化和人之间的关系

续表

活动辅助条件	平板电脑、网络、多媒体设备、中央控制软件		
活动方法	项目式学习		
	教师活动	学生活动	设计意图
第一阶段 11月6日至 11月18日	发布项目活动指南，协助和指导学生活动	按照项目活动指南开始活动。 主要包括： 1. 小组建设：小组分工、小组公约。 2. 收集整理资料。 3. 实地研学	培养学生组织、协调、合作的能力； 培养学生收集、整理资料的能力； 培养学生良好的观察习惯和学习的意识
第二阶段 11月20日至 11月27日	阅读评价学生作品，协助和指导学生活动。	1. 小组总结。 2. 完成申请书：收集资料、学习写作规范、完成申遗报告的写作，制作PPT。 3. 评价其他小组申遗报告。 4. 针对其他小组申遗报告提出问题	培养收集资料、整理资料的能力
第三阶段 11月28日至 12月5日	培训主持人、评委，筛选学生问题，梳理学生作品，找出问题点和提升点，拟订答辩会提问问题	准备展示： 1. 投票选举主持人和评委。 2. 讨论并制定评价标准。 3. 撰写邀请函，邀请评委老师。 4. 修改文稿和PPT。 5. 小组答辩分工	培养表达得体的能力，为答辩会做准备
第四阶段 12月8日	组织申遗答辩	1. 申遗代表团介绍本小组项目。 2. 每个小组向申遗代表团提出一个问题，助威团协助申遗代表答辩。 3. 申遗代表思考和回答评委老师提出的问题。 4. 统计各小组申遗申请通过情况	培养表达和说服的技巧。 促进学生深入思考历史和现实、文化和人之间的关系
第五阶段 12月9日至 12月15日	组织总结和反思，引导学生开展拓展活动	反思： 1. 小组总结各环节。 2. 评价其他小组的各环节并打分。 拓展： 给陕西省文物局的一封信	对各环节进行反思和梳理，总结提升
活动反馈	投票决定是否通过小组申遗申请		
活动延伸	给陕西省文物局的一封信		

附件1："秦唐之旅"项目活动指南

"秦唐之旅"项目活动指南

在了解和认识世界的过程中，比学习书本知识更重要的是亲身体验和实践感悟。在美好的金秋，我们将走进陕西，了解周礼秦制、汉风唐韵，触摸历史的厚重，探索文化的意义。

为了完成这次活动，你需要：

1. 完成小组建设(全班抽签分成三大组)

团结协作的团队才能取得好成绩。

(1)小组口号是什么？

(2)小组公约是什么？

(3)小组如何分工？

2. 实地考察

(1)收集整理相关资料。

(2)认真参观体验。

(3)认真阅读展览或活动场地的文字说明。

(4)认真听带队教师讲解。

(5)及时记录。

3. 记录行程，抒写感受

(1)西安，古称"长安"，是中国历史上建都时间最长、建都朝代最多、影响力最大的都城，是中华民族的摇篮、中华文化的发源地、中华文化的代表。请用优美的文字描述西安自然的美丽，书写西安历史的厚重，抒发自己对西安的情感。

体裁：不限(诗歌、散文……)。

字数：600字以上(诗歌除外)。

(2)最好能为文字配图。

4. 以小组为单位展示考察的收获

(1)请在平台上传小组展示的脚本。

(2)请写明小组展示形式。

(3)在研学汇报课上进行展示。

①各小组组织排练。

②投票选举主持人。

③主持人撰写主持稿，教师协助修改。

④召开研学汇报展示会。

5. 书写申遗报告

(1)小组讨论决定为哪一建筑、文物或艺术形式申遗。

(2)小组分工完成一份申遗报告。

①自己动手，确定申遗报告应该有哪些内容，有什么样的形式和要求；并把相关资料上传到云平台。

②请以小组为单位上传申遗报告和PPT(请保留过程材料，每次修改不覆盖原稿)。

(3)在云平台上对其他小组的申遗报告进行评价，并提出问题。

(4)学习委员根据各小组报告并参照申遗报告的评价标准组织投票，确定各小组申遗报告文本的得分。

6. 班级召开模拟答辩会

(1)投票选举活动主持人。

(2)邀请历史老师、语文老师做特约评委，请学生写一份得体的邀请函。每小组邀请一位老师。

①抽签决定每个小组邀请哪位老师。

②收集一些邀请函，学习邀请函的格式和注意事项。

③活动时间为12月8日上午9点到10点，地点是初二(5)班教室。

④请将邀请过程录像，并上传到云平台。

(3)每个小组推荐一位组员担任评委，和特约评委一起组成评审委员会。

(4)申遗答辩。

①将申遗报告整理成发言稿，配上PPT。

②收集了解答辩的注意事项。

③各小组推选一位组员担任申遗代表，负责介绍小组推荐项目，另一位组员配合播放PPT。限时3分钟。

④其他组员组成助威团，协助答辩。请各小组分工合作。

⑤申遗代表和助威团现场回答其他小组提出的问题和评审委员会提出的问题。

⑥每个人为各小组的表现进行现场投票打分。现场记分员统计总分，表决是否通过申遗答辩。

7. 反思和总结

(1)反思和评价活动中小组和个人在各个环节的表现收获，上传到云平台。

(2)将对文化遗产保护的思考写成一封给陕西文物局的信，上传到云平台。

附件2：申遗文稿评价标准

评价项目	评价指标
文稿完整度	各个栏目符合要求，填写齐全
	各个栏目符合要求，填写比较齐全
	各个栏目填写基本符合要求
	有的栏目没有填写
语言表达	语言通顺简洁，没有语病和错别字
	语言通顺简洁，偶有错别字
	语言比较通顺简洁，偶有病句或错别字
	语言不太通顺，有些病句和错别字
对申遗项目的客观描述	项目描述全面、准确、可信
	项目描述比较全面，基本准确、可信
	项目描述不全面，但还可信
	项目描述存在错误，不可信
对申遗项目的价值分析	项目的论证有条理，有说服力
	项目的论证比较有条理，有一定的说服力
	项目的论证条理有点乱，但有自己的见解
	项目论证存在错误
对保护申遗项目的思考	影响项目的条件分析有理有据，有合理的应对措施
	影响项目的条件分析有道理，有应对措施
	提到了影响项目的条件和保护措施
	没有影响项目的条件或保护措施

附件3：答辩会评价标准(根据语文课标第四学段口语交际方面的要求)

评价项目		评价指标
项目介绍阶段	语言组织	项目介绍条理清楚，语言流畅
		项目介绍条理清楚，语言比较流畅
		项目介绍缺乏条理，语言比较流畅
		项目介绍缺乏条理，语言断续

续表

评价项目		评价指标
项目介绍阶段	声音仪表	发言时注意仪态，自然自信，声音洪亮清晰，能有效使用肢体语言
		发言时仪态比较自然，声音比较洪亮清晰，能配合使用肢体语言
		发言时有点不自然，声音比较清晰，有肢体语言
		发言时不太自然，声音不够响亮清楚
答辩阶段	理解与针对性	能准确理解评委提出的问题，并针对评委的问题展开回答
		能基本理解评委提出的问题，针对评委的问题进行回答
		能通过与评委的语言沟通，理解评委的问题，并进行回答
		不能理解评委的问题，答非所问
	观点与说服力	答辩观点明确，要点清晰，能围绕要点展开回答
		答辩观点明确，要点比较清晰，基本围绕要点展开回答
		答辩有观点，有要点
		答辩观点不明确，不能自圆其说
	礼貌与得体	答辩时言谈礼貌，符合身份和场合
		答辩时能注意言谈礼貌，符合身份
		答辩时没有注意言谈符合身份和场合

附件4：学生成果——申遗报告文稿

秦兵马俑申遗报告

基本信息			
属地	西安省临潼县西杨村	项目名称	西安秦兵马俑
申报者	×××	负责人	×××
通信地址	×××	邮编	×××
一、遗产的辨认			
①省份或地区		西安省临潼县西杨村	
②遗产名称		秦始皇兵马俑	
③遗产的类型		秦代遗址	
④遗产申报保护范围的文字说明		秦始皇陵位于临潼以东5千米处的下河村，处于西安市以东35千米的临潼区境内	

续表

⑤地图和平面图，显示申报项目划定的保护范围和建设控制地带，或者现有的其他保护区划范围及遗产区和缓冲区	略
二、项目说明	
①遗产描述	1974年，考古工作者在秦始皇陵东发现三个大型陪葬的兵马俑坑，并相继进行发掘和建馆保护。三个坑成“品”字形，总面积22780平方米，坑内置放与真人、马一般大小的陶俑、陶马共7400余件。三个坑分别定名为一、二、三号兵马俑坑。一号坑最大，坑深5米，面积14260平方米，坑内有6000余陶人、陶马，井然有序地排列成环形方阵。坑东端有三列横排武士俑，手执弓弩类远射兵器，似为前锋部队，其后是6000尊铠甲俑组成的主体部队，手执矛、戈戟等长兵器，驷马战车在11个过洞里排列成38路纵队。南北两翼有后卫部队。二号兵马俑坑平面呈曲尺形，面积6000平方米，是一个坐西朝东，由骑兵、步兵、弩兵和战车混合编组的大型军阵。大致可分为弩兵俑方阵，驷马战车方阵，步兵佣、骑兵俑混合长方阵，骑兵俑方阵四个相对独立的单元。共有陶俑、陶马1300余件，战车80多辆，并有大量金属兵器。三号兵马俑坑平面呈“凹”字形，面积约520平方米，它与一、二号坑是一个有机的整体，似为统率三军的指挥部，出土68个陶俑和4马1车。 秦始皇兵马俑博物馆是中国最大的古代军事博物馆。俑阵经发掘对外开放后便轰动世界。 兵马俑多用陶冶结合的方法制成，先用陶模做出初胎，再覆盖一层细泥进行加工刻划加彩，有的是先烧后接，有的是先接再烧。其实，当年的兵马俑各个都有鲜艳和谐的彩绘。工作人员在发掘过程中发现有的陶俑刚出土时局部还保留着鲜艳的颜色，出土后由于空气干燥，颜色就慢慢地脱落了。现在能看到的只是残留的彩绘痕迹。兵马俑的车兵、步兵、骑兵列成各种阵势，整体风格浑厚、健美、洗练。如果仔细观察，陶俑的脸型、发型、体态、神韵均有差异；陶马有的双耳竖立，有的张嘴嘶鸣，有的闭嘴静立。这些兵马俑都富有感染人的艺术魅力
②历史沿革	《史记》载：秦始皇陵由丞相李斯依惯例开始主持规划设计，大将章邯监工，修筑时间长达39年之久，兵马俑是修筑秦陵的同时制作并埋入随葬坑内的。秦子婴元年(前206年)，秦始皇陵遭遇了第一次也可能是最大的一次劫难。据《史记·高祖本纪》《汉书·卷一·高帝纪第一上》《汉书·卷三十六·楚元王传第六》等史籍记载，项羽攻入关中后，大规模破坏秦始皇陵，地面建筑毁于一旦，帝陵被挖掘，兵马俑在这场浩劫中也损毁严重。考古发掘情况表明，一号俑坑和二号俑坑有黑色木炭遗迹，说明一、二号俑坑的塌陷都是因为被火焚烧造成的

续表

三、项目论证	
①提议遗产列入所依据的标准（和根据这些标准的列入理由）	秦兵马俑符合《世界遗产名录》的第一项，表现人类创造力的经典之作。它代表着秦朝的制陶、殉葬的艺术。 符合《世界遗产名录》的第二项，具有显著普遍价值的事件、活的传统、理念、信仰、艺术及文学作品，有直接或实质的联结。秦始皇陵建于公元前 246 年至公元前 208 年，历时 39 年，是中国历史上第一个规模庞大、设计完善的帝王陵寝。 符合《世界遗产名录》的第三项，呈现有关现存或者已经消失的文化传统、文明的独特或稀有之证据。它是消逝的秦朝文明的证明。 符合《世界遗产名录》的第五项，代表某一个或数个文化的人类传统聚落或土地使用，提供出色的典范，特别是因为难以抗拒的历史潮流而处于消灭危机的场合。秦兵马俑代表着独特的殉葬制度。 符合《世界遗产名录》的第六项，在某期间或某种文化圈里对建筑、技术、纪念性艺术、城镇规划、景观设计之发展有巨大影响，促进人类价值的交流，秦兵马俑与秦始皇的死亡有关系
②突出的普遍价值声明	秦兵马俑是秦朝的存续物，是古代独特殉葬制度的体现，它久远而丰富，见证了消逝的秦代独特文化、秦代兵种及秦代的手工艺发展，是秦代手工艺精神的独特载体。秦始皇陵和兵马俑坑突出的普遍性价值如下： (1)秦始皇陵：①开创了以陵寝、地宫、陪葬墓为基本格局的帝王陵寝制度，开后世帝王厚葬之先河。②丰富的奇珍异宝、精心设计的仿宫殿式建筑，体现了古人视死如生的原则。③铜马车造型生动精美，装饰画的制作工艺相当复杂。 (2)兵马俑坑：①军阵严密的组织，体现了军阵强大的杀伤力，生动展现了秦军威武豪迈的雄壮气势和横扫六国、统一天下的威风。②兵马俑比例匀称、色彩明快、神态逼真、生动传神，体现了我国工匠高超的技艺。③是研究秦代政治、经济、军事制度、文化艺术、科学技术的重要资料
③对比分析（包括类似遗产的保护情况）	秦兵俑与古希腊文物掷铁饼者相似，但秦兵俑区别于古希腊文物掷铁饼者的独特特点是： (1)整体性强。对局部如人体的结构特征及手、脚、躯干等交接点的表现显得非常模糊。塑造时注重的是整个人俑所表现出来的气势，而不是人体的结构特点，这是秦汉雕塑与西方雕塑的最大不同之处。 (2)线条刻画非常明显。中国传统绘画最大的特点是线条的运用。而这一特点也表现在雕塑上。我们可以从兵俑的着装上看到很多线条痕迹，而对于“体”与“面”的表现却甚少。主要体现了线条的刻画，而不是立面的塑造。 (3)上色功能是秦俑的又一特点。这一功能主要用来弥补因线条刻画而缺少立体感的不足。

续表

<table>
<tr><td>④完整性和/或真实性</td><td colspan="2">该项遗产目前保存较好，相对完整。
该遗产真实性强，可在《史记》等相关书籍中证明</td></tr>
<tr><td colspan="3">四、保护情况(《世界遗产预备名单》上已有项目应主要说明自列入以来遗产的保护状况和影响遗产的因素)</td></tr>
<tr><td>①保护现状</td><td colspan="2">兵马俑位于黄土高原，黄土高原地表千沟万壑，降水多集中在夏季，且地面易渗水，对秦兵马俑造成不可逆转的损伤。目前针对此问题，在兵马俑上方建立大棚，并加大周围土壤硬度</td></tr>
<tr><td rowspan="2">②影响遗产的因素</td><td>环境压力(比如污染、环境变化、沙化)</td><td>该遗产位于黄土高原。黄土高原气候恶劣，多扬尘，降水集中，对遗产造成不可逆的损害</td></tr>
<tr><td>旅游压力</td><td>日均接待游客 5.33 万，同比增长 0.44%。中国旅游业快速发展、大众旅游消费需求持续增长，给景区接待带来空前压力，景区游客“爆棚”现象在各地屡见不鲜。游客过多导致景区木制、草制地面磨损</td></tr>
<tr><td colspan="3">五、文献资料(本部分列出完备的申报材料所需的文献)
略</td></tr>
</table>

附件 5：剧本《明城墙》

第一幕：游览城墙

老师带领一些学生上。

老师：现在我们看到的西安古城墙，是明代洪武年间在原隋唐长安城皇城墙的遗存上扩建而成的，距今已有 600 多年的历史。墙高 12 米，顶部宽 11～13 米，占地面积超过 11 平方千米。大家跟我到这边来。

学生甲：(拉住学生乙)这老师讲得太无聊了，咱们去那边看看吧。

学生乙：这样不好吧？

学生甲：没关系，咱们又不走远。(拉乙走)

学生甲：这城墙一眼望去全是砖啊。还有新鲜的雾霾。(擦鼻子，扔纸)

学生乙：(感慨地)不到长城非好汉。

学生甲：这又不是长城！

学生乙：不留念也遗憾啊。(掏笔，准备在城墙上写字)

学生甲：也对啊。(也准备写)

老师上。

老师：不要！(拦住)你们怎么在这里啊？不能破坏城墙。

学生：为什么？

老师：你们听听我的讲解就知道了。

第二幕：近悦远来

老师：现在我们看到的是安远门。这是长安的北门，是丝绸之路的起点。

商队来到长安城安远门。

甲：(远望见城墙，兴奋地)队长，我们到长安啦。

队长(乙)点头。大家兴奋地向前走。迎面有另一商队满载而归。

丁：(招呼)你们是刚到的吧？快进城去吧，看看大唐的都城，说不定唐王还能赏你个官当当。

甲：(惊讶)还可以当官？

乙：是啊是啊。你这次运了什么货物啊？

丁：丝绸！中国的丝绸贵过黄金啊。

丙：(开玩笑)快去吧。罗马的夫人小姐们都等不及啦。哈哈哈！

大家走到城门前。

乙：(抬头辨认门上的字)安……安什么门？

丙：安远门。中国的圣人孔子说："近者说(悦)，远者来。"意思就是境内的人民欢悦无怨，于是远处的人就会慕名而来投奔。

乙：我明白了，就像我们这样在遥远的罗马都听说了大唐的繁盛富饶，都慕名前来。

字幕：近悦远来：近者悦是因为国力强盛，人民安居乐业，生活蒸蒸日上；远者来是因为声名远扬，外交辉煌。安远，既透露着大国的自信，也寄托着人民的美好愿望。

第三幕：长乐未央

老师：现在我们看到的是长乐门——长安东边的门户。

乙(西安太守)和师爷坐着研究地图。

小兵：报——潼关失守。

太守大惊站起。

太守：孙传庭孙尚书呢？

小兵：孙尚书战死了。

太守呆住，跌坐。

太守：再探。

小兵：是。(转身下)

太守：(缓缓坐下，转向师爷)师爷，你看……

师爷：这西安是保不住了，我们撤吧。

太守：西安有这么高的城墙，这么强的防御力量……

师爷：高筑墙，广积粮，也比不上人心所向啊。您坐守枯城，有什么用呢？

太守：(犹豫)那我准备准备。(站起)准备准备。

师爷随太守向外走。

画外音：开城门，迎闯王，闯王来了不纳粮。李自成率大军到长乐门外。

李自成：(扬鞭指着“长乐”二字，感慨地对身边将士)若让皇帝长乐，百姓就要长苦了。

身边将士：(纷纷)打倒长乐的皇帝！烧了长乐的城门！烧了它！烧了它！

PPT：火烧长乐门。

字幕：长乐未央：水能载舟，亦能覆舟。上下同乐，才能长乐未央。

第四幕：卫国保民

老师：现在我们看到的是玉祥门。这是在被战火摧毁的城墙处修建，以冯玉祥将军的名字命名的。这要从杨虎城、李虎臣将军守西安说起。

副官：杨将军，我们去哪儿？

杨虎城：我们去西门看一看。

杨虎城巡视。路边母女挤在一起，发抖。

小女孩：娘，我好饿。

杨虎城把披风给女孩围上。(炮火声)

兵：报告，刘镇华的部队在西北发动进攻。

杨虎城：走，去看看。

杨虎城：(看到人少)能不能调兵增员？

兵：(敬礼)报告杨将军，伤亡惨重，能调动的战斗力已经不多了。

副官：将军，要不我们(犹豫一下)避一避？

杨虎城：百姓饥寒交迫，我们怎么能让他们再遭受敌人的蹂躏？

杨虎城：(面对城墙，举起枪)兄弟们，坚持住！(定格)

兵：报告。冯玉祥将军派的部队到啦。

字幕：保国安民我有宝刀，慷慨从戎，决胜疆场，气贯长虹，古今多少奇丈夫。碎首黄尘，燕然勒功，至今热血犹殷红。危难时刻，更见铮铮铁骨。生死关头，更显忧国忧民。

第五幕：保护城墙

老师：我们看到的西安城墙是中国现存规模最大、保存最完整的古代城垣。这是很多人用智慧和勇气保护的成果。

秘书：报告，民众们一致请愿，要求拆除皇城城墙。

于右任走来走去，思索。

于右任：去组织人，把城墙涂成红色。从现在起，皇城改称红城。

于右任按铃叫人。

秘书：局座，您有什么吩咐？

于右任：去制作一些标语，悬挂在城墙上。

秘书：是。(转身出去)

第六幕：行动起来

老师：同学们，现在大家明白为什么要保护城墙了吧？

同学们七嘴八舌回答。回答的人上前一步。

甲：我们要保护城墙，因为它是祖先留下的遗产。

乙：我们要保护城墙，因为它见证了悠久的历史。

丙：我们要保护城墙，让这些历史展示的思想和精神传给一代又一代中国人。

老师：那我们应该怎么做？

同学：(齐)让我们行动起来。

这个案例使我们深受感动，感动于教师如此下功夫设计这样翔实的研学旅行课程方案，同时也看到这位教师对综合实践活动课程理念的高度把握及坚实的课程设计功底。此案例学情分析清晰，为活动设计提供了重要的基础。目标定位符合学段目标的水平，目标确定准确具体，并有所侧重；重、难点分析能指导活动，体现活动设计的实效性。活动阶段划分细致明确，设计方案由系列活动构成，重视研学前段和后段的活动设计，活动任务具体，通过项目研究，突出学生的自主学习。评价量表中评价准则(评价项目)维度扣住目标，指标细致，评价量表对学生参与活动的指导性很强。行后阶段将西安研学旅行成果拓展延伸，物化成剧本演出，物化成申遗报告答辩，物化成给陕西文物局的信件，可以认为是深入研究、职业体验、参与社会、服务社会的内容。这个活动方案设计使研学旅行课程立意更高，学生学习更深入，促进学生认知与情感进一步升华，使研学旅行课程的教育价值得到更大的发挥。

附件5是西安研学后，学生通过小组讨论编写完善的剧本。透过物化的成果剧本，我们能看到学生对历史知识的理解、对文化的认同与民族自信、对社会公德的认识和在情感与价值观方面的提升。通过这个案例，我们也进一步体会到研学旅行课程并不仅在旅行中实施，在研学旅行课程后段，随着研学旅行成果的固化，学生在认知层面、情感与价值观层面会有进一步的提升。

这个方案由三个阶段的一系列活动构成，不同的实践活动(包括评价)，学生学习的侧重点不同，获得的体验不同，体验过程的感悟也有所不同。

案例四：走进文旺阁木作博物馆与手工木艺对话

北京教育科学研究院通州区第一实验小学　邢东海

“走进文旺阁木作博物馆与手工木艺对话”课程属于利用博物馆开展研究性学习的文化类课程。课程是以博物馆为依托，以木艺为学习线索，以非物质文化遗产榫卯结构为实践学习活动的核心内容进行设计的。从认识木材、认识工具到研究明清家具的学习，活动内容逐渐聚焦到非物质文化遗产榫卯结构的学习体验，符合认知心理发展与能力发展规律。这个课程设计方案非常值得借鉴，实施中段四项任务实践性强，实践认知过程中内容有点有面，点面结合，难易适度，符合六年级学生的认知与能力水平。交流阶段能够紧扣任务，引领性强，给学生表达学习成果的空间。特别值得指出的是，从学生活动后提出的问题，能看到学生的学习不仅在真实场景中发生，还激发了学生进一步深入学习的兴趣，形成了更广泛深入的思考，而这些思考是通过行中阶段学习活动的引领，学生自主形成的，是体验成果的进一步提升。学生的思考形成了真问题，这些问题文理交融，体现他们既有对知识深入研究的渴望，也有对创造发明的探究欲望。这样有助于后续课程的拓展延伸，有助于学生研究性学习向纵深发展。

<table>
<tr><td colspan="6">教学基本信息</td></tr>
<tr><td>课题</td><td colspan="5">走进文旺阁木作博物馆与手工木艺对话</td></tr>
<tr><td colspan="2">是否属于
地方课程或校本课程</td><td colspan="4">校本课程</td></tr>
<tr><td>学科</td><td>综合实践</td><td>学段</td><td>高年级</td><td>年级</td><td>六年级</td></tr>
<tr><td>相关领域</td><td colspan="5">科学、劳动技术、道德与法治等</td></tr>
<tr><td colspan="6">指导思想与理论依据</td></tr>
<tr><td colspan="6">“走进博物馆”是北京市社会大课堂实践的主要课题，我们响应市教委的要求，积极联系社会大课堂的实践基地，以本地的博物馆台湖镇的文旺阁作为我们的实践基地。《北京市中小学综合实践活动教师指导手册》中指出，综合实践活动要引导学生在实践学习中获得积极体验和丰富经验，使学生具有问题意识，提升分析、解决问题的能力，培养创新精神、实践能力和强烈的社会责任感。</td></tr>
<tr><td colspan="6">教学背景分析</td></tr>
<tr><td colspan="6">教学内容：
这个博物馆是以收藏的明清家具为主，馆长王文旺从事木匠工作 30 年，是个知木、爱木、喜木之人。这个博物馆已经被纳入中小学实践基地，我们这一次近水楼台先得月，带领学生体验我国的木作工艺。本次课程较其他资源更加聚焦，有针对性，文化氛围浓，是专业性强的一类实践基地。我们做好了前期的准备，要让学生的参观体验有价值，能够学到有用的东西。
学生情况：
小学高年级学生对于中国木作工艺了解甚少，能够说出的很少，集中在家具、工艺品上，不了解文旺阁博物馆。所以明确研究主题后，（引导学生）展开调查，上网查找资料或到图书馆翻阅资料。通过信息收集与整理，深入了解我国木作工艺的相关知识，从而对比今天生活中的木作与古代木作的不同之处，提出问题，展开研究。</td></tr>
</table>

续表

教学方式：实践探究。 教学手段：网络查询与基地学习相结合。 技术准备：照相机、摄像机、打印机、网络。
对主题活动(研究课题)的描述
本课程的选题来源于学生的日常经验，调查的内容贴近学生的生活。学生能够通过小组合作，亲身实践，获得资料。通过在课堂上汇报展示，学生针对调查的资料进行交流，提高合作探究与解决问题的能力。 分析问题，确定方法： 1. 你对中国木作工艺及文旺阁博物馆了解多少? 2. 通过网络和书籍收集中国木作工艺相关资料。 3. 针对中国木作工艺提出问题，确定研究方向。 任务一：我当小学徒——了解中国木艺 1. 了解木作工艺在中国各个行当中的地位和作用。 2. 知道木艺与生活的关系，能够识别不同的木材。 3. 根据木作工艺特征进行品种识别，制作木作名片。 任务二：我当小学徒——认识木艺工具 1. 了解木工工具有哪些。 2. 能够掌握主要工具的使用方法。 3. 体验使用一种工具，并谈谈感受。 任务三：做个小木匠——了解明清家具 1. 能够说出明清家具有什么特点。 2. 看实物，分辨明、清家具。 任务四：做个小木匠——认识榫卯结构 1. 你知道什么是榫卯结构吗? 2. 榫卯结构在木作中有哪些运用? 3. 动手拼插榫卯结构小凳子。
教学目标(内容框架)
1. 知识目标：通过参观文旺阁木作博物馆，学生能够了解我国木作文化的起源、发展、演变历程；了解我国明清家具的特点和木作技艺中榫卯结构的特点。 2. 能力目标：通过探究实践培养学生对木作工艺的积极认识。学生不但能看到木作工艺在生活中的应用，还能知道它们在制作上运用了什么方法，使用了什么木料，能够实践并感知。 3. 情感态度与价值观：通过这次实践活动，学生知道了木作工艺是我国重要的工种和本土文化，木匠的工艺必须加以传承，这是中国传统文化的重要组成部分，王馆长的匠心精神是我们学习的方向和动力。

续表

问题框架(可选项)
1. 木匠的专用工具有哪些？这些工具的用途是什么？ 2. 榫卯结构是怎样的？ 3. 木作作品所用木材的种类有哪些？ 4. 古代木艺与现代木艺有什么差别？
教学流程示意(可选项)

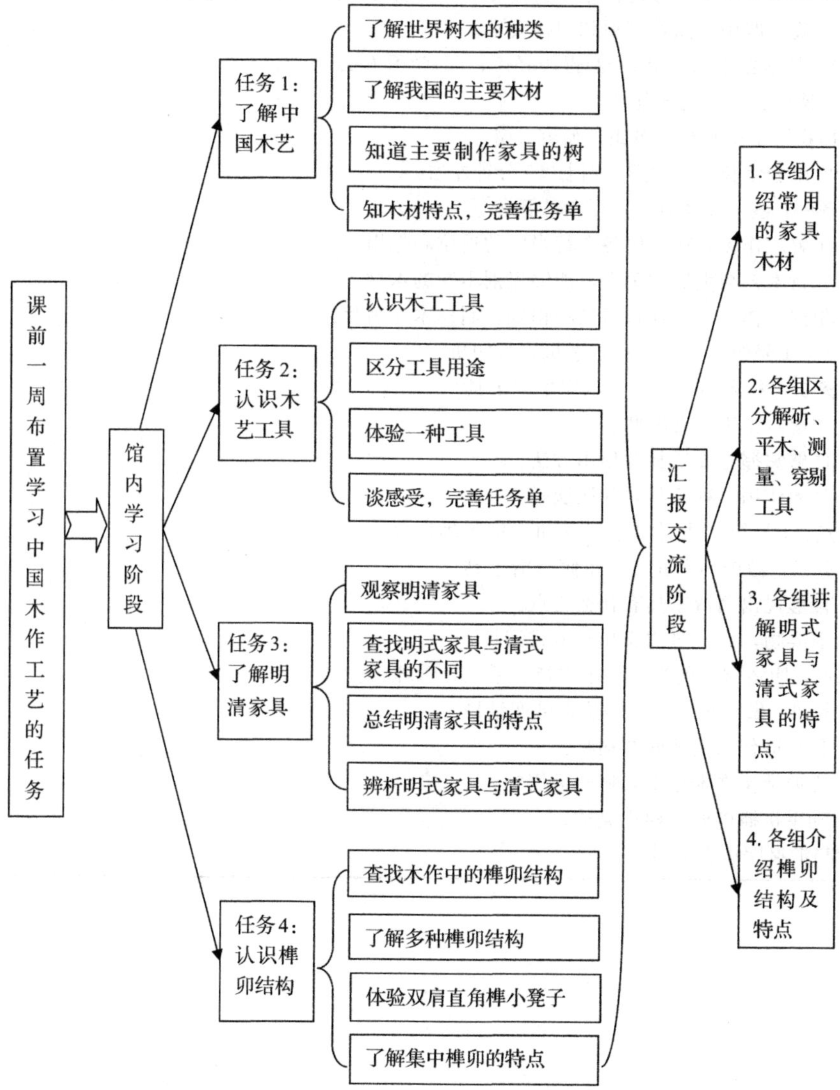

图 11-2　“走进文旺阁木作博物馆与手工木艺对话”教学流程示意图

续表

教学过程(文字描述)
(一)课前：分析问题，确定方法 1. 你对中国木作工艺及文旺阁博物馆了解多少? 2. 通过网络和书籍收集中国木作工艺相关资料。 3. 针对中国木作工艺提出问题，确定研究方向。 (二)出发前 1. 划分研究小组，分配任务，明确分工，准备好实践任务单、记录本等用品。 2. 明确实践中的注意事项和纪律要求。 (1)爱护展馆中的物品；(2)慢步轻声；(3)学习方法。 (三)课中：实践完成任务 在博物馆中明确当天各组的研究任务。 9:00 跟着馆长一起学习，时长 15 分钟左右。 任务一：我当小学徒——了解中国木艺 1. 了解木作工艺在中国各个行当中的地位和作用。 2. 知道木艺与生活的关系，能够识别不同的木材。 3. 根据木作工艺特征进行品种识别，制作木作名片。 地点：1 号馆　技术支持：手机、打印机。 任务二：我当小学徒——认识木艺工具 1. 了解木工工具有哪些。 2. 能够掌握主要工具的使用方法。 3. 体验使用一种工具，并谈谈感受。 地点：1 号馆　技术支持：手机、刨子操作台。 任务三：做个小木匠——了解明清家具 1. 能够说出明清家具有什么特点。 2. 看实物，分辨明式家具与清式家具。 地点：明清家具展馆　技术支持：手机、管理员。 任务四：做个小木匠——认识榫卯结构 1. 你知道什么是榫卯结构吗? 2. 榫卯结构在木作中有哪些运用? 3. 动手拼插榫卯结构小凳子。 (四)汇报厅集合汇报

教学阶段	教师活动	学生活动	设置意图	技术应用
实践质疑阶段	10月，我校六年级的学生参观了天坛，对于天坛的很多建筑，学生既好奇又有很多疑问	参观天坛后交流感受，提出大量的质疑，例如：祈年殿建筑为什么千年不倒？古代中国的木匠是如何建造祈年殿的？	承上启下	图片
温故知新阶段	根据学生的疑问，我们继续开展解密中国木作工艺的实践活动。设计任务单，上网学习	利用一周的时间分组学习，借助网络查询	进行解密	任务单
参观学习阶段	为了更好地让学生对中国木作工艺有更加深入的了解，我们再次开展了实践活动，来到通州文旺阁木作博物馆。在这里可以轻松地解决学生的很多问题。我们通过以下分组活动，学习中国木作工艺四方面的内容。 (一)课前：分析问题，确定方法。 (二)出发前： 1. 划分研究小组，分配任务，明确分工，准备好实践任务单、记录本等用品。 2. 明确实践中有哪些注意事项和纪律要求。 (三)课中：实践完成任务 在博物馆中明确当天的研究任务(集合公开讲)。	带着问题，学生们来到博物馆，解答自己的疑惑。 1. 你对中国木作工艺及文旺阁博物馆了解多少？ 2. 通过网络和书籍收集中国木作工艺相关资料。 3. 对中国木作工艺提出问题，确定研究方向。 注意事项： (1)爱护展馆中的物品；(2)慢步轻声；(3)学习方法。 明确学习任务和时间的安排。		
	任务一： 我当小学徒——了解中国木艺 地点：1号馆	1. 了解木作工艺在中国各个行当中的地位和作用。 2. 知道木艺与生活的关系，能够识别不同的木材。 3. 根据木作工艺特征进行品种识别，制作木作名片。	了解木工与木头的关系	技术支持：手机、打印机。

续表

教学阶段	教师活动	学生活动	设置意图	技术应用
参观学习阶段	任务二： 我当小学徒——认识木艺工具 地点：1号馆	1. 了解木工工具有哪些。 2. 能够掌握主要工具的使用方法。 3. 体验使用一种工具，并谈谈感受。	认识木工工具	技术支持：手机、刨子操作台。
	任务三：做个小木匠——了解明清家具 地点：明清家具展馆	1. 能够说出明清家具有什么特点。 2. 看实物，分辨明、清家具。	区分明式家具与清式家具的特点	技术支持：手机、管理员。
	任务四：做个小木匠——认识榫卯结构	1. 你知道什么是榫卯结构吗？ 2. 榫卯结构在木作中有哪些运用？ 3. 动手拼插榫卯结构小凳子	知道榫卯特点	技术支持：手机、实物
分享交流	(四)汇报厅集合汇报	1. 各组介绍常用的家具木材。 2. 各组区分解斫、平木、测量、穿剔工具。 3. 各组讲解明式家具与清式家具的特点。 4. 各组介绍榫卯结构及特点	相互交流提升认识	PPT、实物
效果评价归纳总结	通过这次实践活动，我们看到了学生对于木作工艺的兴趣很浓厚，他们认真参观、记录，有不会的问题及时向馆长请教。这次活动源于对古代木工工艺的不了解，学生亲自参与体验，一切讲授都无法达到这种润物细无声的学习效果。每个学生都有着不一样的收获，我们对学生的任务单、参与表现及新的质疑等多方面进行评价			
拓展提高		1. 解密鲁班锁：学生回校后，自愿在班级中开展研究鲁班锁的活动，相互学习，相互讲解，录制微课视频与同学分享，如有疑难问题，通过上网查阅资料自主解决。 2. 三腿小圆凳的组装。 3. 利用所学知识分析祈年殿的建筑结构特点		

学习效果评价设计

评价方式

学生自评与小组互评表

说明：以下每项评价分三个等级：优秀、良好、合格。

内容	自评	互评
我积极参加活动		
我能与组内同学合作		
我不怕困难，并能够想方设法克服活动中的困难		
我学会在图书室、网上查阅资料		
活动中，我学会了全面观察、重点观察并准确记录		
我学会了用很多方法开展活动，如座谈、访谈和问卷调查		
我学会了把观察、调查和实践中收集到的材料进行整理、分类		
我想到了很多同学没有想到的问题		

评价量规

学生作品评价表

第　1　组　　组长　××

名称	作品评价意见	评价人
××	世界木材的种类分布内容较好	组长老师
××		
××	我国主要木材的种类研究不够全面	
××		
××	家具用到的主要木材查找到的较少	
××		

本教学设计与以往或其他教学设计相比的特点

本次活动是六年级学生独立完成的又一次综合实践活动。五年级时，学生进行过对某一主题的调查研究，但都是在教师的指导带领下完成的。本次活动的主题非常贴近学生的生活，比较适宜学生进行调查研究。为了锻炼学生的能力，本次活动我并没有一步一步牵着学生走，而是放开手脚，让他们根据主题自己想办法，进行调查研究。对于木工工艺，学生可能采取的调查方式主要有上网查资料、查阅书籍、询问父母等。针对学生可能采取的调查方法，我利用综合实践活动课进行专门的方法指导，避免了学生走弯路。本次活动是校内校外结合完成的，我们利用微信沟通以便学生遇到问题后能最快找到我。学生的馆内参观汇报是本次活动的高潮，也是检验他们实践研究成果最好的舞台。在汇报交流中，为了使课堂活跃，我安排了师生、生生互动环节。为了调动学生的积极性，我将采用多种评价方式，肯定学生的能力。我相信，本次活动中学生将在一种轻松愉悦的氛围下，学到知识，提高能力。

教学反思

1. 开展活动建议

文旺阁木作博物馆中陈列的物件种类繁多，组织实践活动的学校，还可以从以下几方面进行探究实践：织布机、纺纱机、度量衡、制模工具、招牌幌子、灌溉工具、交通工具、漆器等。

2. 活动收获

这次参观文旺阁木作博物馆实践活动结束了，虽然前期准备让我费尽了心思，但是看到学生们的收获，我还是觉得很值得。文旺阁木作博物馆只是一个私人博物馆，其内部乾坤之大，是我始料不及的。刚步入中年的馆长王文旺，是凭借怎样的执着把祖辈留下的上万件明清木作修复收藏起来的？其中的艰辛只有他最清楚。正是王馆长对木作工艺的大爱之心，给予了今天学生们学习实践的基地。我们带着问题去参观学习，近距离地感知体会到时间的流失、岁月的沧桑，那一件件木作仿佛在向我们诉说着什么。我们满载收获地回到了学校。这次实践活动所带来的隐形影响力是不可估量的。这扇打开的木作之门，拉近了学生与木匠工艺的距离，让学生们在理想的道路上增加了一项选择。从学生那好奇的眼神、满满的记录、满心的热忱中，我们看到了他们对中国木作工艺有了自己的认识。虽然不够深远，但是至少使他们打开了视野，开阔了眼界。现代生活依然离不开木作工艺，今天的启蒙绝对开启明天的发展。

3. 活动不足

由于博物馆很大，内容很多，这次每组重点研究一项内容，所以本次的实践活动是四项任务同时开展的。如果时间充足，每组都应该去学习了解每一项内容，这样会使学生的记忆更深刻，收获更丰富。也可以在前期给博物馆里的内容分类，让学生研究自己最感兴趣的，这样可以突显个性，只是教师指导起来会比较麻烦。

4. 活动后学生产生的新问题

序号	质疑内容
1	鲁班锁是如何发明的？
2	为什么木工工具用的木头不同呢？
3	为什么榫卯结构十分坚固？
4	榫卯结构是谁发明的？是怎样发明出来的？
5	房子中常用的榫卯结构有哪些？

续表

序号	质疑内容
6	乒乓球拍为什么用红松而不用落叶松呢?
7	为什么木头要上蜡?
8	直榫的受力方向如何?
9	圆规是怎样发明的?
10	除了尺子外，还有哪些测量工具?
11	古代交通工具除了船、轿子、马车外还有什么?
12	古代屋檐上的浮雕有何寓意?
13	为什么清式家具有很多装饰花纹?
14	明式家具和清式家具为什么有那么大差距?

案例五：阅颂文化动脉 传承运河基因

北京理工大学附属中学通州校区

京鹰国际教育科技(北京)有限公司

京杭大运河从江浙到北京途经多个省市，始建于春秋，完成于隋朝，繁荣于唐宋，取直于元代，疏通于明清，沟通了海河、黄河、淮河、长江、钱塘江。历史上，京杭大运河促进了社会政治经济的发展，孕育了中华运河文化，发展了工程技术与科技创新。很多地区的学校都利用本区域运河资源开发课程。本案例切入点是运河上的桥，以运河桥为线索挖掘北京通州乃至北京城内与运河桥有关的资源，以递进的综合实践活动——寻桥、探桥、建桥、读桥、颂桥、悟桥、筑桥，从历史、经济、文化、工程技术等方面对运河桥开展项目学习，做到了“小题大做”，小题做深，小题做综合。课程设计分三个阶段；前置课程内容丰富，前置课程的系列讲座内容从学生生活认知出发，延伸到运河历史文化等，为学生的项目学习提供坚实的资料支撑和知识准备；实地考察探究以通州几座著名运河古桥为主展开，做到真实践、真体验；创意物化与成果交流主题突出，在学生体验基础上进一步促进学生感悟，引导学生认知与情感发展方向。总之，这个设计案例，体现出课程设计的整体性和内容的系统结构性。为学生提供的参考项目引导性强，通过项目研究，能够促进学生的多元思维能力、综合实践能力、文化素养、家国情怀的有效提升。

一、资源介绍

一座桥就是一个故事、一段历史，一座座各式各样的桥梁犹如人间彩虹屹立于大运河上，架设在姿态各异的建筑物中，衔接最美的景观，铺就了北京城市副中心发展的繁荣之道。

中国是桥文化的故乡。遍布在神州大地的桥，编织成四通八达的交通网络，连接着祖国的四面八方。大运河，流淌的中国文脉，沟通南北，从北京通州到杭州，流淌的运河传递着文化，推动着经济，造就了江南的富庶和北方的政治地位；大运河上的桥，犹如运河之魂，贯通了两岸，跨越了运河水，成就了运河人。

通州，通天下之州也。通州因大运河而兴起，大运河就像通州的母亲河一样，哺育了一代又一代通州人。古老的运河流淌着不老的传说，前世的绝代风华在凋零中褪色，今世的绝美瑰丽在悄然中着色。

二、课程设计思路

此次阅历课程设计以丰富学生的学习内容和方式为目的，结合学校的特色 STEAM 课程，展开对通州运河桥的古今研究，与通州文化和大运河文化连接，从历史、政治、经济、科技四个角度开展对通州运河桥的深入研究，解读中国桥文化的历史意义和内涵，通过桥以点带面地了解通州的历史、大运河与通州发展的古今关系。在深度分析资源历史背景的基础上，挖掘每个地点间的内在联系，结合学生认知规律，合理布局，精心设计。旨在让学生科学客观地认识历史，以史为鉴，读史明今知未来，让学生学会学习，学会思考，学会客观理性地看待事物与世界。以有形之桥搭建心中的无形之桥，培养学生知家乡、爱家乡、建家乡的社会责任感和家国情怀。

课程设计结合学校的 STEAM 特色课程，将学科与项目融合，将学习与生活融合，从关键能力、必备品格、价值观念三方面展开。课程中运用 PBL 项目研究的学习方式，以学生团队学习为主、教师辅导为辅，培养学生的主动学习能力，激发学生的自主创新思维，拓宽学生的视野和视角。项目研究中运用调查访谈、科学实验等多种综合实践活动的学习方法，结合学校的信息技术特色，实现匹配课程的入情入境。

三、课程设计思路框架图

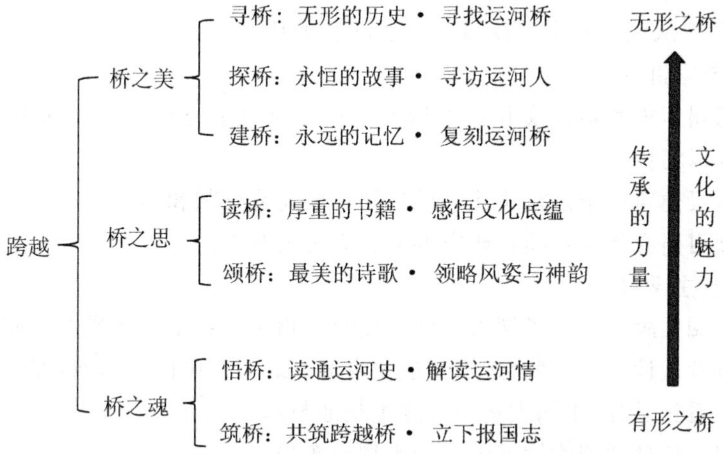

图 11-3 “阅颂文化动脉　传承运河基因”课程设计思路框架图

四、课程目标

1. 实地考察：走访、调研通州大运河桥的现状及保护状况，知晓其古今功能及作用，通过科技、艺术等多角度研究其建筑特点和文化内涵。引导学生正确、客观地理解历史，树立辩证科学的唯物史观，以史为鉴，博古通今。

2. 文化体验：通过对运河桥的研究，了解中国桥文化，深刻领悟中国大运河文化的历史内涵。同时培养学生自主探究合作的学习态度。增强文物保护意识，激发主动思考和深度探索的能力，领悟中国传统文化的深厚底蕴和内涵。

3. 内化提升：深度解读大运河文化和中国桥文化内涵，通过阅历课程促进学生综合素养的整体提升，增强民族自信与文化自信。

五、课程重点与难点

1. 课程重点

深入了解运河桥的历史，多方面解读运河桥的建筑特点和运河文化之间的内在联系，科学解读历史，探究运河文化及遗迹的保护策略。

2. 课程难点

增强学生主动思考和深度探索的能力，拓宽学生的视野和视角，提升学生的思维能力，用独特的视角连接生活与学习。

六、课程内容及活动实施方案

全面采用项目研究的课程实施方法，充分体现以学生为主体，让学生全方位参与活动设计、实施、拓展延伸等全过程。以项目研究的方式让学生带着课题，以通州的运河桥为资源开展考察探究，深度理解大运河文化的内涵，学会客观分析事物、看待世界。

1. 前置课程：专家进校园与学生自主学习

(1)专家讲堂

①通州历史和运河文化：大运河历史，通州历史与大运河的关系，大运河遗迹与运河桥。

②桥梁建筑：中国桥梁建造历史及桥梁建造技艺和类型。

③项目研究指导：项目研究的方式方法及要点。

(2)自主学习

①查阅文献资料，了解大运河历史及通州历史；了解通州的运河古桥。

②推荐阅读书籍：《大运河与通州古城》《北上》《中国大运河》等。

③观看纪录片《中国大运河》《这里是通州》。

④自我梳理通州大运河上桥的类型及布局。

⑤寻找音频或文献资料，了解通州运河号子的种类及功能，如《余音绕梁运河号子别样响》。

⑥考察八里桥的建筑特点，聆听《八里长桥不挽桅》传说故事。

⑦京杭大运河上著名的桥的类型和功能。

(3)考察调研

①调查收集通州大运河、民俗、文化、文学作品、典故、代表人物。

②个人或小组自主考察调研推荐。

推荐地点	考察内容	研究内容
通州博物馆	通州漕运的历史与通州的发展；回顾大运河的前世今生	通州漕运的历史与通州的发展；北运河水系的作用
中仓街道	通过《潞河督运图》浮雕了解运河文化和仓储文化	了解中仓地区的大运河的作用及功能，通州仓储文化的特点，古通州城作为京东商贸中心的繁荣气象
通州文化馆	大运河的历史文献资料	文化馆收集了部分大运河文献资料，通过资料探索大运河的前世今生，了解大运河的历史和文化发展
郭守敬纪念馆	北京水系的开篇起源	功施千载的水利专家郭守敬对大运河的贡献及功绩
国家博物馆	“舟楫千里——大运河文化展”	系统展示大运河的开凿历史、通航功能、漕运管理、工程技术及其作为非物质文化遗产的至臻至美

(4)在自主学习的基础上，提出自己想要研究的问题。

2. 项目研究(项目研究课＋研学导师进校指导)

(1)确立研究课题

根据自主学习相关内容和知识，选择自己要研究的项目或内容，也可选择课题推荐的题目。

(2)成立项目研究课题组

组建课题研究小组，确立研究课题，明确小组人员分工，展开项目研究的前期工作，做好开题前期准备。

(3)召开开题报告会

举办课题开题报告会，确定项目研究方向及成果展示方式，项目指导老师进行课题论证与指导。

(4)制定课题实施方案

依据学生的课题实施方案，制定实地调研与社会考察方案。

(5)设计小组实地考察方案，规划考察内容和线路

以学生为主，针对学生的自主学习，指导学生确定社会考察的内容，自主设计考察线路及活动方式。组建相关工作组，为活动实施做好前期保障。

3. 课程内容及实施安排

时间		课程地点	课程范畴	课程内容
前置课程	专家讲座《通州历史和运河文化》	学校	运河历史与文化	1. 大运河历史； 2. 通州历史与大运河的关系； 3. 大运河遗迹与运河桥
	专家讲座《中国桥梁建造技术》	学校	建桥技术	1. 中国桥梁建造发展历史； 2. 桥梁建造技艺和类型
	专家讲座《通州运河号子》	学校	运河文化	1. 通州运河号子与大运河； 2. 运河号子的种类及功能； 3. 运河号子的保护与传承
	专家讲座《北京运河古桥》	学校	古桥历史文化	1. 北京大运河建筑与文化； 2. 北京古桥的研究与保护
	摄影课程“通州运河桥之美”	线上课程	文化艺术	1. 镜头里的运河桥之美； 2. 摄影的构图与技巧

续表

<table>
<tr><th colspan="2">时间</th><th>课程地点</th><th>课程范畴</th><th>课程内容</th></tr>
<tr><td rowspan="4">实地考察</td><td>运河广场</td><td>考察探究</td><td>运河历史</td><td>1. 千年运河的发展历史；
2. 千年运河图绘制活动</td></tr>
<tr><td>千荷泻露桥</td><td>考察探究</td><td>运河新桥</td><td rowspan="2">1. 考察：运河新桥的建筑理念、建筑特点及功能。
2. 调研：运河桥与城市规划设计的关系。
3. 访谈：通州居民或游客对运河新桥建设的感受与建议。
4. 记录考察中发现的问题</td></tr>
<tr><td>玉带桥</td><td>考察探究</td><td>运河新桥</td></tr>
<tr><td>张家湾通运古桥</td><td>考察调研</td><td>运河古桥</td><td>1. 考察：运河桥的建筑特点及古今功能。
2. 调研：大运河及运河桥的保护现状。
3. 访谈：运河桥的历史及故事。
4. 记录考察中发现的问题</td></tr>
<tr><td>合作分享</td><td>分享与交流</td><td>小组合作</td><td>项目研究</td><td>1. 大运河实地考察交流分享；
2. 项目研究方案的交流和反思；
3. 确定成果展示方式</td></tr>
<tr><td>创意物化</td><td>设计制作</td><td>小组合作</td><td>项目研究</td><td>1. 撰写项目研究报告；
2. 项目成果的设计制作</td></tr>
<tr><td>成果展示</td><td>展示交流会</td><td>小组合作</td><td>项目成果</td><td>1. 项目研究报告会；
2. 项目成果展示</td></tr>
</table>

4. 实践探究（现场考察）

开展运河桥的调研，分别对运河上的古桥和新桥进行实地考察调研，选取三座代表性桥梁进行考察——瑰丽夜色玉带桥（代表通州的时尚现代），千荷泻露景观桥（代表通州传统与现代的连接），张家湾通运古桥（代表通州的历史文化）。运用多种综合实践活动的多种方法（如测量、实验、走访调查、访谈调研、整理、分析等方法），从地理、经济、文化、建筑等方面进行考察调研，并对调研结果进行整理和分析。

（1）寻桥——通州运河桥梁现状考察

在课程老师的带领下分组进行实地考察，可从以下几方面展开：

①桥之思：从桥的建筑特点分析其建筑思想。

②桥之美：多角度观察桥的艺术价值（根据学生实际，可摄影、绘画记录）。

③桥之魂：根据前期所学桥梁知识调研桥的建筑类型及建筑特点。

④桥之韵：领悟大运河文化中运河桥的神韵和风采。

(2)探桥——社会调研寻访运河人

以小组的形式探索运河桥的地理环境、经济状况、建筑结构、文旅资源、建桥的历史沿革。寻找运河人，聆听通州人的运河记忆。

①寻访运河人：开展访谈，了解运河桥的历史和故事。

②走进运河人家：聆听通州人对运河的记忆。

(3)读桥——领略运河桥的风姿与神韵

古人说游山又可称为读山，古桥也是可以当作书来读的。用绘画或照片记录下你心中最美的风姿和神韵。

(4)筑桥——绘制心中的运河桥

围绕运河文化广场的千年步道时间轴，通过团建活动，绘心中运河桥、展运河好前景、筑副中心发展梦。

5. 合作分享

(1)分析运河桥的设计与运河周边环境、民俗文化的关系和影响，感悟中国建桥技艺的巧妙之处，理解大国工匠的智慧。

(2)对照自己的项目设计方案，通过实地考察进行完善和补充。

(3)考察探究结束后，根据课程目标组织学生以小组为单位在每个课程活动后，对小组的学习活动进行讨论分享和总结分析，讨论探究课题，分享活动感受，总结学习方法。

6. 创意物化

(1)项目报告

①项目方案的调整和细化，撰写项目报告。

②确定研究成果的展示形式。

③制作并设计研究成果。

④项目报告结题会。

(2)项目成果展示

分为三个大主题，从不同角度展示运河桥建筑特色及文化内涵。

主题一：桥之美

①“画桥”——以艺术组为核心，通过素描、国画、水粉、彩铅等绘画技法展现运河桥之美，形成固化成果展示。

②“照桥”——以艺术组为核心，通过摄影、微视频等形式展现运河桥之美，形成固化成果展示。

③“寻桥”——从历史、文学的视角，寻找运河桥的历史故事、典故传说、

风俗民情、传统技艺等。北运河通州段(至西集杨洼闸)的古桥，主要有：永通桥(八里桥)、通运桥(萧太后桥)、广利桥(土桥)、通济桥(卧虎桥)、张家湾虹桥、张家湾东门桥、漷县东门桥等。

④“探桥”——探索运河桥的地理环境、经济状况、建筑结构、文旅资源、建桥的历史沿革等。以运河通州段桥梁为核心，侧重于经济地理探究。

⑤“建桥”——利用3D打印技术制作运河桥模型，手工制作运河古桥复原模型，制作运河桥沙盘。

主题二：桥之思

①“读桥”——读运河诗词，品运河历史。(文献+原创)

②“颂桥”——颂运河美文，唱船工号子。(文献+原创)

主题三：桥之魂

“悟桥”——探运河桥保护，究运河生态状况，研运河通航现状，完成调查报告。

7. 拓展延伸

(1)建立学校“运河桥博物馆”。

(2)制作《我为运河桥打call》微电影。

(3)成立北京理工大学附属中学通州小区“大运河研究保护中心”。

附件1：项目研究课题推荐

序号	课题推荐内容	
1	古桥	张家湾古镇的古桥复建保护研究
2		探究八里桥的建造特点与艺术价值
3	现代桥	运河新生——千荷泻露桥的建筑特点，与张家湾古桥对比
4		大运河桥梁建设与运河经济发展的关系
5	运河发展	从古至今大运河对通州经济产业发展的影响
6		如何让大运河焕发新生，促进通州发挥城市副中心功能
7	运河文化	运河文化在北京文化中的缩影及其影响
8		运河文化保护与传承研究——让运河号子走上舞台
9	运河保护	张家湾运河现状调研及保护研究方案——让千年古镇焕新颜
10		北运河水系的规划与建设研究——设计北运河水系沙盘

附件2：

项目式研究申请表

<table>
<tr><td>项目名称</td><td colspan="4"></td></tr>
<tr><td>组别</td><td colspan="2"></td><td>指导老师</td><td></td></tr>
<tr><td rowspan="5">项目组成员</td><td>姓名</td><td>职责分配</td><td>姓名</td><td>职责分配</td></tr>
<tr><td></td><td></td><td></td><td></td></tr>
<tr><td></td><td></td><td></td><td></td></tr>
<tr><td></td><td></td><td></td><td></td></tr>
<tr><td></td><td></td><td></td><td></td></tr>
<tr><td colspan="5">项目设计</td></tr>
<tr><td colspan="5">我们为什么要选择研究这个问题：</td></tr>
<tr><td colspan="5">我们的研究计划：</td></tr>
<tr><td colspan="5">我们预期的研究成果：</td></tr>
<tr><td>评审组意见</td><td colspan="4">年　月　日</td></tr>
<tr><td colspan="5">在活动过程中，我们的项目取得了哪些新的进展</td></tr>
<tr><td>项目名称</td><td colspan="4"></td></tr>
<tr><td>项目进展</td><td colspan="4"></td></tr>
</table>

我们总说研学旅行课程活动要把教育落到实处，避免形式大于内容。本章的五个案例，都从不同层面体现了我们对研学旅行课程设计的要求与研学旅行课程教育的价值追求。

探究与实践

对自己的研学旅行活动设计进行系统分析。

第十二章　研学旅行基地营地

学习要点

1. 基地营地的概念。
2. 基地营地的功能与类型。
3. 基地营地的规划。

研学旅行实践教育活动的开展需要相应的活动场所和教育基地作为支撑。研学旅行基地营地是实施研学旅行课程和研学实践教育活动的重要载体和基础，是实现研学实践教育目标的重要资源。

近年来的发展显示，研学旅行基地营地作为研学旅行的重要载体和资源，发挥的作用越来越大。学习和了解研学旅行基地营地的内涵、特点、标准规范等，有助于我们深入了解基地营地的价值，对规划建设高质量的研学旅行基地营地十分重要。

《意见》中明确规定，要将研学旅行纳入中小学教育教学计划，要加强研学旅行基地建设。要根据研学旅行育人目标，结合域情、校情、生情，依托自然和文化遗产资源、红色教育资源和综合实践基地、大型公共设施、知名院校、工矿企业、科研机构等，遴选建设一批安全适宜的中小学生研学旅行基地。要以基地为重要依托，积极推动资源共享和区域合作，打造一批示范性研学旅行精品线路。

第一节　研学旅行基地营地概述

我国的研学旅行仍处于起步阶段，目前关于研学旅行基地营地的概念尚无定论，不同领域、不同地区对此有不同的定义，研学旅行基地营地的建设也没有统一规范的标准。综合全国与地方的研学旅行基地营地的规划建设与运营管理实践，了解研学旅行基地营地与研学课程的关系，厘清研学旅行基地营地的内涵特点，把握研学旅行基地营地的本质属性，不仅可以更有效地利用基地营地设计和实施研学课程，还有助于推进研学旅行基地营地的开发建设运营。

一、基地营地与课程的关系

研学旅行在旅行中实现教育目标，是一种行走中的教育和学习。在研学旅行课程中，教育是目的，旅行是方式，课程是核心。研学旅行基地营地作为开展研学旅行的优选之地，可以为研学课程的设计与实施提供综合保障。课程设计与实施是基地营地持续运营的核心基础。多元化特色课程设计导入与服务能力培育，是基地营地发展与课程实施的双向需求。

1. 基地营地为课程的设计与实施提供资源保障

研学课程的设计与实施需要丰富广泛的资源。基地营地作为研学旅行活动的校外资源和重要载体，一般拥有较好的研学禀赋。对基地营地资源进行深度挖掘研究，结合研学需求和相关政策趋势，开发设计符合基地营地特色和新时代需求的研学课程，并不断丰富完善研学课程体系和资源供给，可以为研学旅行的有效实施提供内容保障。而拥有丰富研学资源的场所和目的地，通过基地营地的打造建设，也同样可以作为研学课程设计与实施的重要场所和资源。

2. 基地营地为课程的实施提供综合服务保障

研学旅行基地营地一般具有相对成熟和主题明确的研学课程，拥有餐饮、交通、游览、医疗、安保、卫生、通信等完善的配套设施条件和良好的服务接待能力，不仅是研学课程实施的重要场所，同时也为研学课程的实施提供了综合服务保障，让研学旅行的开展更顺利、更有效。

3. 研学课程是基地营地开发建设运营的核心

研学课程是研学旅行基地营地的核心内容和灵魂，也是基地营地建设运营的重要基础。要想规划建设符合标准规范、能满足研学课程实施的基地营地，首先要做好研学课程的开发建设。

将课程的设计实施与基地营地建设运营相结合，有效整合运用各类研学资源，进行研学课程设计和多元化课程体系构建，并对课程实施的综合化服务结构和旅行要素进行配置，与基地营地进行充分对接，可以让研学课程的实施更可行、更有效，也可以保障基地营地的可持续运营。

二、基地营地的相关概念

目前，关于研学旅行基地营地的一些概念和标准尚不统一，相关称谓有“研学实践教育基地营地”“研学旅行基地营地”“研学基地营地”“综合实践教育基地”等。国家教育部办公厅公布第一批全国中小学生研学实践教育基地、营地名单的文件中称作“全国中小学生研学实践教育基地”“全国中小学生研学实践教育营地”；武汉市教育局、文化和旅游局发布的《武汉市中小学生研学基(营)地评定与服务规范(试行)》中称为“研学基地”“研学营地”；中国旅行社协会颁布的《研学旅行基地营地设施与服务规范》中称为“研学旅行基地”“研学旅行营地”；中国质量认证中心颁布的《中小学生研学实践教育基地、营地建设与管理规范》中称为“研学实践教育基地”“研学实践教育营地”；等等。此外，根据研学内容、主题的不同，还有“社会实践教育基地”“劳动实践教育基地”“爱国主义教育基地”“航空研学实践教育基地”“红色研学基地”等专项类基地营地的称谓。

研学实践教育基地是具备开展研学实践所需的资源与接待条件，能够提供明确的教学主题与配套课程的资源单位。

研学实践教育营地主要指能够承担一定规模中小学生研学实践教育活动，能够研发和提供多主题研学课程和线路，并能为开展研学实践活动提供集中食宿、接待等综合服务的资源单位和场所。

研学旅行基地主要是在原有景区或人文资源基础上，根据研学旅行育人目标，结合域情、校情、生情，进行改造、完善和提升，在服务、课程、师资、运营等方面均达到实践教育标准的场所。

研学旅行营地是能够发挥中小学生研学实践教育的活动组织、课程和线路研发、集中接待、协调服务等功能，为广大中小学生开展2～5天的研学实践活动提供集中住宿和交通服务的资源单位。

实践教育基地是指具有一定规模的固定场所及各类相关器材，有组织、有计划、有特色的能够经常开展实践活动的场所和资源单位。

综合实践教育基地是开展综合实践活动课程，培养学生独立思考能力、创新实践能力的载体，是集创新性、开放性于一体的教育资源，是凝聚学生体验生活、理论教学与实际结合的平台。

由以上定义可以看出，不同概念之间有一定联系，也有一定区别。以上基地营地都是普通中小学学校教育的补充、拓展和延伸，都是可持续提供中小学生开展研学实践教育活动的场所，都拥有研学课程资源，具有教育教学设施和接待服务设施。

基地营地的主要区别在于功能设置、课程设置与呈现方式不同。基地重在教育教学功能，课程主要来自对自身资源的挖掘和设计，内容与自身资源高度吻合，强调特色，数量一般不多；而营地除教育教学功能外，还有后勤服务保障功能，具备一次性集中接待一定规模学生集中住宿、餐饮的条件和功能，能解决学生的吃、住、行问题，可以根据自身资源设计满足不同年龄段学生和人群的多主题课程，更多呈现为与周边教育资源形成研学线路，以满足研学滞留更长时间的需求。

研学实践教育基地营地与研学旅行基地营地，都具有主题明确的研学课程、配套的设施、专业的团队、科学的管理制度以及完善的安全保障措施。

研学实践教育基地营地在研学内容主题与课程方面，更具有独特性与综合性，教育功能相对突出，而研学旅行基地营地更强调在旅行体验中进行研学实践，旅游休闲功能相对突出。笔者在此均不在其名称及功能区别上加以论述。为了统一，以下章节统称为“基地营地”。

三、基地营地的功能

学生在研学旅行基地营地开展实践活动，具有寓教于游、寓教于乐的特点，其实质是一种体验式、情境式教育。理想的研学旅行基地营地应满足和兼顾学生实践教育、情境体验、休闲旅游等多种需求，能为学生提供学、游、行、吃、住等多项服务，具备教育、生活、休闲等多重功能。

1. 教育功能

研学旅行基地营地的教育功能主要体现在：应开发设计不同主题的研学课程、研学线路，建设活动教室、会议室、多功能厅、展示厅等满足各种主题实践活动和交流讨论的场馆，有条件的基地营地还可以配建运动场、拓展营等设施。

2. 生活功能

研学旅行基地营地要满足一般的研学实践教育活动接待和中小学生集体生活的需要，不仅应具备教育、安全、交通、管理等基础设施设备，还要能提供一次性集中接待一定规模学生的食宿生活服务(特别是营地)。

3. 休闲功能

多数研学旅行基地营地依托博物馆、景区、乡村、小镇工业遗产等各类文旅项目而建，除了拥有一定的文化教育氛围外，还拥有秀丽的风景、优美的环境、人性化的休憩设施，既能很好地满足学生研学教育过程中的审美需要、身心愉悦需要，又可以让学生在研学过程中沐浴休闲教育、享受美好时光。

此外，有些研学旅行基地营地还可能因特殊情况设定其他服务功能。

四、基地营地的属性特点

作为研学实践教育活动的载体，研学旅行基地营地必然有着与研学旅行一致的教育性、实践性、安全性和社会公益性等属性，同时具有开放性、游憩性、特色性等特点。

1. 教育性

教育性是研学旅行基地营地的本质特性。基地营地的软硬件建设都要从教育出发，凸显教育功能，有利于实现教育目标。

2. 实践性

研学旅行注重参与者的综合实践，强调实践能力，要有提供实践体验的综合教育课程和场所。基地营地的课程和设施要满足学生动手实践、亲身体验的需要，尤其是课程设计与实施应尊重学生的主体地位，以主题实践教育活动为主，以培养创新精神和实践能力为目标，变知识性的课堂教学为实践性的体验教学。

3. 安全性

基地营地的选址要远离地质灾害和其他危险区域，要始终坚持安全第一，配备安全保障设施，建立安全保障机制，明确安全保障责任，落实安全保障措施，设立安全应急预案，确保学生的安全。

4. 社会公益性

《意见》中规定，研学旅行不得开展以营利为目的的经营性创收。因此，研学旅行基地营地的建设运营也要体现其社会性和公共性，把谋求社会效益放在首位，对学生尤其是对贫困家庭学生有减免费用的义务。

5. 开放性

基地营地的开放性，表现为教学环境的开放性、服务对象的广泛性和研学课程的普及性。基地营地的研学旅行课程和设施配套，区别于校园课堂学习环境，应有利于引导学生到自然和社会环境中拓展视野、丰富知识、了解社会、亲近自然和参与体验。任何研学旅行基地营地应对所有学生开放，欢迎不同学龄段的中小学生和其他亲子客群入驻开展研学活动，不受地域或其他方面的限制。此外，研学旅行基地营地面向大众的普及性教育课程，要适合各年龄阶层和各类人群。

6. 游憩性

新奇的校外环境、互动体验式学习、自主合作探究的学习方式，可以让学生感到学习的乐趣，有助于激发学习兴趣。研学旅行基地营地一般都会根据自身资源特点，开展一定的游学活动，情景交融，寓教于游，并注意研学实践教育活动休憩节点的设置。

7. 特色性

基地营地的研学课程资源一般是所在地域或相关领域的自然、人文等资源的典型代表，因此，研学旅行基地营地具有地域特色或行业特色。

五、基地营地的类型

1. 按研学实践教育主题与功能分类

（1）单一主题研学基地营地

单一主题研学基地营地，也称专项性研学实践教育基地营地，其资源主题相对单一，可以开展的研学课程板块主要包括优秀传统文化、革命传统教育、国情教育、国防科工、自然生态、劳动实践教育等（如表 12-1 所示）。

表 12-1 单一主题研学基地营地资源类型与研学目标

研学主题	研学基地营地资源	研学目标
优秀传统文化	文物保护单位、博物馆、“非遗”场所、优秀传统文化教育基地、展示传统文化的景区景点、乡村旅游点等	引导学生传承中华优秀传统文化核心思想理念、中华传统美德、中华人文精神，坚定文化自觉和文化自信
革命传统教育	爱国主义教育基地、革命历史类纪念设施遗址等	引导学生了解革命历史，增长革命斗争知识，学习革命斗争精神，培育新时代精神
国情教育	美丽乡村、传统村落、特色小镇、大型知名企业、工业旅游示范点、大型公共设施、重大工程基地等	引导学生了解基本国情、新时代中国特色社会主义建设成就与改革开放成就，激发爱党、爱国、爱人民之情
国防科工	安全教育基地、国防教育基地、科技馆、博物馆、科普教育基地、科技创新基地、高等学校、科研院所	引导学生学习科学知识，培养科学兴趣，掌握科学方法，增强科学精神，树立国家安全观和国防意识
自然生态	自然景区、风景名胜区、城镇公园、动/植物园、自然/文化遗产地、生态保护区、海洋公园、野生动物保护基地等	引导学生感受祖国大好河山，树立爱护自然、保护生态意识
劳动教育实践	具有农业生产、工业体验、商业和服务业实习等劳动实践功能的职业院校、高等学校、农业基地、企事业单位等	引导学生树立正确的劳动观，养成尊重劳动的情感，形成热爱劳动的良好习惯

(2)综合性研学基地营地

综合性研学基地营地，也称综合性研学实践教育基地营地，如青少年综合实践教育基地、中小学生综合实践基地、中小学综合素质发展活动基地、青少年活动中心、综合性研学实践教育营地、研学教育综合体等，教育资源丰富，以培养学生综合素养为目标，房建、水、电、通信等基础设施配套齐全，有一定活动场所，有专业人才规划设计不同主题、不同学段、与学校教育内容衔接的综合实践活动课程(包括考察探究、社会服务、设计制作和职业体验等活动形式)。这类基地营地逐渐成为地方研学旅行的重要载体和场所。

2. 按旅行吸引物资源和性质分类

根据基地营地所包含的旅行吸引物等资源的性质及类别，分为知识科普类、自然观赏类、体验考察类、励志拓展类、文化康乐类(如表 12-2 所示)。

表 12-2　研学旅行基地营地按旅行吸引物资源特点分类

基地营地类型	基地营地资源
知识科普型	各类博物馆、科技馆、主题展览、动物园、植物园、历史文化遗产、工业项目、科研场所等
自然观赏型	山川、江河、湖海、草原、森林等
体验考察型	农庄、实践基地、夏令营营地、拓展基地等
励志拓展型	红色教育基地、大学校园、军营、国防教育基地、青少年拓展教育基地等
文化康乐型	各类主题公园

3. 其他分类

此外，研学旅行基地营地，根据所处区位和资源本底、住宿载体、建设运营主体等的不同，也有不同的分类。

按所处区位和资源本底分为：城市型、郊区型、乡村型、滨海型、海岛型、湖畔型、森林型、山地型等。

按住宿载体分为：汽车营地、房车营地、帐篷营地和复合型营地等。

按建设运营主体分为：公办型、民营型、混合型等。

按依托产业和发展模式分为：科技研学基地、农业研学基地、工业研学基地、体育研学基地等。

第二节　基地营地的建设条件

现阶段，“全国中小学生研学实践教育基地”“全国中小学生研学实践教育营地”尚无统一的建设指标体系。一些地方、协会结合当地实际和行业特点出台了相关标准规范，并进行了相关实践。

基于国家、地方、行业研学基地营地建设与服务相关标准规范，分析成功运营经验，研学旅行基地营地建设有以下必备条件。

一、合法合规的基础条件

基地营地作为研学课程的实施场所，其建设运营需要具备一定的资质条件和场所条件，即基地营地的基础条件。

1. 具备法人资质，应取得工商、卫生、消防、食品、公安、旅游等管理部门颁发的各类许可经营证照，可以合法接待研学旅行团队。

2. 产权关系清晰，是独立产权营业场所，或有租赁使用权的营业场所。

3. 研学资源丰富、特色鲜明，在本地区、本行业有一定示范性、代表性；

具有研学旅行的各项要素和功能。

4. 区位条件好，交通便利，可进入性良好，避免人口密集、周边娱乐场所密集地区。

5. 规模适当，能满足基地营地开展研学旅行活动的需求，基地要能单团接待100人以上学生团队，营地要能单团接待50人以上学生团队。

6. 原则上正常运营一年及以上，无任何安全事故。

二、专业完备的研学教育条件

具备较好的研学教育能力和研学课程实施条件，是基地营地建设运营的核心和必要条件，具体表现在研学课程、师资力量、教育设施、课程实施等方面。

1. 能够结合自身特点，设计开发适合各学龄段学生、研学目标明确、与学校教育内容衔接的研学旅行课程与活动，并拥有系统的研学旅行课程资源。

2. 能够结合自身和周边资源，规划设计与基地营地主题研学课程相关的研学旅行路线，且具有较强的针对性、可操作性和安全性。

3. 应配备与研学课程相适应的研学场所和设施，如：教学设备、教材教具、展示方式、场地空间等基础配套。

4. 须配备专业的研学旅行服务机构、部门或团队人员，负责研学旅行课程教学和生活服务保障。

5. 具备科学完整的研学旅行课程实施流程和管理制度，保障研学实践教育活动有序有效开展。

三、完善的配套设施条件和高水平的接待服务

研学旅行课程的实施离不开相应的配套设施和接待服务，二者是基地营地正常运营的重要条件和保障。基地营地应保证餐饮、住宿、交通、游览、医疗、安保、应急、水电、通信等各类设施配套齐全，布局合理，运行正常，环境卫生条件良好，具备基本的研学旅行接待服务能力和服务标准，确保学生研学旅行实践活动顺利开展。

1. 基地营地内水、电、通信、无线网络等基础设施设备配套齐全。

2. 具有相应的餐饮、住宿、停车场、游客中心或综合服务中心等研学旅行接待设施和服务设施。

3. 室外研学场地应布局合理的线路与完善的交通设施，保证通行顺畅，方便游览与集散。

4. 拥有基础救护、监控、治安保障、消防应急等安全设施设备，标识醒目，具备基本的医疗保障和安全条件。

5. 需配备数量适宜的研学旅行配套服务人员与管理人员，保障研学旅行

课程的顺利实施和基地营地的正常运营。

四、健全的安全措施和保障

基地营地的建设运营要始终坚持安全第一，除了要配备完善的安保设施外，还应具备健全的安全管理制度和安全保障措施，确保学生在研学旅行活动中的安全。包括设置安全管理部门和岗位，建立安全保障机制，明确安全保障责任，制定安全应急预案，落实安保相关人员和保障措施，从而确保基地营地的安全运营。

五、良好的运营管理条件

基地营地的正常运营离不开良好的管理机制和运营条件。发展规划合理，拥有完善的管理体制、机制以及运营模式，包括实现运营管理目标所需的职能部门、规章制度、业务流程、专业培训、检查评审、外联协作等，都为研学旅行课程的组织实施，以及基地营地的有序高效运营提供了管理保障。

第三节　基地营地的规划

打造建设高质量的研学旅行基地营地，应该立足基地营地的基础条件和现状，结合国家地方政策，深入挖掘基地营地的资源特色，着重从基地营地的空间布局、设施配套、场所环境、景观建筑、课程内容、运营管理等方面入手，进行系统规划设计，以发挥基地营地的研学价值和综合价值，为中小学生和青少年创造和提供多样化综合实践教育场所。

一、基地营地的规划原则

1. 系统整体性

系统整体性原则体现在研学基地营地规划的空间布局、功能整合、环境要素、产业发展、服务对象、研学课程等方面。不同的空间环境与其所发挥的教育功能，不同年龄段学生与其相配套的研学课程、活动、线路的主题，都应整体综合考虑，进行空间布局和研学课程体系构建。不同空间中的环境、景观、建筑等设计也应注意协调与统一，从而使研学教育过程中的感知和体验更加系统和完整。

2. 特色主题性

特色主题性原则是指在研学基地营地的规划中，应强调对空间环境、研学场所、研学课程线路等的主题性把握，并体现其特色。基地营地的规划建设要因地制宜，根据地域特点和资源特色，对基地营地中的自然、人文、社会等要素，进行特色主题的提炼与整合，并结合其特色主题，对不同年龄段人群、不同研学内容、不同空间环境等，进行主题性规划，从而优化研学教育的展现和体验方式，丰富基地营地的教育内容与功能。

3. 体验互动性

研学旅行教育区别于学校教育和课堂教学，是旅行、学习、生活体验的融合，强调让学生走出校园，在实践体验中达到教学目标，通过人与自然、人与社会、人与人之间的互动，完成自我认知，收获身心成长。而运营好的基地营地一般都会有很好的体验与互动，可以给学生留下深刻的印象，让来到这里的人流连忘返。

研学旅行中的体验互动具有一定的逻辑性、趣味性、创造性，研学基地营地建设规划中的体验互动性体现在场所、环境、课程、活动等方面，注重学生的参与性，对研学实践场所空间、建筑景观环境进行整合规划，设计互动体验性研学旅行课程与活动，重视学生对空间环境的切身感知与研学互动体验，从而达到基地营地实施研学旅行的全面性效果。

4. 可持续性

研学教育服务是持续服务，因此研学基地营地也要有合理规划，保证其可持续运营。基地营地规划的可持续性原则主要体现在资源环境、场所设施设备、课程体系与内容等方面，包括教育理念可持续、生态环境可持续、研学课程活动可持续、运营方式可持续等。

基地营地的建设规划，要遵循循序渐进的发展思路，运用前瞻性的思维，综合考虑自然人文、社会经济、生态环境等各方面，以及未来发展各阶段所需要的空间和条件，适当地应用现代科技手段和方法，整合利用基地营地与周边各类资源与环境，合理设置研学旅行教育设施与配套设施，科学构建研学旅行课程体系，从而保证基地营地的可持续运营。

如乡村型自然教育基地的规划应避免大规模人工材料和建设投入，以原生态规划理念为主导，以尊重自然、保护生态环境为前提，顺应自然教育、国情教育、劳动教育等目标，尽量避免对乡村原有自然条件的大量开发与改造，系统设计相关主题研学课程、线路和体验内容，从而为基地营地的可持续运营提供指导和基础。

二、基地营地的规划方法

建设打造高质量的研学旅行基地营地，要创新理念，规划引导，紧跟时代，对应现时国家、地方、行业、领域等研学教育和研学旅行基地营地的相关政策，对标规范标准，合理选址，基于资源和客源特点，构建研学课程体系，做好空间布局、业态规划与配套保障，对基地营地的场所资源进行软硬件建设或提升改造。

(一)把握政策要点与导向

研学旅行相关政策，为研学旅行基地营地的规划建设与高质量发展提供了指导意见，也是基地营地规划的基础和依据。基地营地的规划要紧跟最新政策热点，把握趋势与要点，做好近、中、远期规划，这样才能使基地营地的建设发展更符合当下的研学教育实际，更符合可持续发展需求。

教育部等十一部门发布的《关于推进中小学生研学旅行的意见》，教育部发布的《关于做好全国中小学研学旅行实验区工作的通知》，国务院办公厅发布的《关于进一步促进旅游投资和消费的若干意见》等文件，对推进并支持建设研学旅行基地营地做出了重要指导和政策支持。

中共中央国务院发布的《新时代爱国主义教育实施纲要》《关于全面加强新时代大中小学劳动教育的意见》等文件，对爱国主义教育基地、国防教育基地、劳动实践基地等，提出了一些具体的发展建议和措施。

此外，研学旅行还备受社会各界关注，在乡村振兴、文旅融合、健康中国、文化复兴等国家重大战略驱动下，文化、旅游、大健康、农业、工业、林业、体育、科技、航空等相关行业也出台了支持研学旅行基地营地发展的政策与文件，引导相关领域研学旅行基地营地的发展。

(二)科学合理地选址

研学旅行基地营地作为研学旅行课程的实施场所和重要载体，其规划要先考虑选址的科学合理性，这也是基地营地建设与规划的前提和条件，而区位、交通、安全、资源等基础条件，是影响基地营地选址的重要因素。

安全是研学旅行基地营地选址应首先考虑的因素。选址应符合国家和地方对自然环境、文化、历史及资源保护等方面的要求，综合考虑以下因素：发生自然灾害的可能性，各类污染源的潜在影响，交通的安全与便利性，实现紧急救援或及时应对突发事件的可行性，水、电、通信等基础设施，可依托的自然、历史、文化等资源，所在地周边的社会人文环境等。

新建基地营地的选址要远离地质灾害和其他危险区域，避免人口密集或周边娱乐场所密集地区，不受自然灾害或人为危害的威胁，地理区位优越，具备良好的可进入性。

而景区、度假区、博物馆、乡村小镇、农旅项目、工业旅游等文旅项目，资源条件和接待设施与配套基础较好，都可以作为研学旅行的载体或场所，有利于多样化研学旅行课程的开发与实施，所以这些文旅项目所在地也是规划建设研学旅行基地营地的优选之地。

此外，基地营地的选址，也要考虑研学资源的丰富性和特色性，在本地区、本行业、相关领域要有一定示范意义。

(三)价值提炼与主题定位

研学旅行基地营地的持续运营必须要有明确的主题。基地营地应根据自身或其周边资源情况，确定至少一项符合学生发展核心素养总体培养目标的研学主题，以此作为基地营地研学服务提供的方向或领域。

研学场地价值提炼与发展主题定位是研学旅行基地营地规划的重要内容和前提，可以为研学课程、研学线路、研学活动的设计提供方向指引，为基地营地的空间场所规划、相关落地项目策划、研学课程设计提供基础依据。

每一个研学旅行基地营地都是一个文化IP，应挖掘其差异化优势和独特内涵，提炼场地价值，构建发展模式，明确主题定位，为打造核心吸引力提供思路和依据。

1. 场地价值提炼

对基地营地的文化、生态、产业等资源价值进行梳理和凝练。文化资源，包括历史故事、文化遗产、风土人情、文化艺术、红色文化、科技文化等；生态资源，包括地质地貌条件、水文条件、气候资源、动植物资源等；产业资源，包括农林牧渔特色产业、工矿企业、科研机构、博物馆、科技馆等。

2. 发展模式构建

依托资源优势导入教育内涵，对基地营地进行价值赋能，将文化资源转化为基地营地教育内容，延伸研学价值体系。

3. 主题定位塑造

依托价值核心，构建研学旅行基地营地研学主题定位。

总体定位，从区域、城市、历史、文化、精神、传承等角度，针对研学旅行基地营地的角色和发展，用高度凝练的语句进行总结；形象定位，从研学传播角度对基地营地进行定位，对基地营地的资源、课程、环境、体验等要素进行阐述和包装；市场地位，基于研学客群和亲子研学旅行市场的空间分布、行为特征与偏好需求等分析，形成客源市场界定，精准研学市场开拓；目标定位，对照国家标准、地方标准、行业标准等，对未来建设方向形成定位，如国家级研学旅行示范基地、全国中小学生研学实践教育基地等。

案例分享：

“稻田＋”农耕文化研学基地

北京绿维创景规划设计院

四川开江“稻田＋”田园综合体、“稻田＋”现代农业产业园，是“稻田＋”绿色循环经济模式的一个优秀范本，是川东多业态融合的田园景区，拥有丰富的乡村旅游资源，其“稻田＋”模式和农耕文化最有特色和代表性。园区在农业产业基础上植入农耕文化和文创，规划建设“稻田嘉年华”核心体验游乐区，并打造“稻田十”农耕文化研学基地，面向中小学生、家庭亲子、政府企业等群体，承接中小学研学实践教育、农事体验与亲子游乐、“稻田十田园”综合体开发运营实战研修，以及考察学习等活动。

（四）构建研学课程体系

研学课程、研学活动、研学线路等研学体验内容，是研学旅行基地营地的灵魂，也是基地营地研学课程规划的核心，会对研学教育活动开展产生直接影响。

基地营地研学课程体系构建，要以研学旅行基地营地为中心，结合自身和周边资源，充分利用现有基础设施和服务要素，综合考虑各类研学客群，设计不同主题、不同时长、适合各学龄段学生、研学目标明确、与学校教育内容衔接的特色化研学旅行课程活动与线路，设计具有强针对性、可操作性，并与基地营地主题研学课程相关的研学旅行线路，从而构建多层次、多样化研学旅行课程体系。

研学课程的设计要主题鲜明，目标明确，对象清晰，体验内容丰富合理，资料完善，评价科学。每个研学旅行基地营地至少具备一个研学旅行主题，并具备开发兼具互动体验和趣味性的研学实践课程的能力。

研学旅行线路要在时间和空间、内容和形式上进行精心设计，主题鲜明、内容丰富、意义深刻。研学线路行程天数不限，可以是一地、多点的一日或多日研学活动，也可以是多地、多日、多线的混合型深度体验。

多元化研学课程不仅包括研学旅行、综合实践、主题营会、夏冬令营、素质教育、劳动教育等系列，还包括亲子研学、拓展教育等团体活动。对接学校渠道，设计研学实践教育课程与活动，对接家庭与社会渠道，设计亲子课程与活动。

案例分享：

广州长隆科普教育基地研学课程体系

北京绿维创景规划设计院根据长隆官网等资料整理

广州长隆野生动物园，以大规模野生动物种群放养和自驾车观赏为特色，集动植物的保护、研究、旅游观赏、科普教育为一体，隶属全国首批国家级AAAAA旅游景区，被誉为“中国最具国际水准的野生动物园”，是全世界动物种群最多、最大的野生动物主题公园。被评为国家文化产业示范基地、广东省科普教育基地、全国野生动物保护科普教育基地。

长隆研学主要面向全国中小学生团、夏/冬令营营员，此外，也零散接待一些社会企业机构/政府机关单位考察游学。

1. 面向全国中小学校，开发学校研学游系列科普课程，接待将研学纳入中小学教育教学计划的全国中小学校学生团体，由学校集体组织开展。

学校研学游系列科普课程，包括科普研学游课程、科普进校园公益活动。科普研学游课程，包括小火车探索发现号、绘眼看自然、“猿来有你”新课程等，中小学生可在园区内体验不同的科普课程。科普进校园公益活动，将自然教育和保护动物、环境的理念带入校园，举办“万物有灵，走读自然”的讲座，将动物大使和动物标本等配合动物主题游戏与学生一起学习和互动。

2. 面向夏/冬令营营员，开设研学主题活动，接待来自全国及世界各地的营地学员，一般由研学机构、旅行社、培训平台面向社会学生招募。

研学主题活动，包括两天三夜和五天四夜的学生科普夏令营活动，五天四夜的活动子主题分别为：夜宿熊猫馆、熊猫主题日、考拉主题日、灵长类主题日、鸟类主题日。

3. 面向亲子家庭客群，开设研学特色课程与体验活动，包括家庭 VIP 精品课程、亲子定制课程等，接待全国中高端家庭。

长隆动物学院是野生动物世界的特色项目，设有 26 个驿站，由工作人员驻场讲解。考拉学堂、熊猫学堂、移动学堂、丛林发现、悦悦课堂、COCO 六毛之家等六大学堂各有特色。动物学院提供夜宿熊猫馆、白虎小小保育员、考拉小小保育员、大象小小保育员、动物小医生、空中学堂、熊猫小小保育员等七项收费体验，不同体验，适合不同年龄的学生。

(五)空间布局与设施规划

研学旅行基地营地的空间布局规划，要遵循研学教育理念和基地营地的功能空间规划的逻辑和需求，在学员行为需要和研学教育活动的需求基础上，结合基地营地的研学主题课程和各类资源，规划设计不同功能分区、研学场所、休憩节点、行为路径，并配备必要的教育、游览、接待、安全、应急等各类配套设施设备。

研学旅行基地营地应综合用地条件、研学和旅游发展要素，对接研学课程体系，进行研学功能布局，并对资源进行优化配置和空间组织。按照相关标准规范和要求，研学旅行基地营地的空间场所规划和设施规划要注意把握以下要点。

(1)配备专业的教育设施与场所，包括室内、室外教学场地构成的专门研学场地或教室，以及适合基地营地的教学设备、教材教具、展示方式等，并考虑周末或节假日不同客群的研学需求。

(2)合理布置接待服务设施，包括餐饮、住宿、游客中心、售票处、厕所、生态停车场、交通设施、导游标识、医疗救护站等。

(3)设置必要的跟基地营地主题和景点景观相关的游览休憩设施，包括游览步道和线路，公共休息区及必要的导览、提示标识等。

(4)配备适宜的安保应急等其他配套设施设备，包括区间交通、通信、监控、安全、医疗、卫生、应急等。

(5)新建基地营地，如果周边配套不足，要进行专项补充。

(六)景观建筑设计与环境氛围营造

基地营地的建筑包括酒店民宿、游客中心、博物馆、体育馆等研学场所建筑及配套建筑，其布局规划和形态设计，要符合基地营地实际情况，结合研学主题、目标和体验过程，同时符合基地营地主题特色，并满足基地营地的教育、游览、配套等设施条件需求。建筑规划设计要先确定建筑空间形态模式，梳理建筑排布方式，演绎空间单元与群组形态，并对建筑内外部景观环境进行设计。

基地营地景观包括地形、铺装、水景、植物、夜景照明、休憩小品、景观节点，以及互动场景情境、环境氛围等。基地营地的景观设计要遵循互动体验、融合共生、主题化、艺术化等原则，因地制宜，就地取材，利用科技，围绕基地营地主题，通过特殊饰景设施或艺术化手段，强化对感官的刺激，改变景观空间使用性质与功能，丰富研学感知体验。

此外，还包括一些研学场所内部环境和研学场景的设计和氛围营造。例如，山西襄汾县科普教育基地，山西光大焦化煤化工与生活科普馆由旧厂房改造而来，通过展陈设计、多种互动模式、实物展示等方式，对旧厂房进行改造，使用最新多媒体技术，让学生与游客在游玩中学习，在科普馆中了解煤炭通过高效利用转化为焦炭、化工产品、电力、热能等其他能源的工艺过程。

(七)配备专业研学人才

研学旅行基地营地需要配置教师团队、运营管理人员、安全员、讲解员、食宿管理人员和服务人员，负责学生的研学旅行课程教学指导、生活管理、综合评价与安全保障，保障研学旅行活动顺利开展。

教师团队以研学旅行指导师为主，要专职与兼职相结合，相对稳定，并通过资质考核，至少配备 3 名具有省级及以上行政主管部门或专业社会组织颁发的研学旅行指导师职业证书的专职研学旅行指导师，且兼职研学旅行指导师应具有与研学课程相匹配的专业优势，师生比不低于 1∶30。除了专业的讲解导师外，还可以安排一些具有基地特色的相应人才，比如传统文化传承人、手工匠人等。而管理团队是基地营地与家长和学校产生黏性的重要载体。

(八)安全与运营管理保障

研学旅行基地营地的规划建设，要按照基地营地建设标准规范和要求，配备设置基础救护、治安保障、监控系统、消防应急设施、警戒隔离等必要的安全设施设备，相关标识完整、醒目、清晰，并设立安全管理机构、安全保障机制与安全应急预案，降低安全风险，确保学生的安全和基地营地的正常运营。

合理的发展规划，良好的管理机制，可行的运营模式，是研学旅行基地营地可持续运营的保障条件。在研学旅行基地营地规划建设中，应设置实现目标所需的管理部门、规章制度、业务流程、资源联动、经费筹措、优惠政策、运营模式等，并定期对所建立的管理体系进行检查与评审，从而保证基地营地的可持续运营。

探究与实践

考察一个基地营地，思考其课程体系构建与环境氛围营造的特点及发展空间。

参考文献

[1]靳玉乐．课程论[M].2 版．北京：人民教育出版社，2015.

[2]马克思，恩格斯．费尔巴哈[M]. 北京：人民出版社，1988.

[3]中共中央马克思恩格斯列宁斯大林著作编译局．马克思恩格斯选集(第一卷)[M]. 北京：人民出版社，1995.

[4]中共中央马克思恩格斯列宁斯大林著作编译局．马克思恩格斯文集(第三卷)[M]. 北京：人民出版社，1995.

[5]萧焜焘．科学认识史论[M]. 南京：江苏人民出版社，2004.

[6]黑格尔．法哲学原理[M]. 北京：商务印书馆，1961.

[7]黑格尔．逻辑学(下卷)[M]. 北京：商务印书馆，1966.

[8]萧前，李秀林，汪永祥．辩证唯物主义原理[M].3 版．北京：北京师范大学出版社，2012.

[9]中共中央马克思恩格斯列宁斯大林著作编译局．列宁全集(第 55 卷)[M]. 北京：人民出版社，1990.

[10]张华．课程与教学论[M]. 上海：上海教育出版社，2000.

[11]上海师范大学《教育学》编写组．教育学[M]. 北京：人民教育出版社，1979.

[12]亚瑟·K. 埃利斯．课程理论及其实践范例[M]. 北京：教育科学出版社，2005.

[13]崔允漷，王少非，夏雪梅．基于标准的学生学业成就评价[M]. 上海：华东师范大学出版社，2008.

[14]吴式颖．外国现代教育史[M]. 北京：人民教育出版社，1997.

[15]张楚廷．课程与教学哲学[M]. 北京：人民教育出版社，2003.

[16]陈琦．教育心理学[M]. 北京：高等教育出版社，2001.

[17]边玉芳．学习的自我效能[M]. 杭州：浙江教育出版社，2004.

[18]卢梭．爱弥尔(上卷)[M]. 李平沤，译．北京：商务印书馆，1991.

[19]布鲁纳．布鲁纳教育论著选[M]. 邵瑞珍，张渭城，译．北京：人民教育出版社，1989.

[20]冯平．评价论[M]. 北京：东方出版社，1995.

[21]陈玉琨．教育评价学[M]. 北京：人民教育出版社，1999.

[22]霍力岩，黄爽．表现性评价内涵及相关概念辨析[J]. 西北师范大学学报(社会科学版)，2015，52(3)：76—81.

[23]蔡敏．当代学生课业评价[M]. 上海：上海教育出版社，2006.

[24]Diane Hart. 真实性评价——教师指导手册[M]. 国家基础教育课程改革“促进教师发

展与学生成长的评价研究”项目组，译．北京：中国轻工业出版社，2004.
[25]袁贵仁．价值学引论[M]. 北京：北京师范大学出版社，1991.
[26]杨培禾．小学综合实践活动课程与教学论[M]. 北京：人民教育出版社，2015.
[27]教育部基础教育司、师范教育司．新课程与学生评价改革[M]. 北京：高等教育出版社，2004.
[28]马克思，恩格斯．马克思恩格斯全集(第 19 卷)[M]. 北京：人民出版社，1965.
[29]杨培禾．综合实践活动课程论[M]. 北京：首都师范大学出版社，2019.
[30]李学坤，刘华．中小学生研学旅行安全风险管理与对策研究[J]. 基础教育研究，2019(09)：27—29.
[31]杨崇君，薛兵旺．我国研学旅行基地营地的内涵与建设要素探讨[J]. 武汉商学院学报，2019，3(6)：5—8.
[32]中华人民共和国教育部．中小学综合实践活动课程指导纲要[Z]. 2017.
[33]中华人民共和国教育部．基础教育课程改革纲要(试行)[Z]. 2001.
[34]中华人民共和国教育部，等．关于推进中小学生研学旅行的意见[Z]. 2016.
[35]国家旅游局．研学旅行服务规范[Z]. 2016.
[36]中共中央国务院．新时代爱国主义教育实施纲要[Z]. 2019.
[37]中共中央国务院．关于全面加强新时代大中小学劳动教育的意见[Z]. 2020.
[38]中国旅行社协会．研学旅行基地设施与服务规范(TCATS 002—2019)[Z]. 2019.
[39]中国质量认证中心，教育部学校规划建设发展中心．中小学生研学实践教育基地、营地建设与管理规范[Z]. 2018.
[40]石家庄市教育局．关于组织开展 2020 年石家庄市中小学生研学(劳动)实践教育基地申报工作的通知(石教函〔2020〕178 号)[Z]. 2020.